레페스 심포지엄 02

지속적 폭력과
간헐적 평화

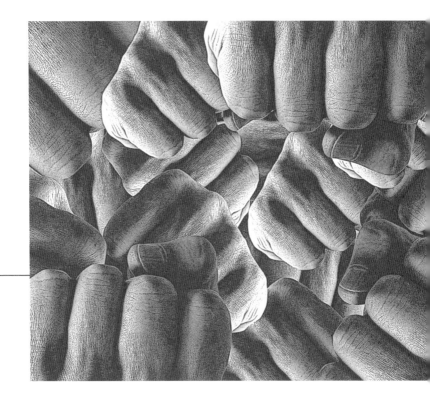

레페스 심포지엄 02

레페스포럼 기획

지속적 폭력과
간헐적 평화

그 역전을 위한 종교적 대화

도서출판 모시는사람들

지속적 폭력과 간헐적 평화

레페스 심포지엄 02

지속적 폭력과 간헐적 평화

종교는 세계의 근원 혹은 너머에 대한 해석 체계이다. 그 해석 언어들은 다양하지만, 그것이 최종적으로 지시하는 세계는 대동소이하다. 그 최종 세계 혹은 이상 상태를 한 마디로 규정한다면, '평화'라고 할 수 있다.

협의의 평화는 전쟁이나 싸움과 같은 물리적 폭력이 없는 상태를 의미한다. 종교에서는 물리적 폭력의 중단을 넘어 궁극적으로는 세계의 이상적 질서가 온전히 회복된 상태까지 추구한다. 그 이상적 상태를 광의의 평화라고 할 수 있다.

일상생활에서의 평화는 한적한 자연의 질서에서 느끼는 안정감이기도 하다. 흔히 조용한 산사에서, 때로는 풍요로운 자연을 보며 평화롭다고 말하곤 한다. 약육강식과 같은 폭력이 없어 보이는 상태를 이르는 말이다. 이런 상태와 비슷하게 외부적 조건에 흔들리지 않는 내적 안정감도 평화이다. 종교인도 이런 내적 상태를 추구하며 그를 위한 훈련을 하기도 한다. 어떻게 말하든 종교도 결국은 평화를 추구한다는 것이다.

그런데 현실은 이러한 기대나 이상과는 많이 다르다. 현실은 여전히 갈등하고 아파한다. 나의 아픔을 줄이기 위해 남을 이용하거나 억누르기도 한다. 너를 희생시켜 나를 유지하려는 경향이 크다. 국제 질서도 그런 식이고, 경쟁 체제에 입각한 신자유주의적 자본주의 질서는 더욱 그런 식이며, 정치권력도 생리적으로 그런 흐름 안에 있다.

현실의 종교에서도 다르지 않다. 앞에서는 종교가 그리는 이상 세계도 평화로 규정할 수 있다고 했지만, 그 이상 세계에 이르는 길을 저마다 자기에게 유리한 방식으로 설정하면서 서로 부딪치곤 한다. 평화조차 자기중심적일 뿐만 아니라 자기의 이익이나 관심에 반한다고 여겨지는 세력에 대해서는 평화의 이름으로 배타적 태도를 취하기도 한다. 그렇게 남에게 피해와 아픔을 주기도 한다. 말로는 평화를 지향한다면서 실제로는 자기중심적 세계 해석으로 타자를 무시하거나 물리적 피해까지 입히는 것이다. 평화라는 말을 달고 사는 종교도 이 틀을 벗어나지 못할 때가 많다.

이유는 무엇인가. 평화에 대한 관념이 저마다 다르거나 평화조차 자기중심적으로 이루려는 태도 때문이다. 구체적인 이유들에 대해서는 이 책에서 다각도로 조명하며 다루고 있지만, 그 핵심적 이유를 추리자면, 결국 평화조차 자기중심적으로 이루려는 욕망이라고 할 수 있다. 그 욕망을 넘어 자신을 이웃과 인류를 향해 개방한 이들이 종교적 선각자들이지만, 그 선각자를 따라 살기보다는 교조화된 숭앙의 대상으로만 삼는 경향이 크다. 그러면서 실제의 삶에서는 다른 대상들과 경쟁하거나 무시하는 식으로 자기중심적 욕망을 지속시킨다. 평화를 내세운 욕망들의 경쟁이 평화는커녕 폭력을 정당화시키고 확산시키는 가장 근본적인 동력인 것이다. 이런 이유로 폭력은 계속된다.

그래도 때로는 평화의 이상을 알린 선각자들의 삶과 그것을 이어가는 후학들로 인해 곳곳에서 평화의 모습이 드러나기도 한다. 누구든 이것이 바로 평화라고 할 만한 모습을 때때로 경험하기에 인류가 이상적 평화에 대한 기대와 신념을 유지해 올 수 있었던 것이다. 그러한 경험이 폭력적 상황을 극복하게 만드는 동력으로 작동하는 것이다.

이 책의 제목을 '지속적 폭력과 간헐적 평화'라고 잡은 이유도 여기에 있다. 평화가 간헐적이라고 해서 불연속적이기만 한 것은 아니다. 그 불연속적 간헐성이 견고해 보이는 폭력적 구조를 근저에서 흔드는 심층적 동력이라는 점에서 인류의 평화 운동이 끊어져 본 적도 없다. 현실이 아무리 엄혹해도 그것을 넘어서는 세계에 대한 상상조차 사라진 적은 없다. 표층적으로는 불연속적인 듯해도 심층적으로는 연속적이다. 이러한 통찰이 인류의 희망의 근간인 것이다.

이 글은 이러한 문제의식을 가진 종교인들의 토론 모임인 '레페스포럼'에서 다각도로, 그리고 지속적으로 의논한 결과물이다. '레페스'는 영어 REligion and PEace Studies의 머리글자로서, 평화를 지향하며 공부하는 종교인들의 운동적 연구 모임이다. 종단이나 특정 종교의 틀 안에 머물지 않고, 사회와 소통하며 최종적으로는 인류를 위한 평화를 꿈꾸면서, 다양한 소주제들을 정해 정기적으로 토론해 왔다. 주로 한국 상황에 어울리는 주제들을 다루었지만, 인류의 위대한 선각자들이 추구해 왔던 영적 깊이와 지구적 넓이를 놓치지 않으려 했다. 종교 언어와 사회적 언어의 상호 소통을 견지하고자 했다. 그 토론 결과가 오늘의 단행본으로 이어졌다.

토론자들은 평화를 이루지 못하는 종교는 진정한 종교가 아니라는 데 이구동성으로 동의했다. 종교의 이름으로 벌어지는 각종 폭력적 현상들은 특정 집단 안에 기생하며 사실상 자신의 이익을 추구하는 반종교적, 비인간적 행동들이었다. 레페스포럼은 이런 관점을 가지고, 종교인이 평화를 추구하는 것이 아니라 평화를 추구하는 이가 종교인이라는 입장을 중시했다. 사회가 평화롭지 못한 데 대한 종교인의 책임을 통감하면서도, 종교언어보다는 평화자체에 더 집중했다. 현실 종교보다 평화라는 이상이 더 깊고 넓은 범주라고 보았기 때문이었다. 종교 언어를 빌린 평화론에 대한 토론문인 셈이다.

　이 책은 2020년 전 세계를 강타한 '코로나19' 정국에 즈음하여 종교와 시민사회의 역할은 물론 생태적 평화론도 다루었다. 이른 바 '뉴노멀' 담론에도 담겨 있지만, 인류의 기존 삶의 자세가 근본적으로 달라지지 않으면 미래도 담보할 수 없다는 경각심이 곳곳에 배어 있다. 지난 과정을 되새기고 모든 토론문을 다시 읽어 보니 한 권의 멋진 책으로 탄생하게 날을 더 고대하게 된다. 토론자 한 사람 한 사람의 사유의 수준이 상당하고, 다양한 종교 언어와 현실적 평화 담론들이 절묘하게 어울리는, 전에 없던 대화록이기 때문이다. 추상적 정신세계가 문자로 구체화되는 과정은 언제나 신기하다. 이 책이 간헐적이나마 평화의 모습을 드러내는 데 일조할 수 있기만을 바랄 뿐이다. 토론문을 정리해주신 전철후 교무님과 대화에 참여해주신 모든 분들께 감사드린다.

토론자를 대표하여

2020년 7월

이 찬 수

01

국가와 종교의
폭력들

국가는 어떤 영토 내 구성원들이 주권을 가지고 움직이는 사회집단이
지만, 그 주권이 행사되는 과정은 복잡합니다. 종교는 일종의 초월적
세계에 대한 신념 체계이지만, 그 신념이 작동하는 방식 역시 간단하
지 않습니다. 국가가 국민을 위하는 것 같고, 종교가 선한 영향력을 끼
쳐야 할 것 같지만, 국가도 종교도 일종의 폭력적 구조를 하고, 의도적
이든 비의도적이든 타자에게 폭력을 행사하곤 합니다. 이러한 내용에
대해 구체적으 토론해보았습니다.

태생적 폭력을 넘어서기

이찬수

평화를 이야기하려는 순간 먼저 맞닥뜨리는 현실은 폭력입니다. 특히 오늘날의 구조적 폭력은 국가의 형성 과정과 긴밀한 관계에 있습니다. 사실 국가라는 것 이전에 폭력이 있었습니다. 폭력의 한자상 의미는 '사나운[暴] 힘[力]'입니다. 압도적 폭력이 다른 폭력을 제압하거나 포섭하고, 그 폭력의 영향력 안에 있는 이들이 자의든 타의든 동의하면서, 폭력이 권력이 됩니다. 이 권력을 기반으로 근대 국민국가가 형성되었지요. 국가의 형성과 작동 원리를 보면 구조화된 폭력의 모습이 보입니다. 가령 세금을 내기 싫어도 내야 합니다. 내지 않으면 더 큰 힘이 제재를 가해 오지요. 좋든 싫든 국가라는 것은 그런 힘을 배경으로 성립되었습니다.

종교가 이러한 국가라는 경계를 넘어서 있는 것 같지만, 그 메시지로 볼 때는 넘어서야 할 것 같지만, 실제로는 그렇지 못합니다. '국경'이라는 틀 안에 갇혀 있을 때가 많습니다. 종교인이 다른 나라에 선교를 하려 해도 국가로부터 여권 혹은 비자를 발급받아야만 하지 않습니까? 종교가 국가 체제를 정당화하는 기능을 할 때도 많습니다. 가령 중국에서 국가라는 이름의 폭력과 현실 종교의 한계를 잘 볼 수 있습니다. 중국은 정부의 힘이 강력해서 종교는 공산당의 통치 범위 안에서만 인정이 됩니다. 종교 현상은 본래 세계화의 원조라고 할 만큼 보편성을 띄지만, 현실에서는 세속적 정치의 틀을 벗어나지 못합니다.

종교가 국가 권력을 넘어, 그리고 권력이 영향을 미치는 범위인 국경을 넘어 존재할 수 있을까, 국가 권력을 넘어선 종교라는 것이 현실적으로 가능할까, 국가라고 하는 구조적 폭력의 틀을 넘어설 수 있을까, 종교도 실제로는 폭력의 구조 속에서 타협을 하며 존재하는 것은 아닐까, 이런 태생적 폭력을 넘어설 수 있어야 진정한 종교가 아닐까 하는 생각들이 들었습니다. 이런 것들이 우리가 지금 토론하려는 주제이기도 합니다.

국가와 종교의 폭력들

정주진 국가 폭력이 어떻게 작동되고 있는지 분석이 필요합니다. 우선은 사람들이 때로 국가 폭력을 알면서도 왜 받아들이고 일정 부분 인정하는지를 생각해 보아야 합니다. 국가 폭력을 종교가 비판하는데, 과연 종교가 그럴 자격이 있는지도 성찰해 보아야 합니다. 종교가 국가 폭력을 비판할 때에도 정작 종교는 그 구성원들에게 절대적 복종을 강요하면서 스스로의 폭력 구조를 해체하지 않습니다. 이 점에서 종교가 국가 폭력에 대해 이야기하려면, 종교 자체의 폭력적 구조에 대한 비판을 병행해야 한다고 생각합니다.

국가 폭력과 세금의 관련성은 조금 다른 시각에서 생각해 봐야 합니다. 사람들이 세금을 내는 것은 국가의 순기능에 대한 기대 때문입니다. 국가가 어떤 면에서는 폭력을 독점적으로 사용하지만 다른 한편으로 그 힘을 가지고 자신을 보호해 주길 원하기 때문입니다. 국가는 세금을 내는 국민을 보호하는 역할을 합니다. 국가 폭력에 저항한다는 명분으로 세금납부를 거부하고 탈세하는 것이 바람직한 것으로 여겨지지는 않습니다. 지금의 사회에서는 국가의 폭력 독점과 동시에 사람들이 알면서도 왜 그것을 인정하고 필요로 하는지도 성찰해 봐야 합니다.

이찬수 물론 사람들이 국가의 폭력을 인정하는 것은 국가가 안전을 제공해 준다고 생각하기 때문입니다. 국가는 안보라는 말을 내세웁니다. 안전은 스스로 확보하는 것이라기보다는, 실제로는 누군가에 의해, 그러니까 국가에 의해 지켜지는 것이라는 인식이 많습니다. 사람들이 폭력을 받아들이는 건 국가가 안전을 제공할 것을 기대하기 때문입니다. 그렇다면 폭력을 기반으로 성립된 국가가 제공하는 그런 안전을 바라는 상황에서, 신의 도움을 바라고 우주적 보편성을 지향하는 종교적 주체성이란 가능한 것일까요? 중국의 예에서처럼, 국가 폭력의 구조 속에서 종교는 폭력을 승인하거나 재생산하는 역할밖에 하지 못하는 것일까요?

원영상 이찬수 교수님의 질문에 답하기 위해서는 국가의 기원과 본질에 대한 탐색이 필요합니다. 종교와 국가는 어떻게 탄생했는가? 불교의 언어로 보면, 그것은 결국 인간의 생각이 현상으로 나타난 것이지요. 내면의 근원적인 불안을 해소하기 위해 종교가 만들어졌고, 외적인 불안을 해소하기 위해 국가가 형성되었다고 볼 수 있습니다. 불교에서는 모든 인간이 부처이고, 부처님의 화현이라고 보니까, 근원으로 가면 원칙적으로 아무런 문제가 없는 것이나 다름없습니다. 폭력의 가해자든 피해자든 모두 그렇습니다. 그런데 현실에서 이러한 관념은 늘 한계에 부딪힙니다. 현실에서는 폭력이 생산되고 지속되는 구조를 살펴보지 않을 수 없습니다. 이런 문제는 시간을 두고 철학적으로 좀 더 깊이 논의를 해 보아야 합니다.

김근수 폭력을 주제로 종교와 국가의 관계를 논의하는 데 있어 가톨릭교회의 입장이 하나의 참고가 될 것 같습니다. 교회와 국가의 폭력을 여러 가지로 나눠서 볼 필요가 있다고 생각합니다. 먼저 가톨릭교회는 구원과 처벌이라는 장치를 통해 신도들을 장악하는 면에서 '영적 폭력'을 행사한다고 할 수 있습니다. 국가는 어떤가요? 교회와 국가의 관계는 갈등과 저항으로 시작되었습니다. 프랑스 혁명 이후에는 견제와 타협을 통해서 현재까지 그 틀이 지속되고 있습니다. 가톨릭교회가 남미와 아프리카로 확장되면서 교회와 국가의 또 다른 관계가 형성되었습니다. 20세기 중반부터 교황이 지역교회를 지도방문하고 관찰하면서 국가와 교회의 관계를 새롭게 정립하고 있습니다. 폭력을 주제로 한 가톨릭교회와 국가의 관계는 앞으로 더 많은 토론이 되어야 합니다.

종교들의 배제와 포섭 장치

이찬수 좀 전에 말씀하신 가톨릭의 영적 폭력이라는 것이 혹시 가톨릭의 은밀한 배타주의와 연결되는 것은 아닐까요? 가령 가톨릭은 제도적인 차원에서 보면 안과 밖의 경계가 아주 분명합니다. 다소 이원론적인 태도라고나 할까요. 한 예로 제가 여러 해 전에 다양한 종교인들이 모인 자리에서 열린 미사에 참여한 적이 있습니다. 그런데 신부님이 미사를 집전하면서 진심어린 표정으로 가톨릭에서 세례를 받은 사람들에게만 떡을 나누어 주더군요. 제가 떡, 그러니까 성체를 받기 위해 사제 앞에서 손을 내밀고 있는데 신부님이 저에게는 떡을 주지않고 옆 가톨릭 신자의 손으로 바로 옮겨가더군요. 제가 개신교인이기는 하지만, 가톨릭 신학 전공자이기도 했고, 그 자리는 여러 종교인들이 서로를 배우자며 모인 열린미사였는데도 시연조차 허락하지 않을 정도로 배제와 포섭이 동시에 작동하는 체계를 보여주어서 좀 민망했었습니다. 이것이 일종의 영적 폭력 아니었는지 모르겠습니다. 이런 식으로 가톨릭교회에서 안과 밖을 나누는 이원적 태도는 가톨릭의 특징이자 한계라고도 생각됩니다.

김근수 그것은 사제 개인의 도덕적인 판단에 의한 것이라기보다

'성체'를 바라보는 신학적 입장에 따라 신자와 비신자를 나누는 가톨릭교회의 교리 체계에 따른 것입니다. 가톨릭에서 세례 받은 사람에게만 성체를 주는 것을 배제와 포섭의 시각에서 보는 것에 찬성하기 어렵습니다. 가톨릭의 내부 지침 정도로 양해해 주시기를 바랍니다. 개신교와 신학적 논의가 좀 더 진전된다면, 성체 배분 문제는 미래에 달라질 수도 있을 것입니다. 제2차 바티칸 공의회가 1962년부터 1965년까지 있었는데요, 이 공의회 이후 인간 평등을 거부하던 기존 가톨릭의 방침은 달라졌습니다. 중세 가톨릭교회에 대한 이해를 바탕으로 현대 가톨릭교회가 인간을 평등하게 대하지 않는다고 지적하는 것은 이제 바람직하지 않습니다.

홍정호 제가 보기에 이찬수 교수님이 제기한 문제는 가톨릭교회에만 해당되는 문제는 아닌 것 같습니다. 배제와 포섭을 통해 내부와 외부를 경계 짓는 방식은 주체의 자기중심성을 기반으로 하는 근대적 종교들의 공통점입니다. 억압만으로는 안 되니까 관용을 통치 방식으로 적극 활용하는 것이죠. 설정된 경계 안에서 상대의 자율성을 적당히 인정해 주면서 통치의 외연을 확장하는 방식입니다. 가톨릭교회의 배제와 포섭의 방식은 오히려 순진한 면이 있습니다. 의례를 통해 통치가 작동하는 방식이 그대로 드러나기 때문입니다. 떡을 못 먹게 하니까 금방 들통 납니다.

그런데 개신교의 통치는 눈에 보이는 제도를 통해서가 아니라, 말(설교)을 통해 이루어지기 때문에 더욱 미시적인 차원에서 심화된 방식으로 수행됩니다. 설교자의 말이 자유와 해방, 심지어 해체를 지향하는 경우에도 통치의 기제는 작동을 멈추지 않습니다. 발화자가 자기 말에 의해 수행되는 통치를 스스로 인지하느냐 못하느냐의 차이가 있을 뿐입니다. 사제가 제대에 오르는 순간, 목사가 강단에 오르는 순간에 그리스도교의 통치 기제는 작동합니다. 다시 말하지만 차라리 의례를 통해 배제와 포섭의 경계를 가시적으로 구획 짓는 가톨릭의 체계가 솔직한 것일지 모릅니다. 개신교의 배제와 포섭장치는 눈에 보이지 않아 포착이 더 어렵습니다. 개신교뿐만이 아닙니다. 교리와 제도를 갖춘 종교라 이름 붙이는 것들은 대체로 그러하지 않은가 싶습니다.

'종교'는 있는가

김근수 우리가 언어로는 '종교'라는 단어를 쓰지만 실제는 서로 다른 개별 종교들이 있을 뿐입니다. 종교를 운동 경기에 비유한다면, 야구도 있고 축구도 있고 배구도 있는 것처럼, 개별 종교가 이미 서로 다른데, 뭉뚱그려 '종교'라는 이름을 사용하면 논의가 다소 복잡해지지 않을까 우려됩니다. 개별 종교와 국가의 관계를 먼저 논의하는 게 필요할 것 같습니다.

류제동 개별 종교라고 해도 사정은 크게 달라지지 않습니다. 불교라고 말하지만, 사람마다 인식하는 불교의 내용이 다 다릅니다. 서로 다르게 이해하는데, 어떻게 불교라는 보편언어의 사용이 가능하겠습니까? 이 점에서 '종교'라는 낱말도 우리 스스로 한계를 인식하면서 사용할 수 있다고 봅니다.

이찬수 개신교의 경우에도 마찬가지입니다. 개신교의 스펙트럼은 대단히 넓습니다. 개신교를 하나의 종교로 이해하는 것은 불가능에 가깝지 않을까 생각됩니다. 특히 한국의 경우 주류가 보수적이기는 하지만, 전체를 모두 보면 말이 개신교인이지 실상은 서로 다른 종교인들이라고 해도 과언이 아닐 정도로 급진적인 개신교인들도 있습니다. 개신교도 하나로 뭉뚱그릴 수 없습니다. 마찬가지로 종교라는 말 혹은 종교 담론이 사회적인 영향력을 갖기 때문에 그냥 그렇게 종교라는 말을 쓰는 것입니다. 종교라는 말이 아우르는 범주가 넓기도 하지만 이 범주 안에서 논의할 내용들이 많을 것 같습니다.

정주진 저도 그렇게 생각합니다. 종교의 개념이 다소 모호하긴 해도, '종교'라는 말은 실질적인 영향력을 행사하고 있습니다. 예를 들어 종교인들은 국가와 타협을 할 때 개별 종교의 이름이 아니라 '종교'의 이름 아래 모입니다. 개별 종교는 세력이 약하기 때문에 국가의 협상 상대가 되지 못합니다. 종교라는 이름으로 모여야 단체행동도 가능하고 협상도 벌일 수 있습니다. 이 점에서 종교라는 낱말은 추상적인 게 아니라, 국가와의 관계에서 권력을 분배받기 위해 적극적으로 활용되는 구체적인 용어라고 할 수 있습니다.

이병두 그렇습니다. 한국처럼 종교가 서로 갈등하면서도, '종교 지도자협의회(종지협)'나 '한국종교인평화회의(KCRP)' 등을 통해 '종교'라는 이름 아래 결집하여 정치권을 상대로 막강한 권력을 행사하는 나라가 또 있을지 궁금합니다. 한국에서는 종교 집단이 국가를 상대로 일종의 협박을 하기도 합니다. 세력화된 집단으로서의 종교 권력은 분명 힘을 갖고 있지만 이것은 결코 옳다고 할 수 없지요. 그런데 '종교'라는 이름으로 힘을 행사하는 한국의 특수 상황에 힘입어 '신도가 별로 없는 교단'도 이른바 '7대 종단'이라는 틀 안에 들어가서 '종교'라는 이름으로 합세하면 똑같은 혜택을 누릴 수 있기 때문에 그 범주 안에 들어가기를 간절히 원하는 것입니다.

　정권이 바뀌면 새로 들어선 정부에서 "정교분리 원칙을 지키기 위해 문화부 종무실을 없애겠다"고 말을 꺼냈다가 흐지부지되고 말곤 하는데, 이런 일은 조직 축소를 원하지 않는 관료들이 '종지협' 등을 통해 정치권에 압력을 행사하는 측면도 있지만, 종교계에서도 '청와대 등 정치권과 종교계 사이의 소통 창구'인 '종무실'이라는 '비정상적인 조직'의 존재를 필요로 하기 때문이죠. '종무실' 업무를 담당하는 고위 관료들도 여러 종교계 지도자들과 정치인-청와대 사이의 소통 창구 역할을 하면서, 자기 존재감을 높이고 그 덕분에 더 고위직으로 올라가는 경우가 있고, 그러다 보니 새로 소임을 맡는 사람도 종교계 업무를 소신껏 하지 못하고 그 눈치를 보는 경우가 생기는 것입니다. 헌법으로 '정교분리'를 규정해 놓았지만, 정치권과 관료들 그리고 종교계가 그 '분리'를 서로 다르게 '자기들 입맛에 맞추어' 해석하면서 실제로는 '정교분리'가 아니라 '정교유착' 내지 '상호활용'이 이루어지는 것입니다. 정치권은 종교계에 대한 막대한 예산을 무기로, 그리고 종교계는 '표'를 무기로 서로 협박하고 활용하고 지원하지만 이런 바람직하지 못한 흐름의 최종 피해자는 정치권이 아니라 해당 종교계가 될 것입니다.

원영상 자멘호프라는 사람이 에스페란토어를 만들면서 국제 언어의 필요성을 제안했습니다. 자국에서는 자국어를 사용하되, 다른 나라에서는 에스페란토를 사용하자는 이중 언어 전략입니다. 언어의 지배에 저항하는 평화를 바탕으로 하는 운동입니다. 에스페란토의 이중 언어 전략이 종교에도 적용 될 수 있다고 봅니다. 불교를 공부해 보니까 종교라고 하는 것은 문화적인 현상이라는 생각이 듭니다. 동양에서는 이 문화를 만나 불교로 꽃을 피운 것일 뿐 다른 문화에서는 다른 종교, 이를테면 기독교나 이슬람으로 꽃을 피울 수도 있습니다. 국가라는 주제를 놓고 이야기할 때 경험의 다양성을 인정할 필요가 있을 것 같습니다. 지역과 문화와 언어에 따라 다양한 방식으로 나타나는 현상들을 인정할 수 있어야 진정한 의미의 문화적 평등성을 주장할 수 있다고 봅니다. 종교가 문화적 현상인 것처럼 국가 역시 각각 그 현상에 있어서는 다르지 않다고 생각합니다. 종교와 국가의 대립이나 유착 구도 또한 세계적 현상이라고 봅니다.

김근수 제가 아까 말씀드린 것은 국가와 종교의 대립 구조를 포기하자는 뜻이 아니라 개별 종교와 국가의 관계부터 논의를 진행해 나가는 게 도움이 될 것 같다는 의견이었습니다. 가톨릭교회는 내부적으로 서로 성향이 다른 두 세력이 강하게 부딪히고 있습니다. 그렇기 때문에 외부에서 가톨릭교회를 일치된 하나의 목소리를 내는 집단으로 간주하고 논의를 하면 당황할 수 있습니다. 가톨릭 내부에서조차 서로 부딪히는 의견들이 있는데, 종교를 하나의 실체로 보고 대화를 진행하는 것이 가능할까 하는 생각이 들었습니다. 종교라는 용어를 사용한다 하더라도 그 내부의 다양성에 관한 이해는 반드시 전제되어야 한다고 생각합니다.

국가와 종교, 유사한 체계

이찬수 국가와 종교의 구조적 폭력에 대해 좀 더 이야기를 나눠보겠습니다. 종교는 자신의 세계관이나 가르침에서 보편성을 내세우는 경향이 있습니다. 원칙적으로 진리는 보편적이라면서 실제로는 자신의 가르침을 인정하는 이들에게만 보편적 진리가 적용된다는 식으로 보는 경향이 있습니다. 가령 성서에는 다음과 같은 선언이 있습니다. "유대인이나 그리스인이나, 종이나 자유인이나, 남자나 여자나 모두 그리스도 안에서 하나입니다."(갈라디아서 3:28) 이것은 혈연, 지연, 신분, 성차별을 철폐하고 인류가 하나라며 선언하는 문장입니다. 그러나 이와 동시에 '그리스도 안에서'라는 조건을 통해 '그리스도 밖'에 있다고 간주되는 이들을 차별하는 언어이기도 합니다. 이것은 국가가 자기 국민을 보호한다면서 다른 국가의 국민들을 차별하거나 그에 대한 폭력을 정당화하는 논리와 다르지 않습니다. 제도화된 종교나 국가의 자기중심적 폭력은 구조적으로 유사합니다. 이런 점에서 자기 영토 안에 있는 이들만을 내세우는 근대 국민국가나 체제 안에 있는 종교가 과연 보편적 진리를 말할 수 있을지 의심스럽습니다. 종교는 보편적 진리를 말한다면서 실제로는 자기중심적 해석을 통해 다른 이들을 차별하는 모순을 범하지 않습니까.

이관표 서양의 역사에서 국가와 종교는 대립관계를 지속해 왔지만 오늘날의 종교를 보면 국가의 시스템과 별반 다를 바 없어 보입니다. 국가 내부에서 일어나는 진보와 보수의 갈등이 종교 안에서도 그대로 반복됩니다. 저는 이 문제와 관련해 국가와 종교 모두에 있어서 종교성의 문제를 성찰할 필요가 있다고 생각합니다. 다시 말해, 보수와 진보로 드러나는 말의 내용이 아니라, 그 깊이를 들여다보아야 합니다. 이것은 호(好) 불호(不好)의 문제입니다. 절대성에 대한 추구를 통해 삶의 불안을 극복하고자 하는 종교적 인간의 기대가 무너지는 데 따른 불안과 공포가 특정한 하나의 입장에 집착하도록 만드는 것입니다. 사실, 사랑이나 자비나 평화처럼 국가나 종교의 궁극적 지향점은 비슷하지 않습니까? 그럼에도 불구하고 국가와 종교가 갈등을 빚고, 종교 간에도 갈등이 지속되는 것은 종교적 인간의 근원적 불안과 공포라는 면에서 성찰해 볼 필요가 있습니다.

정주진 중요한 것은 정치권력과 종교권력은 공모관계에 있다는 사실입니다. 정치권력이 종교 집단에 원하는 것은 표입니다. 종교 지도자들이 신도들에게 절대적 영향을 행사하기 때문에 이들을 통해 표를 얻는 게 가능합니다. 때문에 정치권력은 종교를 이용해 표를 얻고, 종교는 정치권력으로부터 각종 혜택을 부여받는 관계 가 지속되는 것입니다. 이런 경향은 신도들의 시민의식이 성숙하 지 않은 종교들에서 두드러지게 나타나는 현상입니다.

이병두 그렇습니다. 정치권으로서는 종교계의 눈치를 살피지 않 을 수 없을 겁니다. 종교가 당선은 못 시켜도 낙선은 시킨다고 하 지 않습니까? 1987년 대선에서 불교세가 강한 부산 지역에서 김영 삼 후보가 예상보다 적게 표를 얻고 결국 낙선된 배경에서 이런 일 이 드러났고, 그래서인지 김영삼 씨는 그 뒤 불교계에 과도한 지원 을 쏟아 부었고, 이런 일은 또 불교계 일부에 "우리에게 이런 힘이 있다"는 잘못된 자신감을 갖게 해서 그 뒤 선거 때마다 정치권의 예산 지원이 늘어나게 되었던 것입니다. 심지어 사회적으로 물의 를 일으키는 일부 신흥종교 집단의 경우에도, 집단을 형성하고 있 어서 표의 결집력이 있다고 판단하기 때문에, 대선 때에는 그쪽에 게 이런저런 약속을 해 주었던 것으로 압니다.

민주주의를 싫어하는 성직자, 순종하는 평신도

김근수 종교 내부에서 종교권력은 이미 완결되었습니다. 국가와 거래를 하는 것은 각 종교의 성직자들이지, 평신도들이 아닙니다. 성직자들과 소수의 평신도 그룹이 다수의 평신도를 장악하는 구조가 완성되었기 때문에, 성직자들이 국가와 타협 상대가 될 수 있는 것입니다. 그렇기 때문에 종교 내부의 권력 구조를 개혁할 필요가 있습니다.

전철후 한국 사회에서 종교가 세력을 확산하기 위해서는 국가와 자본을 끌어들이지 않을 수 없는 부분이 있습니다. 가령 종교들이 사회복지시설이나 청소년 시설 등을 법인화하고 위탁사업 등을 진행하려면 종교가 국가 권력의 관리 아래 들어가는 것 외에는 방법이 없습니다. 종교의 확산은 그 종교의 고유의 신앙과 수행 체험에서 시작되어야 하는데 너무 방편적인 부분에 의지하고 있는 게 아닌가 싶습니다. 이러한 국가 위탁사업들을 주도하는 것이 종교지도자들입니다. 평신도들은 교세 확장이라는 명분을 위해 종교지도자들의 이러한 결정에 따를 수밖에 없고, 결과적으로 정치권력과의 공모관계에 기여하는 모양이 되는 것입니다.

정주진 평신도들의 문제도 있습니다. 종교 내에 폭력적 구조가 만연될 수 있는 것은 그것을 무비판적으로 수용하는 평신도의 문제이기도 합니다. 복종에 익숙한 신자들의 복종이 종교가 국가 폭력을 강화시키거나 유지하는 데 복무하게 하는 기본 동력이 된다는 사실을 기억해야 합니다. 각 종교의 평신도들이 민주적 시민의식을 길러야 하는데 그렇지 못한 것이 현실입니다. 종교, 더 정확히 말하면 제가 좀 더 구체적으로 알고 있는 교회를 보면, 교회는 무조건 복종을 요구하고 신자들은 그것을 당연한 것으로 받아들입니다. 흥미로운 것은 지식수준이나 사회적 위치가 높은 사람들도 그런 교회와 구조에 전혀 문제제기를 하지 않는다는 것입니다. 무조건 복종을 요구하는 교회의 폭력적 구조에 익숙한 신자들은 국가 구조 안에서도 문제의식을 가지는 시민이 되지 못합니다. 결국 교회의 폭력적 구조에 의해 신자들이 복종에 익숙한 시민으로 길러지기 때문에 국가의 폭력적 구조를 바꾸는 데 교회가 전혀 기여하지 못하는 것입니다. 오히려 폭력적 구조를 강화시키는 데 기여하는 것입니다. 이러한 방식으로 폭력적 사회 구조를 강화시키는 종교와 국가의 협력적 관계가 만들어져 있는 겁니다.

김근수 천주교 성직자들은 교단 내 민주주의를 싫어합니다. 민주주의를 사회에서 확산시키고 싶으나 교회는 안 된다는 입장입니다. 민주주의를 옹호하지만, 신자들이 교회 내에서 민주주의를 하자고 하면 성직자들은 당황할 것입니다. 가톨릭의 원죄는 가르침과 조직의 분열에 있다고 볼 수 있습니다. 가르침은 평등을 지향하는데 조직은 권력의 상하 구조 속에 있습니다. 복음을 선포하되, 그 틀은 로마 제국의 시스템을 그대로 가져온 것입니다.

탈신성화된 국가와 종교의 유착

이관표 국가와 종교의 체계는 유사합니다. 국가나 종교나 상층부에 있는 지도자들이 비판의 대상이 됩니다. 오늘날 국민들은 국가를 신성한 무엇으로 여기지 않습니다. 국가는 철저하게 탈신성화되었습니다. 그렇기 때문에 지도층의 부정이나 전횡이 정당화될 수 없습니다. 그런데 국가와 유사한 체계인 종교에서 탈신성화는 아직도 요원한 과제입니다. 그렇기 때문에 일부 종교 지도자들은 여전히 전근대적인 방식으로 부정을 저지르고 있는 게 아닌가 합니다. 예를 들어 큰 교회들에서 세습이 가능한 건 권력이 여전히 신성화되어 있기 때문입니다.

김근수 국가가 탈신성화되었다는 말씀도 이해되지만, 국가도 종교처럼 신성화되고 있는 부분도 있습니다. 서양의 경우 국가가 비신성화되는 길을 걸어왔지만, 우리의 경우는 국가의 틀이 갈수록 신성화되고 있습니다. 예전에 종교의 역할을 오늘날 국가가 하고 있지 않습니까. 오히려 종교가 국가의 신성화의 틀을 깨 주어야 할 상황입니다.

원영상 그런 측면이 있습니다. 예전에는 종교가 국가 권력의 신성화를 보증해 주는 역할을 해 왔습니다. 근대 국민국가는 종교와 국가의 갈등으로부터 출현했는데 이제 현실에서 종교의 역할은 국가의 지배 아래에서 국가가 상실한 신성을 보충해 주는 역할을 하면서 지속되고 있습니다.

이찬수 가령 유럽의 경우에는 '30년 전쟁' 이후 베스트팔렌 조약(1648)이 타결되었고, 이를 통해 한편에서는 종교의 자유가 획득되었지만, 다른 한편에서는 국가가 종교들끼리 싸우지 못하도록 관리하는 상위 범주가 되었습니다. 종교가 국가를 넘어서지 못하는 하위 범주로 전락한 거죠. 근대 국민국가 체제는 국가가 종교 위에 군림하는 구조입니다. 종교와 국가의 긴장 관계가 깨지고, 잠재적이던 종교적 통치의 자리에 국가가 올라갔습니다. 이것은 종교에 충실할수록 상위 범주로 작동하는 국가를 인정하게 될 가능성이 크다는 것을 의미합니다. 이 점에서 종교는 국가의 폭력을 구조적으로 정당화하는 데 기여해 온 셈이기도 하구요.

홍정호 종교가 국가 폭력을 구조적으로 정당화하는 역할을 해 온데 있어서 개신교의 역할을 빼놓을 수 없습니다. 사실상 오늘날 논의되는 종교 권력이란 개신교 권력이라고 말해도 과언이 아닐 겁니다. 근대 한국 사회에서의 종교와 권력의 유착관계의 원형이 바로 개신교입니다. 김진호나 강인철, 윤정란의 연구가 참고가 될 텐데, 한국개신교는 그 탄생의 기원으로 간주되는 '평양대부흥운동'에서부터 미국의 개신교 선교사들의 영향력 아래에서 반공주의와 자본주의를 '올바른' 신앙의 내용으로 학습해 왔습니다. 그런데 우리가 알다시피 한국 사회의 근대화를 추동한 강력한 이데올로기의 두 축이 거칠게 말해 반공주의와 자본주의 아니었습니까. 개신교와 근대 한국 사회의 이념이 완벽하게 결합한 사례입니다. 불교나 가톨릭의 근대화 모델은 이 점에서 개신교를 원형으로 하고 있다고 보아도 될 것 같습니다. 실제로 가톨릭 단체에서 주관하는 모임에 초청받아 간 자리에서 알게 되었는데, 가톨릭교회에서도 신자들이 자꾸 이탈하니까 개신교로부터 교회 성장의 전략을 배워야 한다는 목소리가 있는 것 같습니다.

김근수 저는 한국의 근대화를 독립 세력과 개화 세력의 충돌로 봅니다. 종교는 개화 세력에 신경을 썼고 독립 세력은 약했습니다. 남한의 역사는 독립 세력보다는 개화 세력의 역사입니다. 여기서 종교가 국가와 타협을 했습니다.

권력 비판하며 권력 따라하기

정주진 해방 후 역사를 보면 특히 개신교는 권력 지향적이었습니다. 이승만 정권이 개신교 목회자들을 비롯한 기독교 인사들로 채워졌고, 교회가 미국의 물자 지원을 적극 이용하는 혜택도 받았습니다. 군목 제도도 사실상 개신교가 독점하다시피 했습니다. 기독교적 성향이 강한 미국의 정치권력과 역시 기독교 인사들이 대세를 이룬 한국의 정치권력의 이해관계가 일치하는 가운데 한국 개신교의 급성장이 이루어진 건 사실입니다.

이병두 맞습니다. 스님들 중에서도 조용기 목사를 부러워하는 분들이 있습니다.

원영상 불교도 이제 일요법회를 정례화하는 경향이 있습니다. 평신도 교육도 활발해졌습니다. 성당이나 교회의 운영체계를 분석하여 벤치마킹을 하기도 합니다. 제도화된 종교의 폐쇄성을 거부하는 경향이 있는 불교에서조차 근대 기독교의 성장 모델을 부러워하고 있는 것 같습니다.

이병두 해방 이후 비구-대처 사이의 치열한 내분을 거쳐 1962년 자칭 통합조계종단이 출범한 이후 수십 년 동안 불교계가 '현대화 한다'며 추진해 온 일들, 예를 들어 군법사 · 종립학교 교법사 제도와 병원과 복지재단 설립 등은 개신교를 부러워하며 그들을 추종하기에 급급했던 것이죠. 다른 한편으로 교단 구조나 신도와의 관계 설정 등은 천주교를 모델로 삼고 있죠.

이관표 한편으로는 신자들의 입장에서 생각해 볼 필요도 있습니다. 성장을 추구하는 종교가 사람들을 무지한 방식으로 이끌고 있지만, 사람들이 왜 그것을 따르고 있는지를 동시에 살펴야 합니다. 사람들이 무지하기 때문에 근대화의 모델이 여전히 작동하고 있다고 볼 수만은 없습니다. 그것이 여전히 사람들에게 매력적인 요소가 있기 때문이 아닐까요. 성장과 안정을 추구하는 이른바 보수적인 신자들의 입장도 이해할 필요가 있습니다.

이찬수 이해할 수 있습니다. 하지만 종교의 이름으로 자기중심적 성장과 안정을 추구하려는 입장이나 자세에 대해 역시 종교의 이름으로 동의할 수는 없습니다. 그런 자세들이 각종 문제들을 만들어내는 원인이니까요. 그런 자세가 폭력적 현실에 공헌하는지 어떤지 비판적으로 의식하고 폭로하는 일이 긴요할 것 같습니다. 권력에 공헌하고 기생하는 종교는 없는 편이 낳을 것 같습니다.

이런 토론을 하는 이유도 우리가 얼마나 모순적이고 위험한 구조 속에 노출되어 있는지 더 적극적으로 성찰하지 못하면 폭력은 인간의 목을 더 죄어오고 종교는 계속 모순에 빠져 있을 가능성이 크겠기 때문입니다. 토론 내용을 좀 더 많은 이들과 공유하고 비판적 폭력 담론도 좀 더 확대되어서 국가의 폭력적 구조, 종교의 모순적 환경이 극복되는 데 일말이나마 공헌할 수 있으면 좋겠습니다. 다음에 좀 더 노골적이고 진지한 토론을 이어가면 좋겠습니다.

02

종교와 국가의 공모

종교는 국가와 분리된 별도의 순수한 조직이 아니다. 때로는 국가와 공모하여 자본주의의 첨병 노릇을 하기도 하고, 폭력을 구조화시키는 데 기여하기도 한다. 그러면서도 동시에 인간의 자본에 종속되지 않도록 제어하기도 하고, 인간의 존엄성을 확보하는 데 적지 않은 영향력을 행사하기도 한다. 평화를 이루기 위해서는 종교와 국가의 의미와 역할을 냉철하게 판단해야 하고, 이 둘의 관계를 치우침없이 분석할 수 있어야 한다.

종교는 자본주의의 첨병인가

이찬수

지난번에는 대체로 종교와 국가의 관계에 대해 토론했습니다. 오늘은 여기에 자본주의의 문제를 보태서 얘기해보겠습니다. 토론을 위해 학계의 몇 가지 입장을 이어서 먼저 말씀드리도록 하지요.

흔히 근대 국민국가는 영토와 국민과 주권으로 이루어진다고 합니다. 주권이란 국가의 의사를 최종적으로 결정하는 권력입니다. 권력은 원칙으로는 국민이 제공하고 만든 것으로 되어 있지만, 실제로 권력은 폭력으로부터 생겨나 정당화되었고, 따라서 권력의 목적은 권력입니다. 권력은 자기 유지와 자기 정당성을 위해서 국민을 이용한다 해도 과언이 아닙니다. 폭력이 그 영향력 안에 있는 이들에게 정당성을 얻으면서 권력이 되고, 권력이 다시 자기 정당성을 확보하기 위해 자신의 부를 축적합니다. 주로 세금 징수를 통해 그렇게 합니다. 국민은 세금을 내기 싫어도 피해를 받지 않으려면 세금을 냅니다. 그리고 국가로부터 보호받기 위해서 세금을 내기도 합니다. 종교도 이러한 권력으로부터 자유롭지 못합니다.

질 들뢰즈는 토지, 노동, 화폐를 통해서 '저장(stock, 세금을 통해 축적되는 부)'이 형성된다고 합니다. 이 가운데 화폐 문제를 살펴볼 필요가 있는데요, 그는 화폐가 기본적으로 교환이나 상업 등의 수단으로 형성된 것이 아니라, 세금의 징수로부터 탄생했다고 합니다. 부자가 낼 수 있는 세금과 가난한 사람이 낼 수 있는 세금의 비교 가능한 관계를 객관화하기 위해서 화폐가 도입됐다는 겁니다. 토지에서는 땅값이 형성되고, 노동에서는 이윤이 나오고, 화폐에서는 세금이 추출되고 축적되면서 거대한 부가 형성되었고, 그 과정에서 국가가 형성되었다는 것입니다.

그리고 이런 국가로부터 자본주의도 생겼다고 합니다. 토지와 노동과 화폐가 국가로부터 도망가면서, 즉 화폐가 은행으로 몰리면서 화폐가 국가의 통제를 벗어나는 흐름이 생겼는데, 이것이 사유제라는 겁니다. 이런 분위기들이 자본주의를 만들어냈는데, 자본주의가 특정 영토를 벗어나면서 세계화라는 흐름이 생겼고, 오늘날 신자유주의에 이르게 되었다는 겁니다.

주지하다시피, 신자유주의는 자유 경쟁에 입각해 끝없는 성과를 낳도록 요구하는 흐름입니다. 말이 자유이지, 어쩔 수 없는 자유, 사실상 강제입니다. 사람들은 자유라는 강제에 내몰리고 끝없는 성과를 쌓으라는 요구에 시달리며 피곤해합니다. 몸과 마음이 피로해도 자신이 알아서 나선 모양새다 보니, 딱히 남 탓을 하기도 힘듭니다. 피로의 원인이 자신 안에 있다고 생각합니다. 그러면서 바쁘게 일하며 피곤해하는 이를 사회에서는 유능하다며 칭찬합니다. 한병철의 표현이기도 합니다만, 이러한 요구를 감내해 내지 못하고 자기주도성을 잃으면 그만큼 좌절도 커지는데, 이에 대한 병리학적 표현이 우울증입니다.

이럴수록 사람들은 대형 종교 시설을 찾습니다. 대형 종교 시설에서는 탈진한 영혼을 위로해 줍니다. 그러고 나면 다시 나가서 성과를 올리라고 무언의 압력을 가합니다. 열심히 부를 축적한 것은 하늘의 축복이요 부처님의 은혜로 더 많은 성과를 올린 것이라고 설교합니다. 그러면서 그로 하여금 그렇게 힘들게 만드는 사회적 혹은 구조적 폭력을 보지 못하게 합니다.

막스 베버에 의하면 종교와 경제 구조는 긴밀한 관계에 있습니다. 가령 과거 유럽의 경우 가톨릭 문화권에서는 영리 추구를, 거부까지는 아니지만 그다지 좋게 보지 않았던 반면, 개신교에서는 재물의 축적을 구원과 은총의 증거로 해석했습니다. 그런 식으로 자본주의 출현에 종교가 공헌했다고 그는 말합니다. 가능한 해석인 듯합니다. 문제는 이런 분위기가 여전히 이어져 오고 있다는 겁니다. 이 마당에 종교라는 것은 과연 국가로부터 자유로울 수 있을까요. 종교는 자본주의의 첨병에 머물고 마는 것일까요. 현상적으로는 그런 분위기가 강력한데, 그래도 다른 가능성은 없을까요. 고견을 나눠주시면 감사하겠습니다.

종교도 자본주의적이고 위계적이다

정주진 현재의 자본주의 문제를 종교와 관련해 보면 두 가지를 지적할 수 있습니다. 하나는 종교가 결국 잘못된 자본주의를 강화시키는 데 얼마나 기여하느냐의 문제입니다. 다른 하나는 종교 안에 자본주의 문화가 고착되어 있다 보니까, 사람들이 종교 안에서 살아남기 위해서 종교 밖에서 자본주의에 순응하며 살게 된다는 문제가 있습니다.

저에게 익숙한 교회의 예를 들어보죠. 교회에서건 사회에서건 성공한다는 것은 돈을 많이 버는 것이고, 그것은 헌금을 많이 낼 수 있다는 것입니다. 그래야 교회 집단 안에서 인정하고 대우해 줍니다. 결국 교회 안에서 인정을 많이 받으려면 돈을 많이 내야 하고 당연히 교회 밖에서 돈을 많이 벌어야 합니다. 그렇기에 자본주의의 폐해 등을 비판하기보다는 자신의 도덕성을 자연스레 외면하면서 순응하는 것을 선택합니다. 큰 교회일수록 그런 현상이 두드러지는데 다른 종교는 어떤지 궁금합니다.

김근수 가톨릭은 자본의 축적을 그다지 좋지 않게 보고, 개신교는 자본주의의 첨병 노릇을 하는 것처럼 얘기하셨는데, 요즘은 가톨릭도 자본주의에 굴복했습니다. 종교 사회가 말 그대로 신자유주의로 인한 피로 사회입니다. 겉으로는 평등을 이야기하고 자유와 해방을 이야기하지만 정말 신분 사회 같습니다. 성직자와 평신도는 구분되어 있습니다. 종교에서도 권력을 쥐고 있는 성직자 계층은 평신도 계층과 신분이 다릅니다. 불교와 가톨릭은 진작부터 신분이 뚜렷이 나뉘는 경향이 있었는데, 원래 만인사제설을 주장하며 나왔던 개신교도 사실상 새로운 신분 제도가 만들어져서 신도들 사이의 계급 구분을 뚜렷이 유지하고 있습니다.

국가나 종교가 평화를 실현해보기는 했나

박일준 종교만 조직을 구성하는 성격이 있는 것이 아니라 국가의 정치적 이념 또한 자기를 넘어서 보편적으로 확장하려 합니다. 이때 조직 구성의 차원에서 구조적인 폭력을 말하는 것은 공감이 가지만 현실의 종교생활 속에서 접하는 폭력의 경우에는 대안적인 비판이나 생각을 말하기가 어렵지 않을까 합니다. 예를 들면, 종교의 폭력성과 자본주의 사이의 대척점들을 잘못 설정하는 경우가 많습니다. 방금 '만인사제설'을 언급하셨는데, 우리 시각에선 이것이 종교 조직을 해체하는 것이지만 만인사제라는 것 또한 조직입니다. 사실 들뢰즈가 말하는 '수목구조'의 조직을 '리좀구조'의 관점에서 본다면 우리가 할 수 있는 비판들이 눈에 보이지 않게 됩니다. 리좀구조의 관점에서 원자의 눈으로 보고 비판하고 판단하는 내용이 수목구조의 관점에서는 전혀 사실이 아니게 됩니다.

폭력과 연관해서 평화를 이야기할 때, 우리의 논의의 출발점은 "종교나 국가가 평화를 실현해 보기는 했는가, 아니, 존재하기는 했는가?"여야 하지 않을까 싶습니다. 사실 그것은 존재한 적이 없습니다. 존재한 적이 없는데 신기하게도 평화가 있어야 하는 것처럼 이야기합니다. 과연 이것이 비판의 문제가 될까요. 원래 이상이란 실현되지 못한 상황에서 점차 그 방향으로 개선되어 나가는 운동이라 할 때, 현재의 교회는 우리의 이상에 미치지 못한다고 말할 수 있을 뿐입니다.

정주진 폭력의 문제는 국가보다 교회가 좀 더 심각하다고 생각합니다. 왜냐하면 요즘에는 시민사회가 국가의 구조적 폭력을 약화시키는 공공성을 이야기하고 실현시키고자 노력하고 있기 때문입니다. 그래서 세금이 최대한 공공성을 위해서 쓰일 수 있도록 노력합니다. 또한 약자를 위해 쓰일 수 있도록 노력합니다. 그래야 세금을 계속 걷을 수도 있을 것입니다. 또 한 가지는, 기본적으로 국가 구조가 폭력성을 유지하고 있긴 하지만, 민주주의가 어느 정도 수준에서 이루어지고 있는지에 따라 폭력성 정도도 달라진다는 사실을 고려해야 합니다.

반면 교회는 세금을 헌금이라는 형태로 징수합니다. 교회의 헌금은 상당히 강제성이 있어서 공공성과 공동체의 합의가 얼마만큼 담보되어 있고 반영되고 있는지 사실 회의적입니다. 거기에 더해 교회 운영에 대한 감시 체계가 얼마나 잘 작동하느냐의 여부도 문제입니다. 이런 면에서 교회는 국가보다 폭력적인 구조를 갖고 있습니다.

"교회가 평화를 실현해 보기나 했는가?"라는 비판적 질문에 함축되어 있는 것처럼, 종교인들이 항상 이야기하는 것은 평화입니다. 교회도 평화를 이야기합니다. 종교나 교회가 평화를 선점하고 있는 것처럼 이야기하기도 합니다. 그런데 기독교가 평화의 종교라고 말하지만 현실에서 실질적으로 작동하는 것은 평화가 아닌 폭력적인 교회 구조입니다. 이 구조가 계속 유지되고 있습니다. 소수의 작은 교회들 중에 평화를 성취하기 위해 구조를 개선하는 노력을 하는 경우가 있긴 하지만 대부분의 교회들은 그렇지 않은 것이 현실입니다. 큰 맹점은 교회 구조 안에서 누구도 그런 감시자 역할을 해야 한다고 생각지 않는다는 사실입니다. 국가의 시민처럼 교회의 신도들이 그런 역할을 해야 하는데, 교회 안에서는 좋은 것이 좋은 것이라며 넘어가는 분위기가 큽니다.

종교와 국가는 서로 공모한다

박일준 정부는 시민의 감시 체계를 잘 받아서 존중하고 있는가, 또는 정체로서의 민주주의가 이상주의를 올바르게 실현해 가는 올바른 제도인가, 민주주의를 실현한다는 선거를 통해서 국민의 뜻이 반영되고 있는가 등등을 물어야 합니다. 자본의 작동을 통해서 운영되는 민주주의는 명목상으로는 민주주의지만 실질적으로 그렇지 않습니다. 그렇다고 해서 교회가 국가보다 낫다는 것은 아닙니다. 교회도 마찬가지의 눈으로 그 이면을 볼 필요가 있습니다.

종교도 자본에 포획되어 있지만

김근수 종교와 국가의 관계를 다루는 것은 의미 있는 일입니다. 그러나 국가가 이미 자본에 장악당한 이후에는 종교와 국가의 관계에서 종교와 자본의 관계로 논의 주제를 바꾸어야 하지 않을까요. 민족국가 시대를 지나 다국적 기업이 등장하고 권력이 선거를 통해 교체되는 지금과 같은 사회에서 국가와 종교의 관계보다 종교와 자본의 관계가 좀 더 절실하고 솔직한 논의 대상일 수 있습니다. 지금 우리가 국가와 종교라는 주제로 이야기한다 해도, 국가 뒤에 있는 자본, 국가 권력을 지휘하는 자본 권력이 먼저 논의되어야 할 것 같습니다.

이찬수 종교가 자본의 권력으로부터 자유로울 수 있을까 하는 오늘의 물음을 다시 던지신 것 같습니다. 오늘의 현실을 진단할 하나의 사례를 들어보면 어떨까요.

이병두 불교의 예를 들어보죠. 부처님 당시 사람들이 '급고독장자 (給孤獨長者)'라는 명예로운 칭호로 부르던, 오늘날의 재벌급 되는 사람으로 수닷따라는 이가 있었습니다. 이 사람은 황금을 팔아서 기원정사를 지을 땅을 사주기도 했지만, 어려운 사람들을 도와주는 데도 앞장섰습니다. '외로운 이들을 지원해준 부자'라는 의미에서 급고독장자라고 합니다. 그런데 얼마 전까지는 스님들이 가난한 자를 도왔다는 급고독(給孤獨)의 이야기를 많이 했지만, 이제는 부자, 장자(長者) 이야기만 합니다.

　부처님과 그 제자들이 장마철 안거(雨安居)를 날 수 있기에 가장 적합한 땅을 사서 절을 지어드리려고 마음먹었으나 그 땅의 소유자가 '팔지 않겠다'는 뜻으로 "필요한 만큼의 땅에 황금을 깔아놓으면 그곳을 팔겠다"는 말을 듣고 그것을 실천에 옮겨 결국 기원정사(祇園精舍)라고 하는 불교 최초의 절을 지어서 교단에 바친 이야기만 하는 것입니다.

20여 년 전까지는 부처님 오신 날(佛誕節)의 법문 주제가 '빈자(貧者)의 일등(一燈)'이라 해서 부자들이 켠 등은 밤이 새기 전에 꺼져버렸는데 가난한 사람이 켠 등은 밤새 기름이 떨어지지 않았다는 이야기를 했습니다. 하지만 요즘은 이런 이야기들이 사라졌습니다. 빈자들이 등을 켜는 게 중요한 것이 아니라 재벌급 부자인 장자가 중요해진 것입니다. 이런 변화가 모든 종교에게 공통된 사정일 것 같습니다. 어찌 보면 한국의 거의 모든 종교계가 '자본에의 종속'을 넘어, 자본주의의 최첨단을 지향하고 있는 것 아닌가 싶습니다.

때로는 권력과 대결하기도 한다

이관표 종교사학자들이 이야기할 때 종교는 두 가지로 갈라집니다. 하나는 자연종교적인 입장에서 계급 질서를 유지하고 삶의 자연법칙을 맞춰 가는 것이라면, 다른 하나는 그 반대 방향의 종교입니다. 모세로부터 출발했던 유대적인 종교는 기존의 자연종교에서 계속적으로 폭력에 노출되었던 가난하고 불쌍한 자들을 우선하는 흐름을 따라갑니다. 현대에 와서는 해방신학이나 민중신학이 그런 예입니다.

자본주의나 신자유주의에서는 인간에게 자신이 갖고 있는 최고의 능력들을 발휘해서 자신이 살 수 있는 만큼 살라고 요구합니다. 안 되면 도태되어서 사라져 버리는 것을 자연법칙처럼 생각합니다. 그런데 그런 법칙에 반대하며 일어난 것이 개신교입니다. 종교가 국가와 결탁하거나 자본을 축적하는 것은 참 종교가 아니라 비판하기도 합니다. 국가가 어려울 때 호국적 기독교 이름으로 국난에 참여하면서 국가의 권력을 유지시키는 도구로서의 기능도 있습니다. 종교에도 여러 측면이 있습니다.

종교는 기존하는 모든 것들에 대한 비판적 의식을 갖고서, 현실에 타협하는 것을 제지하려고 하는 하나의 삶의 형태라고 생각합니다. 요즘 천국과 지옥 이야기를 하는 것도 오늘 우리의 삶이 우리를 둘러싼 인간과 자연과 더불어 살지 않고 자신만 잘 살려고 하는 방식을 반성하고, 이기적인 마음으로 살아가는 데서 오는 삶의 혼란들을 제어하려고 하기 때문입니다. 이런 것들이 종교의 출발점이 아니었겠는가 생각합니다. 그런 점에서 종교는 국가와 정반대의 대결 구도를 갖고 있을 수밖에 없습니다. 종교는 기존의 것들에 대한 비판의식을 갖고서 순응적 삶을 단절시키려는 삶의 형태 중 하나인 거죠. 저의 종교적 배경인 개신교의 경험으로 보더라도, 종교는 본래 끊임없는 자기합리화와 이기심으로 살아가는 삶을 제어하는 데서 출발했다고 생각합니다. 종교의 본래적 측면도 생각해야 합니다.

'종교'라는 말의 출전

원영상 일단 동의합니다. 이때 '종교'라는 용어에 대해서도 생각해 보아야 합니다. '종(宗)', '교(敎)', 그리고 '종교(宗敎)'라는 말은 사실 불교에서 사용된 전통적인 용어입니다. 근대에 일본이 Religion의 개념을 이해할 때, 서양의 계시적인 종교를 개오(開悟)적인 종교인 불교 같은 동양 종교의 시각으로 이해했다는 것을 의미합니다. 그러나 역으로 불교와 같이 삶의 철학과 결부된 동양의 종교를 서양의 종교적인 측면으로 봄으로써, 종교적인 제도도 함께 도입하게 된 것입니다.

그런데 서양에서의 국가와 종교 관계의 분수령이 되는 근대의 정교분리체제가 동양에도 이식되면서 문제가 생겼습니다. 물론 동양에서의 종교가 비폭력적 전통으로 일관했다고는 할 수 없습니다. 강력한 중앙집권의 근대국가 출현은 종교의 폭력성, 정치화, 계급화를 해체하고자 했지만, 도리어 스스로 종교적 권력을 자신의 것으로 체화했다고 할 수 있습니다. 현대의 종교는 국가의 승인 하에 활동할 수 있는 국가 권력의 하부구조로 전락했습니다만, 이러한 상황에 이르기까지 종교 자신의 역사를 돌이켜 볼 필요가 있습니다.

예를 들어 불교에서 말하는 말법(末法) 세계란 부처님의 진정한 가르침으로부터 멀어진 현실을 말합니다. 정법시대에는 가르침, 수행, 그리고 깨달음이 있다면, 말법은 이 중에 수행과 깨달음은 없고 오직 가르침이라는, 말만이 남아 있는 세계를 말합니다. 궁극적인 해탈의 세계를 지향하지 않고 말로만 먹고사는, 그야말로 욕망만이 지배하는 세계에 불교가 노출되어 있다는 것입니다. 이 세계는 언제나 약육강식이었으며, 이러한 세계를 교화하기 위해 불교가 존재하는 것임에도 그 근본 뜻을 저버린 상황을 내다본 것이 말법입니다. 오늘날 자본주의의 포로가 된 종교세계 전체야말로 말법세계에 처해 있다고 할 수 있습니다.

자본주의와 결탁된 종교는 앞에서 언급했듯이 국가와의 관계와 마찬가지로 하부구조로 전락하고 있음을 알 수 있습니다. 예를 들어, 마음공부나 템플스테이와 같은 치유 프로그램 개발은 그 자체로도 국가와 자본의 지원을 받고 있지만, 사회 전체적인 모순에는 눈을 감게 만드는 것에 불과합니다. 구조적 문제에 대한 종교적인 해법은 없고, 국가의 폭력이나 자본주의의 경쟁에서 밀려난 약자들에게 위안을 주는 역할 정도입니다.

때로는 자본주의의 대안이기도 하다

원영상 종교의 소극적이며 자기 소모적인 대응에 비추어 본다면, 에른스트 슈마허(E. Schumacher, 1911~1977)야말로 자본의 논리를 정면으로 파고들어 불교를 그 대안으로 내세운 용기 있는 경제학자라고 할 수 있습니다. 그는 『작은 것이 아름답다』에서 불교야말로 가장 자본주의적이라고 보고 있습니다. 그 이유는 불교는 최소의 자원으로 최대 효과를 거두는 경제법칙에 가장 적합한 생활을 지향하며, 지구의 자원을 순환 및 지속가능한 상태로 돌보는 생태적인 종교라 보기 때문입니다. 이는 그가 직접 남방불교의 현장에서 목격한 것을 토대로 전개한 것입니다.

이렇게 본다면 종교야말로 오히려 자본주의의 대안이 될 수도 있지 않을까 생각합니다. 이러한 논의야말로 오늘날 절실한 상황입니다. 비록 많은 비판이 이루어지고 있기는 하지만 일본의 창가학회가 시도하고 있는 공명당의 '불법(佛法)민주주의'라는 정치참여도 한번 눈여겨볼 필요가 있습니다. 종교의 정치참여에는 많은 논쟁이 일어나고 있지만, 현실 정치의 한계를 생각한다면, 그 가능성을 열어 놓을 필요가 있다고 봅니다.

물론 한 번도 평화적일 때가 없었던 국가 권력에 종교가 참여한다는 것은 문제가 있을 수 있습니다. 그러나 한편으로 종교의 기본적인 가르침에 충실하고, 내적인 힘을 통해 국가와 자본의 폭력을 완화시키면서 사회화해 가는 역할이 병행된다면 금상첨화일 것으로 봅니다. 유교는 전통적으로 그것을 잘 보여주고 있습니다. 격물(格物)과 치지(致知)로부터 출발해 치국(治國)과 평천하(平天下)에 이르기까지 어느 하나도 배제하지 않고 참여하는 가르침을 펼치고 있습니다. 그 사회화의 핵심은 혈구지도(絜矩之道)로서, 자로 물건을 재듯이 내 입장을 생각해서 남의 입장을 헤아리는 자세입니다. 결국 자기 성찰을 전제한 종교가 국가 및 자본에 대한 대안적 실천이 될 수도 있다는 뜻입니다.

박일준 한 가지 걸리는 것은, 21세기의 자본주의 체제에서 국가는 더 이상 자본주의의 대안이 될 수 없다는 점입니다. 그렇다면 국가가 자본주의의 노예가 된 상태에서 국가에 대한 대안이라는 것이 무슨 의미일까요. 현재 국가 제도 안에서 기능하는 종교의 모습을 고려할 때, 종교는 갖추고 있는 역량이 부족하기에 국가에 대한 대안을 마련하기 힘들고, 따라서 국가와 자본주의를 넘어서기 힘들다고 봅니다.

하지만 기독교 초대 공동체의 경우도 있습니다. 초대 기독교 공동체를 이상적 공산사회처럼 보기도 합니다. 그러면서도 공산주의와 조금 달랐던 부분이 있는데, 그것은 '각자의 필요에 따라' 동등하게 나누었다는 것입니다. 각자의 필요를 충분히 알 수 있을 만한 친숙한 사람들이 모여 작은 공동체를 형성해서 경제를 일구어 나갈 때 각 종교 안에 자본주의를 뛰어넘는 원리가 있을 수 있다는 뜻이기도 합니다. 국가 차원의 대안보다 더 큰 그림이 21세기에는 필요합니다.

원영상 종교 초기의 역사에서 그런 예들을 볼 수 있습니다. 가령 중국에서 발생한 정토교(淨土敎)나 삼계교(三階敎)의 이념을 보면 철저히 반권력적이었습니다. 한 발 더 나아가 삼계교 같은 경우는 국가에 대항하는 종교였습니다. 무진장원(無盡藏院)이라는 창고를 만들어서 시주한 재물을 모아 민중을 구원해 주는 역할을 했습니다. 종교 자체가 국가의 역할을 했지요. 국가의 역할인 분배 문제를 해결해 준 것입니다. 그러다가 국가 권력에 의해 탄압받아 소멸되었지만 말예요. 정토교도 마찬가지입니다. '나무아미타불'이라는 염불 하나만으로 계급이나 차별을 떠나 완벽한 평등을 구현하려 했습니다. 이것은 인간의 하열한 근기로 인해 구제가 불가능하다는 말법시대를 제대로 이해하고, 대자대비의 정신으로 구제 불가능성을 극복하고자 한 종교입니다. 종교의 이러한 출발은 오늘날 입장에서 생각하더라도 철저히 반자본주의적이고 반국가적인 역할을 태생적으로 지니고 있음을 알 수 있습니다. 종교가 국가의 대안이 될 수 있었던 시기가 분명히 있었습니다.

이찬수 그것도 한때 얘기일 것 같습니다. 오늘날 종교에 그런 대안성이 있는지 의심스러우니까요. 그래도 우리가 사용하는 언어의 개념을 정리하기 위해, 종교가 국가에 대항한다는 말은 부당한 권력에 대항한다는 뜻으로 좁혀 이해하는 게 좋을 것 같습니다. 국가에 대해 대안적이라는 말도 개인의 주권을 침해하는 상위의 권력이 개인의 주권을 침해할 수 없도록 할 능력이 종교에 있다는 뜻으로 이해하는 게 좋겠습니다. 그런데 중요한 것은 오늘 우리의 현실에서 그게 가능한가의 문제일 것입니다.

국가의 역할은 무엇인가

서보혁 국가 이야기를 좀 더 해보겠습니다. 국가 자체를 목적으로 보던 중세 말의 경우와 달리 제국주의가 팽창할 때는 국가를 목적이 아닌 수단으로 보는 시각이 등장했습니다. 대표적으로 마르크스주의는 국가를 수단으로 보고 있습니다. 또 국가를 하나의 공간으로, 여러 집단들이 경쟁하고 자기 이익을 투사하는 공간으로 볼수도 있습니다.

　1970년대 자본주의가 정체되었을 때 마르크스주의 이론에 입각해서 국가를 총자본의 이해를 대변하는 기구로 이해하기도 했지만, 당시 국가에 대한 이해는 여러 성격이나 종류가 있었던 것 같습니다. 국가를 도구적인 관점으로 보는 경우도 있었는데, 이때 국가는 우리가 추구하는 바를 실현하기 위한 하나의, 그러나 강력한 수단으로서 중앙정치권력을 말합니다. 그다음 1980년대를 넘어서면서 사회운동이나 여론 등을 통해서 국가의 제도나 정책을 바꾸기 시작했는데, 이것은 상당히 기능적인 차원에서 국가를 이해했다는 뜻입니다. 국가의 성격을 어떻게 규정하느냐에 따라 종교와의 관계 설정이 이루어질 수 있을 것 같습니다.

박일준 미국의 총기 소유 논란을 통해 국가의 문제를 생각해 볼 수 있겠습니다. 지금 미국에서 논란이 되는 것 중 하나는 총기 소유 문제입니다. 미국적 상황에서 총기 소유를 금지하는 문제는 간단치 않습니다. 미국은 주정부와 연방정부로 분리되어 있습니다. 그런데 미국 성립 당시에 주정부가 연방정부에 대항할 수 있는 역량을 유지하기 위해 강화한 것이 총기 소유입니다. 지금에 와서 그것의 부작용으로 총기 소유 금지 문제가 나오지만, 그때마다 다시 거센 반대가 일어나는 이유는 총기 소유가 연방정부에 대한 주정부 독립성의 상징이기 때문입니다. 총기 소유를 금지한다고 해서 총기 소유가 완전히 근절되지는 않습니다. 결국 정치제도는 어떤 특정 시대의 산물이 아닐까 생각하는데, 국가 없이 폭력이라는 행위를 어떻게 조정할 것인가의 문제입니다. 근대국가 이전에도 이에 대한 조정은 있었고, 그 이전 국가가 형성되지 않았던 부족사회에서도 사실은 통제 활동이 있었습니다.

서보혁 국제정치를 보는 패러다임에 따라 다르지만, 현실주의 시각에서는 국가가 가장 중요한 어떤 유일한 행위자라고 가정을 하고, 자유주의에서는 국가가 중요한 행위자라는 것을 인정하되 국가 외에 NGO나 정부 간 기구, 또는 유엔 등도 행위자로 이야기합니다. 시각에 따라 기본적으로 다릅니다. 정부 간 기구에서는 안보문제를 중요시하고 세계화 흐름이 커지면서는 금융통상 문제도 다루고, 인권 문제의 경우에는 비정부의 역할도 크다고 봅니다. 중요한 것은 현실적이고 제도적으로 구체화되어 가는지 아닌지 여부입니다.

정주진 앞서 제가 종교 집단은 국가보다도 폭력을 제재할 수 있는 가능성이 없다고 말했을 때, 그러면 국가는 제대로 작동하느냐 이런 이야기들이 있었는데, 그럼에도 불구하고 저는 국가의 가능성을 열어두고는 있습니다. 민주주의 제도가 제대로 작동하고 있지는 않지만, 기본적으로 가능성은 열려 있고, 시민들이 얼마만큼 적극적으로 이를 활용하느냐에 따라 그 가능성이 실현될 수 있다고 봅니다. 국가의 폭력적인 면들을 극복하기 위해서는 결국 국가에 집중할 수밖에 없는 측면이 있습니다.

또한 자본주의 체제 하에서 자본이 국가를 집어삼켰다고는 하지만, 자본주의가 정당성을 확보하기 위해서는 국가의 구조를 통해야 한다는 점에서 여전히 국가의 잠재력을 무시할 수는 없다고 봅니다. 자본을 상대할 때는 국가를 상대할 수밖에 없는 것입니다. 국가의 권력자들이나 국가를 대변하는 정부를 상대해야 하는데, 그 가능성을 어디서 찾을 수 있을까요? 그것은 시민인데, 민주주의가 제대로 작동하지 않는다 하더라도 결국 그것을 극복하기 위해서 우리는 국가, 국가와 시민의 관계에 초점을 맞출 수밖에 없습니다. 자본을 상대하는 것에 있어서도 마찬가지입니다.

그래도 종교에 역량이 있다면

박일준 그것이 중요한 차이였던 것 같습니다. 여전히 국가를 통해서 개선의 장치를 찾아야 한다는 견해가 있는 것 같습니다. 그런데 제 생각에는 우리 시대의 국가가 일말의 가능성을 가지고 있는지 의심스럽습니다. 국가보다는 종교가 그런 내적인 역량을 갖고 있다고 봅니다. 비록 현실 종교에서 그 역량이 왜곡됐지만, 어쨌든 내적으로는 그런 역량을 가지고 있다고 봅니다. 관점의 차이일 수는 있겠지만요.

정주진 말씀하신 대로 관점의 차이가 있을 수는 있겠지만, 저는 그 부분에서 낙관적이지 않습니다. 왜냐하면 종교가 가능성이 있다 해도 지금의 종교는 구조와 체계를 갖춘 제도종교가 되면서, 일부 집단에 권력이 집중되어 있습니다. 또한 권력을 가진 사람들이 그 것의 도덕성을 개선할 의지가 있느냐 없느냐로 살펴봤을 때, 저는 지금으로서는 없다고 봅니다. 교회도 성직자 중심으로 모든 제도가 돌아가는데 그 기득권을 포기하지 않으려고 합니다. 권력을 분배하고 나누려고 하지 않습니다.

신익상 양자의 견해 차이가 그다지 큰 것이 아닐 수도 있습니다. 제도종교와 종교의 정신을 분리해서 논의한다면, 두 분의 견해는 사실 같은 것을 지향한다고 볼 수 있지 않을까 합니다. 제도종교가 종교 본연의 정신을 왜곡하거나 내버렸다는 점에서는 모두가 대체로 의견이 일치하는 듯 합니다. 정주진 박사님은 종교의 정신을 배반한 제도종교의 측면에서 종교비판을 한다면, 박일준 박사님은 종교의 원정신에서 국가의 폭력성을 극복할 대안을 찾는다고 할 수 있지 않을까요. 이러한 문제의식들을 좀 더 구체화할 수 있는 방안을 모색해야 할 것 같습니다. 그 한 예로, 저는 근본주의를 비판해야 한다고 봅니다. 근본주의는 종교적 보수주의가 정치적 세력화를 통해 사회에 영향을 미치는 경우이기에, 종교와 정치를 잇는 매개변수로서 중요성을 갖는다고 생각합니다.

종교가 국가를 개혁할 수 있을까

서보혁 일반 사회 구성원들 중에는 종교, 정치, 권력에 대해 무관심한 사람도 있고 비판적인 사람도 있습니다. 또 민주주의 실현에 관심을 두는 사람들 중에서 선거를 통한 민주 세력의 집권을 주요 전략으로 보는 이들도 있습니다. 최근에는 지역 풀뿌리 활동을 하면서 풀뿌리 민주주의에 주목하는 사람들도 늘어나고 있습니다. 종교도 그런 일을 하고 있는지 궁금합니다.

박일준 『공유의 비극을 넘어』라는 책을 보면 60년대 미국에서 있었던 마을 공동체의 공유지 관리에 대한 이야기가 나옵니다. 그 책은 공유지를 관리하는 세 가지 시스템들을 소개하고 있습니다. 국가 통제 시스템과 자유 시장 시스템과 그 대안으로 제시되는 공동체 자치 시스템입니다. 예를 들어, 어부들이 수십 년간 마을 공동체를 이루어 살면서 어장을 공유한다고 합시다. 이 공동체는 구성원들의 일거수일투족을 서로가 아는 구조 속에서 자체적으로 감시망을 형성하는 공적인 구조를 만들어 갑니다. 그러다가 행정관이 개입하고 법의 잣대를 들이대 획일화시키면서 문제가 심각해집니다. 도리어 공유지가 파괴됩니다. 이때 마을 공동체 운동이나 종교 단체들이 시도하는 작은 교회 운동 등이 공동체 자치 시스템을 되살리는 접점이 될 수 있지 않을까 합니다.

원영상 이찬수 교수님이 정리하셨듯이 국가 성립사는 폭력의 역사와 통합니다. 역사적으로 볼 때, 국가라는 조직은 폭력으로 점철되어 있습니다. 국가의 기원에는 다양한 설이 있지만 국가 권력을 놓고 보면, 작은 폭력을 보다 큰 폭력으로 제어하기 위한 조직이 국가라고 할 수 있습니다. 이를 위해 국가중심적 이데올로기가 강요되기도 합니다. 거의 모든 지역에서 무력을 통한 혁명이 빈번히 이루어지는 것을 보면 잘 알 수 있습니다. 대다수 민중은 그러한 혁명에 순응할 수밖에 없습니다. 이처럼 국가라는 형태는 실제적으로는 폭력으로 만들어진 집단이나 조직입니다.

국가의 이러한 근원적인 한계로 인해 현재 지구상에는 온 인류가 먹고 살 만한 양식이 충분히 생산되고 있지만, 기아에 허덕이는 민중도 있고 그들에게 충분한 배분이 이루어지고 있지 않습니다. 자신의 권력이 미치는 지역과 이를 배타적으로 설정한 국경이라는 지리적 분할에 의해 모든 것이 통제되기 때문입니다. 여기에 자본주의의 경제적 효율성 때문에 한 지역의 풍요가 다른 지역의 불황에 대처하지 못하게 하는 요인이 생기기도 하는 것입니다.

그런데 이러한 폭력성을 지닌 국가에 대해 그 정당성과 신성성을 인정해주는 것이 종교이기도 합니다. 메이지유신(明治維新, 1868)에 의해 설립된 일본의 근대국가만 보더라도 잘 드러납니다. 폭력을 통해 일어난 국가의 권력 확립을 위해 막부 체제하에서 거의 무력했던 천황을 끌어들이는 한편, 천황의 신성화를 위해 신도(神道)의 종교성을 탈색시켜 국가의 제사 기능으로 탈바꿈시켜 간 과정을 보면 종교가 국가 권력에 얼마나 휘둘릴 수 있는지를 잘 알 수 있습니다. 그리고 불교와 기독교를 비롯한 기성 종교는 물론, 일반 국민마저 이러한 국가 종교를 암묵적으로 승인했습니다. 사실 국가는 베네딕트 앤더슨(Benedict Anderson)이 말하듯 '상상의 공동체'이면서, 민족주의나 기원설화를 끌어들여서 영토와 국민과 주권을 하나로 통합하여 만들어진 이익집단 같은 것인데, 여기에 정당성을 부여하고 보장해 준 것이 바로 종교였던 것입니다.

그렇다면 종교는 어떤 식으로 국가라고 하는 절대적 신화를 해체할 수 있을까요. 그리고 그러한 조직을 뛰어넘어 종교 고유의 기능을 발휘할 수 있을까요. 이 문제를 풀기 위해서는 국가적 승인하에 기능하고 있는 종교 자신의 처지를 스스로 점검하는 것에서부터 출발해야 합니다. 그러다 보면 종교 또한 로마 가톨릭처럼 국가 형태를 닮아 가고자 하는 욕망에 사로잡혀 있다는 점을 알 수 있습니다. 종교 자체의 기원이나 순수한 역할을 비판적으로 재음미할 여지는 별로 없어 보입니다.

국가 조직 비슷하게 되어 가는 종교의 내적 환상을 스스로 지워 내고, 순기능적인 측면에서 국가와의 관계를 역사적으로 정리하고 나면 분명 새로운 형태의 종교적 역할이 드러나지 않을까 싶습니다. 종교 또한 태어남, 성장, 늙음, 죽음이라는 과정을 거치는 생물학적인 조직임을 알고, 자신을 가두었던 종교적 신화화(神話化)를 해체하여 인간 자신에게 도움을 주는 역할로 전환하는 작업을 시도할 필요가 있습니다.

탈신화화에서 탈세속화 또는 재종교화까지

이관표 국가에 대한 탈신화화가 되지 않았던 게 문제입니다. 국가의 신화화가 계속되면서, 60~70년대 박정희 정권만 하더라도 국가가 종교적인 형태를 띠었습니다. 하지만 이제는 우리가 국가를 비판할 수 있는 입장에 서 있습니다. 이것은 우리 정신이 성장하면서 탈신화할 줄 알게 되었기 때문입니다. 종교도 탈신화화고 스스로 정화해야 합니다. 그래야 국가의 신화적인 요소나 구조를 종교가 해체할 수 있습니다. 종교의 신화적인 요소를 그대로 유지한 채 국가를 탈신화화할 수는 없는 것입니다.

박일준 글쎄 그럴까요? 세속화, 탈신화화의 방법이 종교에 해방의 차원을 가져다 줄 것이라는 낭만은 근대에 깨졌습니다. 기존의 종교의 공동체적 권력으로부터 개인에 초점을 두고 해방을 추진한 것이 종교개혁이었고, 그를 정치적으로 표현한 것이 프랑스혁명이었습니다. 우리는 포스트모더니즘을 관통하면서 근대 시대를 비판할 수 있게 되었고, 프랑스혁명이 주창한 자유와 평등의 이상에 과연 여성이나 난민도 포함되어 있었느냐 비판할 수 있었습니다. 백인 남성 중심의 인간 이해 속에서 자유와 평등을 이야기했던 것이 아니냐 성찰하게 되었습니다. 포스트모더니즘은 탈세속화, 탈신화화가 해방의 힘이었다기보다는, 어떤 권력과 결탁한 억압 시스템을 만들어 왔다는 사실을 통찰하게 해줍니다. 다시 말해서 이 해방의 운동들은 '탈세속화, 탈신화화'가 아니라, 도리어 종교가 가져다 준 통찰에 기반합니다.

21세기로 접어들면서 네트워크로 자본을 만들어내는 새로운 시스템이 이루어졌습니다. 자본이 국가를 초월하는 임계점을 지난 것으로 보입니다. 자본이 흐르는 메커니즘이 권력 시스템 전체를 주도하는 식으로 변하고 있는 것입니다. 국가가 자본의 주체가 아니라, 이제 도리어 자본이 국가의 주체가 된 상황에서 국가 권력에 대한 비판 못지않게, 자본주의화한 지구촌에 대한 비판이 시급하고, 여기서 종교는 어떻게 전통적으로 추구해 왔던 이상들을 새롭게 재번역하고 해석해 나갈 것이냐 하는 문제를 고민하는 것이 더 시급합니다. 즉, 세속화 혹은 탈신화화가 아니라, 도리어 탈세속화 혹은 재종교화가 자본이 네트워크를 통해 지구촌을 장악한 21세기에 대한 대안이 될 가능성이 더 높습니다.

이관표 그렇더라도 국가는 항상 폭력과 결부되어 있는데 종교가 그런 시스템에 뛰어들어 그 폭력을 없애는 방향으로 갈 수 있을까요?

박일준 종교에는 다양한 얼굴이 있습니다. 권력에 밀착한 종교가 있을 수도 있고, 그 시대의 권력으로부터 떨어져서 자신만의 영성을 추구하는 경우도 있습니다. 다양한 종교들을 획일적으로 말할 수는 없습니다. 동일한 시대를 살면서도 국가 폭력과는 반대의 입장에서 다른 운동을 해 온 종교들의 영향도 있지 않을까 싶습니다.

이찬수 인류는 다양한 차원에서 폭력을 줄여 가는 행위를 할 수 있고, 또 해오고 있기도 합니다. 긴 안목에서 보면, 이른바 종교가 평화에 공헌한 측면도 있습니다. 가령 자식을 부모의 부속물이나 재산처럼 여기던 시절도 있었지만, 자식이 태어나자마자 하나의 인격으로 간주할 수 있는 법적, 문화적 장치도 마련되어 왔습니다. 이것은 인류가 경험해 온 평화적 확장의 사례이자 근간입니다. 서구의 상황을 예로 들면, 이런 변화는 중세의 신학적 가치와 교회 제도가 세속화하고(긍정적으로 표현하면 사회 안에 녹아들고), 사회가 도리어 신학적 가치를 수용해 종교화한 데서 비롯되는 일입니다. 단기적으로 보면 종교가 폭력적 양상을 띠기도 하고, 우리가 그것을 지속적으로 비판하고 있기도 하지만, 장기적으로 보면 인류의 평화 경험에 공헌한 측면이 전혀 없지는 않습니다.

원영상 지금 사회는 국가를 매개로 한 신자본주의의 그물에 민중이 포획되어 가는 야만의 사회, 양육강식의 사회에 가깝습니다. 이런 때 종교는 야만의 사회에서 그마나 숨을 쉴 수 있는 하나의 가능성입니다. 예를 들어 역사적으로 중국에서는 삼백 년 넘게 지속된 국가가 없습니다. 하지만 한 국가가 다른 국가를 대치하는 사회에서도 종교는 계속 유지되어 왔습니다. 이를 보면 분명히 종교도 각 시대마다 필요한 요구에 부응해 온 지혜를 갖추고 있고, 새로운 가능성을 모색할 역량도 있다고 할 수 있습니다. 종교 나름의 가르침과 방법을 지혜의 보고로 삼아서 이 시대의 종교적 정의를 새롭게 내리고, 이를 통해서 종교 스스로의 목표를 재설정한다면, 폭력을 줄일 가능성도 있지 않을까 합니다. 결코 종교를 포기할 필요는 없다고 생각합니다. 비판을 하면서도 그런 가능성을 끝까지 부여잡을 필요가 있습니다. 물론 현재의 양태로 종교가 하나의 세력으로 끝까지 군림하고자 한다면 회의적이기는 하지만요.

그래도 회의적인 측면이 더 크다

이병두 국가는 합법적으로 폭력을 행사할 수 있습니다. 종교가 이런 국가 권력을 벗어날 수 있을 것이라는 생각에는 회의적입니다. 형식상 정교분리를 이야기하긴 하지만, 사실 아쉬우면 국가든 종교든 정교분리 같은 것은 무시합니다. 불교만 보더라도 국가에 전통사찰을 지정해 달라고 요청합니다. 국가 지정의 전통사찰이 된다는 말은 국가로부터 간섭을 받겠다는 뜻입니다. 국가에서 예산을 받고 기대고 간섭을 받고 싶어 합니다. 종교는 이런 유혹을 못 벗어 던질 것입니다. 이런 상황에 종교가 평화의 역할을 해 내는 것이 얼마나 가능할지 모르겠습니다.

전병술 교회를 가든 절을 가든 많은 사람들이 종교 단체를 찾는데 나는 왜 가지 않을까 하는 생각을 가끔 합니다. 사람들은 무언가 이익을 얻기 위해서 종교를 찾습니다. 그것은 속죄나 영혼의 정화일 수도 있고, 혹은 사교 활동 등을 통해 창출되는 현실적 이득일 수도 있습니다. 나는 종교 단체에서 이런 이득을 기대하지 않는 것 같습니다. 아니면 나에게 영성이 부족하거나…. 어쨌든 자신의 이익을 얻기 위해서는 시간이든 헌금이든 자신의 것을 내주어야 하고, 이런 주고받기 가운데 종교(단체)는 유지됩니다. 대부분의 사람들은 종교와 국가 간의 관계, 국가와 폭력 간의 관계, 여기에서 파생되는 종교와 폭력 간의 관계에 대해 성찰하려고 교회나 절에 가지 않습니다. 자신의 이익을 위해서 갑니다. 정치인들도 표가 필요할 때 종교를 찾지 않습니까? 이것이 종교가 대중과 공감하는 수준이 아닌가 싶습니다. 종교와 국가의 관계도 서로의 이익을 위한 공생관계일 뿐입니다. 이러한 모습이 종교(단체)의 본질일지도 모른다는 생각이 듭니다.

산다는 것이 무엇인가도 종종 생각해 봅니다. 큰 걱정 없이 그저 평온하게 하루하루 보내고 싶습니다. 그러다가 내 삶이 팍팍하면 무언가에 기대고 싶어지기는 합니다. 근대 이후 우리나라에서 종교가 가장 성장할 때는 많은 사람들이 못 살고 힘들 때였습니다. 자본주의 시대에 전제되어야 할 것은 종교가 가난하고 힘든 자의 편에 서야 한다는 사실입니다. 하지만 종교가 정말로 가난하고 힘든 자의 편에 서는 모습은 별로 눈에 띄지 않습니다. 개인의 안

넝도 담보하지 못하는 종교가 어떻게 공동체의 평화를 가져올 수 있겠는지요.

신익상 개신교 개혁 운동에 앞장서고 있는 박득훈 목사의 말을 빌리면, 개신교 또한 물질적 탐욕에서 자유롭지 못합니다. 그분의 설명에 따르면, 교회 목회자의 설교는 주로 다음과 같은 논리를 따릅니다 "재물을 섬기지 마시고 하나님을 섬기십시오. 그러면 부자가 되실 겁니다." 이것이 종교가 시민들에게 전파하는 신앙의 핵심이라는 것입니다. 개신교회를 비롯해서 종교는 솔직해질 필요가 있습니다. 그동안 제도종교는 종교심을 통해서 이기적 욕망을 추구하는 것을 지나치게 정당화함으로써 신자유주의적 자본주의를 신앙인들의 삶에 내면화하도록 도와 왔다고 할 수 있습니다.

박광수 이런 것들이 기복종교의 문제점입니다. 불교든 기독교든 종교가 추구하는 것은 인간의 복된 삶이며, 복 받으려는 종교심을 키우면서 성장해 온 것이 대부분입니다. 이런 종교성만을 기반으로 성장하고자 할 때, 자본주의로부터 비롯되는 현대사회의 문제점을 종교도 그대로 이어받게 됩니다. 종교든 봉사든 복지든 국가의 지원을 받아내려는 체제에 스스로를 예속시키는 것이 오늘의 현실입니다. 현재 그런 경향을 보면, 과연 종교가 국가 권력을 넘어설 수 있겠는가 하는 의문이 듭니다.

종교가 국가 권력을 넘어서기는커녕, 국가에 의해 존망이 결정되는 경우가 많습니다. 동학을 보면, 종교가 국가 권력에 의해 사라질 위험성이 있다는 사실을 알 수 있습니다. 종교가 이념적으로 세계에 지대한 영향을 끼치기도 하지만, 국가 권력에 의해서 없어지거나 힘을 잃어버리는 사례들도 있습니다. 인도의 시크교가 이같은 경우입니다. 종교가 세계적인 힘을 갖고 있느냐 없느냐에 따라 국가 권력에 좌우되느냐 아니냐의 문제도 생각해 볼 필요가 있습니다. 종교를 이야기할 때도 어떤 규모와 내용의 종교냐를 이야기하느냐에 따라 달라질 수 있다는 뜻입니다.

국가 간 불균형과 종교의 가능성

박광수 세계에 다양한 국가가 있고 국가 간 관계도 다양하다는 사실 또한 고려되어야 합니다. 국가의 권력들도 또 다른 권력에 종속되는 경우가 비일비재합니다. 우리나라의 경우에도 미국과 중국 사이에서 그런 종속적 외교 관계에 놓임으로써 남북문제에서 주권을 발휘하지 못하고 있습니다. 그렇다면 우리나라가 앞으로 언제쯤 제대로 된 주권을 실현할 수 있겠는가 하는 의문이 듭니다. 세계문제가 대개 그렇습니다. 특히 아프리카나 절대빈곤 국가들이 그렇습니다. 정치, 문화, 권력에 의해 다른 국가에 예속되고 지식문화는 종속되는 현상들을 넘어설 수 있겠는가 하는 문제가 있습니다. 세계화 흐름 속에서 세계시장이 열리지만, 그 세계 속에서 우리가 강대국 중심의 경제, 문화, 군사 시스템을 어떻게 넘어설 수 있겠는가 하는 문제가 논의될 필요가 있습니다.

세계종교인평화회의(World Conference of Religions for Peace WCRP)와 세계종교의회(Parliament of the World's Religion PWR)에서는 세계 보편 윤리를 여덟 가지로 제시한 바 있습니다. 하지만 그 이후에 경제 문제가 심각해지면서 오스트리아 빈에서 다시 세계종교인평화회의가 열렸을 때(2013년), 과연 세계 보편 윤리라는 하나의 틀 속에서 세계 경제 윤리를 보편적으로 내놓을 수 있겠는가가 논의됐습니다. "절대빈곤을 벗어나지 못하는 약소국의 사람들까지도 도움을 줄 수 있는 보편 윤리를 경제 부문에서도 제시할 수 있겠는가?" 이것이 하나의 의제로 토론됐습니다. 과연 종교계에서 다양한 열린 지성을 갖고 있는 사람들이 이 문제를 어떻게 풀어나갈 수 있을 것인가 고민해서 대안을 만드는 것도 좋겠다 싶습니다.

그다음 공유경제 부문도 마찬가지입니다. 특히 포콜라레(focolare) 운동의 창시자인 키아라 루빅(Chiara Lubich) 같은 경우에도 공유경제를 생각함에 있어서 세계가 절대적인 부를 갖고 있는 사람들과 그렇지 못한 가난한 사람들로 나뉘어 있다고 보고 있습니다. 그 속에서 그 부를 서로 공유할 수 있도록 하는 시스템이 가능하겠는가, 이 문제의 해결책들을 제시해 줄 때에라야 세계적인 문제들에 접근할 수 있지 않을까 합니다.

김근수 종교가 자본주의를 비판할 수 있을지, 저는 매우 회의적입니다. 종교가 자본주의를 제대로 비판하려면 먼저 종교 내부의 권력 배분 문제가 처리되어야 합니다. 그렇지 않으면 종교는 종교 지배층의 완전한 통제 아래 놓이고 맙니다. 종교 지배층은 자본주의를 비판하지 않고 오히려 자본가들과 타협할 가능성이 큽니다. 종교 지배층과 자본가들은 적대 관계가 아니라 공생 관계가 되어 버립니다.

평신도들은 자본주의 피해를 심리적으로 위로 받기 위해 종교를 택하기도 합니다. 그때 종교는 현실의 아픔을 잊기 위해 자발적으로 먹는 아편이 되고 맙니다. 국가나 종교 권력층이 사람들에게 이런 아편을 먹도록 권유하게 됩니다. 자본주의에 대한 저항이 사라진 종교는 자본가들이 바라는 종교 형태입니다. 종교 인구가 늘어난다고 해도 자본가들은 그런 종교를 두려워하지 않습니다. 오히려 환영하게 됩니다. 그런 신도들이나 종교는 자본주의를 비판하지 못할 것이기 때문입니다.

종교 권력이 성직자와 평신도 사이에 적절하게 배분되지 않으면 자본가들은 종교 지배층만 장악하면 됩니다. 그것은 어렵지 않습니다. 종교 지배층이 바라는 경제적 안정을 자본가들이 제공하면 되기 때문입니다. 자본가들은 종교 지배층을 마치 하청업체 직원처럼 여유 있게 요리할 수 있습니다.

그들만의 언어로 끝나지 않으려면

정주진 종교가 국가와 자본의 결탁과 그로 인한 폭력을 비판할 수는 있고, 영향력은 크지 않아도 실제 그렇게 하고 있기도 합니다. 그런데 종교의 비판이 종교가 없는 사람들의 지지를 받을 수 있을까요? 그런 부분도 이야기해 봐야 합니다. 지금 이 모임의 목적도 폭력을 줄이기 위한 종교의 바람직한 사회적 역할이 무엇일까, 종교를 갖지 않는 사람들의 지지까지 얻을 수 있는 비판적 접근은 무엇일까 고민하는 것이라고 생각합니다. 그런데 그런 시도의 진정성이 제대로 전달될 것인가 하는 또 다른 고민도 있습니다.

일반적으로 종교에 대한 대중의 신뢰도가 상당히 낮기 때문에, 그런 것까지 감안하면서 이야기해야 종교의 비판과 그 영향의 긍정적 가능성을 생각해 볼 수 있습니다. 이야기를 나누기는 했지만, '나머지 50%의 비종교인들이 가능성이 있다고 봐 줄 것인지' 그것까지 심각하게 생각하지 않으면 나머지 토론이 첩첩산중일 수 있겠다는 생각이 듭니다.

서보혁 마르크스주의 시각에서 보면 종교는 상부구조입니다. 지배관계를 정당화하는 문화이자 이데올로기 기능을 한다는 것입니다. 국가와 가까이 있을 수밖에 없습니다. 그러므로 종교 내부에서 대안을 찾자고 한다면, 이러한 맥락 속에서 어떤 실천을 할 것인가를 염두에 두어야 합니다.

현실적으로 보면 국가도 권력이고 종교도 권력입니다. 국가와 종교의 공통점이 있다면 인류가 계속되는 동안 둘 다 없어지지 않을 사회·역사적 실체라는 점입니다. 종교를 객관적인 시각에서 분류하거나 개념화하기에 앞서서 역사적으로 볼 필요가 있습니다. 그 연장선에서 국가와 종교를 비교할 수 있을 텐데, 이때 유의할 것은 비교의 대상이 동일해야 한다는 점입니다. 예를 들어 국가는 현실 차원에서 논하면서 종교는 이론적 차원에서 논하는 것은 적절하지 않은 비교 방법입니다. 종교를 이론 차원에서 논의한 후 현실 정치를 평가하는 것은 비대칭적인 논의일 뿐만 아니라 답을 정해 놓고 전개하는 목적론으로 흐를 소지가 큽니다. 말하자면, 국가와 종교 모두 현실 차원에서 진지한 성찰을 먼저 한 후에 그 대안을 사유하는 태도가 필요합니다.

원영상 종교와 국가의 관계에 대한 논의는 사실 비대칭적입니다. 하지만 이 모임은 애초에 종교의 가능성을 포기하지 않고 현실적으로 제기된 문제에 대응 가능성을 열어 보자고 한 것이 그 출발이었습니다. 물론 종교가 이대로 가면 안 된다는 사실을 분명히 인식하는 것이 전제가 되어야 합니다. 이러한 인식을 바탕으로 어디선가 모색을 감행해야 하는데, 역시 수천 년간 이어 내려온 종교 자신에게서 가능성을 찾아야 합니다. 가령 간디는 "내가 이제까지 믿어 온 것은 신이 진리라는 것이었다. 그러나 내가 깨닫고 보니, 진리가 신임을 알게 되었다"고 말했는데, 이런 언명이 외부로부터의 압제와 내부로부터의 무명(無明)으로 뒤덮인 인도 사회의 변화에 큰 힘이 되었던 것을 기억할 필요가 있습니다.

많은 사람들이 마르크시즘에서도 끊임없이 그 가능성을 보고 있습니다. 마르크시즘은 죽은 것이 아니라 오히려 진행형이며, 여전히 새로운 상황에 대한 대처 능력이 있다고 보는 것입니다. 현실에 대응하는 원천적인 수맥의 역할을 하고 있기도 합니다. 세계 문제에 대응하는 후기 마르크시즘은 자신의 세포분열을 통해 끊임없이 진화하는 중입니다.

종교도 마찬가지로 제도적인 것을 벗어나서 시야를 넓히면 자신의 모습을 새롭게 볼 수 있습니다. 애초에 종교를 창시했던 분들을 다시 보면, 그들은 기존의 관념과 관습은 물론 기존의 문화나 국가 행태를 전복시키고자 하는 열망 또한 강렬했음을 알 수 있습니다. 인간 정신의 세포분열처럼 보이는 부정적인 측면의 종교적 다양성을 현실 대응을 위한 차원의 다양성으로 인식할 수 있다면, 종교의 역할에 기대를 거는 것 또한 무의미한 일은 아니라고 생각합니다.

03

종교는
평화공동체인가

종교는 자신만의 공동체를 확대하고 싶어 한다. 여기에는 자기들의 이념에 동의하는 이들을 중심으로 양적 팽창을 도모하는 방식과 다른 종교 공동체와 연대 내지 협력하여 더 거대한 공동체 혹은 연대체를 구성하는 방식이 있다. 후자라고 하더라도 문제가 없지는 않다. 공동체가 크든 작든 그 경계가 타자에 배타적인 실선인가 아니면 다름을 용납하는 점선인가를 살펴야 한다. 종교가 평화에 기여하기 위해서는 어떤 자세를 취해야 하는지에 대해 토론했다.

종교연합은 왜 필요한가

원영상

세계에 국제연합이 있듯이 종교 또한 종교연합(UR, United Religions)이 가능할까. 국가적 연합체인 국제연합은 1945년 제2차 세계대전이 끝나고 창설되었다. 전쟁에서 승리한 국가가 주축이 되었다. 1920년 제1차 세계대전이 끝나고 국제연맹이 창설되었던 것과 유사하다. 인류는 이렇듯 언제나 비참한 현실을 경험한 뒤에라야 문제 파악을 한다. 그러나 그 대안으로 제시되는 조직과 기능은 한정적이다. 그나마 정치는 정치대로 값비싼 인류의 목숨을 희생시킨 위에 전 지구적 규모의 정부를 향해 나아가고 있다.

그렇다면 같은 현실을 놓고 종교는 어떻게 대응해야 하는가. 그 대안이 바로 종교연합이다. 세계의 모든 종교가 한자리에 모여 세계사를 논의하는 기구가 바로 그것이다. 사실 지금까지 종교는 끊임없이 국제적인 연대를 강화해 오고 있다. 그 대표적인 기구가 1968년에 창설된 세계종교인평화회의(WCRP)이다. 이 기구는 1968년 인도 뉴델리에서 '평화에 대한 국제제종교회의'에 참여한 종교인들이 종교 간의 국제적 유대는 물론 세계 평화를 구현하기 위해 결의한 것에서 시작된다. 첫 국제회의는 1970년 일본 교토에서 개최되었다. 당시에는 냉전의 시기여서 핵위협을 방지하기 위한 비무장, 개발과 인권 문제 등의 주제를 다루었다.

WCRP는 종교와 평화라는 이름에서 보듯이 간디의 평화사상에 고무된 바가 크다. 그리고 여기에는 기독교·불교·이슬람교·힌두교·유대교 등 지구촌 전역의 유서 깊은 대부분의 종교가 참여하고 있다. 본부는 미국 뉴욕의 UN 빌딩 내에 있으며, 다양한 분과를 두고 세계 각지에서 5년마다 세계총회를 개최하고 있다. 현재는 가장 큰 국제적 종교 연대 조직이라고 할 수 있다. WCRP의 총회 의제는 전 지구적인 차원의 문제임에도 국제사회에 대한 영향력은 크지 않다. 정치적 힘이 없기 때문이다.

세계 문제를 해결하기 위한 종교간 연대는 또 있다. 미국 시카고에서 1893년 열린 세계종교의회의 뜻을 1900년에 구체화한 국제종교자유연맹(IARF)이 그것이다. 세계평화는 물론 전 세계 종교인들의 종교자유, 사회봉사, 정의 실현을 위해 3년마다 총회를 열어 의견을 집약하고 있다. 그러나 이 단체는 삼위일체설을 부인하는 유니테리언 중심으로 구성되어 있어 기독교 세력과의 마찰이 있다.

그럼에도 종교 내적인 영성의 문제와 신앙의 자유에 대한 의제를 근간으로 활발한 활동을 펼치고 있다. 고착된 교리를 거부하며, 인간 이성을 신뢰하는 유니테리언과 같은 정신은 종교 간 대화의 문을 여는 데에도 기여하고 있다. 그러나 여전히 종교 간 연대와 세계평화를 실질적으로 구축하는 데에는 한계가 있음을 알 수 있다.

1970년대 원불교의 김대거(金大擧) 종법사는 "진리는 하나, 세계도 하나, 인류는 한 가족, 세상은 한 일터, 개척하자 일원(一圓)세계"라고 선언하며 종교연합을 제창했다. 또한 원불교는 1971년 반백년 기념대회를 통해 "①일체 종교와 세계 인류를 하나로 보아 세계 평화에 앞장서는 주인이 될 것, ②빈부의 격차, 종족의 차별 없는 평등으로 세계의 질서를 정립할 것, ③유구한 민족의 전통적 슬기를 바탕하여 세계적 정신 운동을 이 땅에서 달성할 것, ④국제적 종교 연합 기구를 통하여 모든 종교의 융통을 토의하고, 진리적 종교의 신앙, 사실적 도덕의 훈련으로 종교를 생활화할 것"을 결의했다. 원불교는 불교의 대승 정신을 계승하는 참여불교다. 불법의 현대적 해석과 교단의 방향이 일치된 것이다.

김대거는 이러한 목표를 1979년 대각개교절 기념 경축사에 다시 한번 발표한다. 즉 세계평화를 위한 3대 제언 하에 '공동시장개척, 심전계발(心田啓發) 훈련, 세계종교연합기구 창설'을 구체화하여 내놓는다. 자본주의에 대한 대응, 종교의 근본적인 역할, 그리고 종교연합을 통한 국제사회에서의 종교적 역할을 강조한 것이다. 그는 "진리가 하나임을 깨달아 모든 종교가 한 집안을 이루어 서로 넘나들고 융통해야 할 것이요, 세계가 하나임을 깨달아 모든 인종과 민족이 한 가족을 이루어 서로 친선하고 화목할 것이요, 세상이 한 일터 한 일임을 깨달아 세상을 경영하는 모든 지도자들이 한 살림을 이루어 서로 편달하고 병진해야 할 것이니라."라고 역설한다.

이러한 신념은 물론 원불교의 '일원상의 진리'라는 교의에 기반하고 있지만, 이전 지도자였던 송규(宋奎)의 삼동윤리(三同倫理)에서 구체적인 근거를 엿볼 수 있다. 동원도리(同源道理), 동기연계(同氣連契), 동척사업(同拓事業)이라는 삼동윤리의 철학은 소태산의 일원주의를 자기화한 것으로, 세계 인류가 크게 화합할 세 가지 대동(大同)의 관계를 밝힌 원리인 것이다.

김성곤은 국내의 종교연합운동의 문제점(「종교연합운동의 역사와 문제점-원불교 종교연합운동을 중심으로」, 1994)에 대해 큰 교단과 작은 교단, 전통종교와 신흥종교, 외래종교와 민족종교의 사이에 미묘한 차이가 있다고 한다. 그리고 각 종교의 대표성의 문제가 있는데 국내의 모든 종단이 종교연합기구에 동등하게 참여할 수가 없다는 점을 든다. 즉, 거대종단과 신흥종단의 회원 자격의 문제, 정통과 이단의 문제, 그 외에도 성직자 중심의 운영으로 어려움이 있다고 본다.

그 논의는 이처럼 진행 중이지만, 지구적 차원의 문제를 놓고 본다면 종교연합은 시급한 일이다. 굳이 원불교의 주장이 아니더라도 종교연합의 당위성은 충분히 있다. 그 이유는 다음과 같다.

첫째, 종교 내적인 이유 때문이다. 진리는 과연 소유될 수 있는 것인가 하는 문제이다. 진리의 세계는 어느 누가 독점적으로 소유하거나 특정화할 수 없다. 오히려 인간의 차원에서는 상대적으로 보일 수밖에 없다. 형이상학적인 논쟁은 일단 놓음과 동시에 인간 인식의 이러한 한계를 인정하고, 인간에 대한 종교의 궁극적 목적을 현실화하기 위해 실질적인 종교 간 대화가 필요하다. 다양한 정신적 자원을 인류의 고통 제거와 번영을 위해 활용하기 위해서는 종교인 스스로 이웃종교를 형제처럼 대할 필요가 있다.

둘째, IT 시스템의 발달로 세계가 하나가 되어 가고 있다. 다양한 형태의 국제적 네트워크가 형성되고 있다. 머지않아 전자혁명을 통해 세계정부와 유사한 정치 시스템이 탄생할 가능성이 있다. 종교계는 새로운 시스템을 활용하여 스스로 변화할 필요가 있다. 종교의 고유한 가치가 인류의 미래를 위해 보존되고, 새로운 형태의 종교로 진화하기 위해서는 현실에 적응할 필요가 있다. 그러한 지혜를 공유할 필요가 있다.

셋째, 정치의 한계다. 국제적인 측면에서는 한정된 자원을 놓고 국가와 국가 간 치열한 대결 양상을 보이고 있다. 또한 UN이 있다고는 하지만 실제로는 힘의 논리에 의해 운영되고 있다. 절대 권력이 무너지고 있음에도 지역적인 이익 우선주의에 의해 새로운 권위주의가 등장하고 있다. 민주주의는 형식화되어 가고 있다. 지역의 국가 권력은 소수의 이익단체로 변하고 있다. 다수를 대변하는 새로운 정치질서를 확립할 필요가 있다. 종교는 중재, 타협, 대화 등 정치적 기술이 제대로 발휘되도록 조언할 필요가 있다.

넷째, 긴급한 현안을 위해서이다. 이는 국가 기능의 한계와도 연동된 것으로 모든 형태의 이기주의에 의해 소외되거나 학대받는 이웃들을 종교가 돌봐야 한다는 종교 고유의 목적 때문이다. 인류의 존엄을 짓밟는 전쟁과 그로 인한 비참함, 분쟁으로 인한 난민, 부의 편중으로 인한 절대 빈곤, 정치적인 박해로 인해 유랑하는 인민들, 핍박받는 이민자나 다문화의 구성원들과 소수자들, 경제나 문화 등 다양한 형태로 차별을 받는 사람들을 위해 종교가 나서야 한다. 전 지구적인 차원의 생태와 환경 문제에도 관여해야 한다. 이대로 가다가는 지구의 소멸을 막을 수 없게 된다. 긴급한 사안에 대해 국경을 초월한 종교가 손을 잡고 나아가야 할 이유가 여기에 있다.

종교연합 운동의 의의와 한계

이찬수 원영상 교무께서 종교연합운동의 유래와 특히 원불교에서
제안한 종교연합(United Religions) 운동에 대해 이해하기 좋게 소개
해주셨습니다. 종교에서는 공동체라는 말, 세계 평화라는 말을 많
이 하는 경향이 있는데, 말하는 대로 실천한다면 세계는 분명 하나
의 공동체가 될 수 있을 것입니다. 하지만 그렇게 잘 안 되는 이유
는 무엇일까요. 이와 관련해 종교 간 대화나 종교들의 공동체 혹은
종교연합 등을 말하기 전에 먼저 확인해야 할 것이 있습니다. 그것
은 개별 종교의 경계를 어디까지로 설정할 수 있을까의 문제입니
다. 종교와 종교가 아닌 것의 경계, 하나의 종교와 다른 종교의 경
계, 종교와 문화의 관계를 명확히 설정할 수 있을까요? 이들 경계
가 모호하다면, 종교간 대화는 물론 종교연합을 시도하는 주체도
범주도 애매해집니다. 가령 나는 종교인이기 이전에 한국인이고,
한국인이기 이전에 인간입니다. 그러다 보면 종교 간 대화를 하고
종교 간 연합을 한다지만, 어디까지가 종교이고 어디까지가 아닌

지 경계가 모호하죠. 종교연합을 한다는 것이 과연 무엇인지, 어떻게 가능한 것인지에 대해 먼저 논의해야 할 것 같습니다.

전병술 소크라테스의 변론으로부터 이야기를 시작해 보죠. '젊은 이들을 타락시킨다.'라는 죄목으로 고발당한 소크라테스는 '나는 살찐 말을 깨우는 등에'라고 말했습니다. 민주주의와 세계시민정신을 지닌 '아테네'라는 훌륭한 '말'이 잠들지 못하도록 자꾸만 찔러대는 '등에' 같은 존재라는 것입니다. 이렇게 말한 건 아테네의 민주주의 정신이 위기에 빠졌다고 보았기 때문입니다. 종교연합의 가능성을 말씀하셨는데, 종교평화를 말해야 하는 자리에 있는 우리가 해야 할 일은 종교들의 연합이 아니라 소크라테스의 등에와 같은 비판자가 되는 것이 아닐까요? 각자가 속한 '종교'라는 훌륭한 말이 잠들지 못하도록 따끔하게 일침을 놓는 등에와 같은 존재가 되는 것이 종교연합에 앞서 필요하다고 봅니다.

그렇다면 "무엇을, 누구를 찌르는 등에가 될 것인가?"로 질문이 바뀌어야 할 겁니다. 학교를 예로 들면, 학교장의 가치관이 바뀌면 학교도 바뀝니다. 학교의 폭력적인 구조를 깊이 경험할 기회가 적은 학생들에 비해 학교장이 구조적인 폭력의 문제를 인지하고 변화를 결단하면, 문제의 상당 부분이 해결됩니다. 종교에서도 마찬가지입니다. 그런 점에서 우리는 종교의 최고 지도자들의 인식에

변화를 미치는 등에가 되어야 합니다. 작은 단위에서든 큰 단위에서든 종교의 최고 지도자들의 변화에 영향을 미치지 못하는 평화에 관한 논의는 무익합니다. 종교 내부의 폭력의 문제에 대한 비판없이 종교연합의 문제를 논의하는 건 오히려 문제를 증폭시키는 결과를 초래할 수도 있습니다. 종교연합은 유교로 말하면 대동(大同)사회를 건설하자는 주장과 같습니다. 그런데 대동사회로 나가는 과정에 폭력성이 드러나기 마련이고 대동사회에도 계급은 존재할 수밖에 없습니다. 하나로 연합하려는 생각은 이 점에서 비판과 숙고의 대상이 되어야 합니다.

전철후 대동사회에 대한 이해는 다를 수 있을 것 같습니다. 대동(大同)은 인간과 인간끼리의 관계 속에서 서로 화합하며 조화롭게 살아가는 사회입니다. 특정한 조직을 형성하여 한 가지의 가치관과 목적을 지향해 가는 사회가 아닙니다. 종교 간 대화나 종교연합의 문제에서도 마찬가지입니다. 이찬수 교수님이 쓴 「대동에서 만나는 종교와 평화」라는 글을 읽은 적이 있는데, 그에 따르면 진정한 의미에서 대동은 남과 나를 같이 보는 인(仁)의 이념을 실현하고 세상이 공적인 것이 되는 공공성을 지향하는 사회입니다. 원불교에서 말하는 종교연합은 개별 종교의 특이성을 무시하는 통일이 아닙니다. 종교연합은 각 종교의 교리적 제도적 특징을 인정하고 받아들이는 데서부터 시작되는 연합입니다.

원영상 종교연합이 어떤 형태로 기능할 것인가에 대한 논의는 거의 이루어지지 못했습니다. WCRP든 URI(United Religions Initiative)든 세계적인 종교 모임들에서 하는 논의도 비슷할 것입니다. 종교의 평화로운 공존에 관한 문제의식은 있지만, 세계적인 차원의 문제에 대처하기 위한 방안을 구체화시킬 정치적인 힘이 없기 때문입니다. 그렇기 때문에 종교연합에 관한 논의는 현재까지는 제도적 차원의 연합에 관한 논의에 그칠 수밖에 없었습니다. 종교연합은 종교들이 현실 문제에 대응해 나가는 방식이나 역할들의 연합이라는 면이 강조되어야 합니다. 종교연합은 끊임없이 쏟아져 나오는 이 세상의 문제들에 대해 다양한 종교들이 협력하여 대응해 나가는 방식에 초점이 있습니다. 연합하더라도 유동적인 연합이 되어야 합니다. 형식적으로는 유동적이면서도 현실적으로는 문제 해결의 일치점을 모색해 나가려는 시도가 종교연합 운동의 목적입니다.

지도자 중심의 대화를 넘어서야

이찬수 논의를 좀 더 구체화하기 위해 논제를 좁힐 필요가 있습니다. 가령 UN은 근대 국민국가 체제를 전제로 해서만 운용이 가능한 조직입니다. 여기에서는 법적으로 국민의 신분이 분명합니다. 그런데 종교인은 국민과 달리 신분이 분명치 않습니다. 근대 국민국가 체계에서 한국인으로 사는 것과 미국인으로 사는 것은 다르지만, 기독교인으로 사는 것과 불교인으로 사는 것은 같음과 다름의 경계가 모호합니다. 한국의 기독교인은 기독교적이면서 유교적이고, 때로는 무속적이기도 합니다. 그렇다면 이미 한 종교인의 정체성 안에서 '종교연합'이 이루어지고 있다고 보아야 하지 않을까요?

물론 원영상 교무님이 이야기한 종교연합은 그런 수준을 말하는 것이 아니라는 것을 잘 압니다. 제가 드리고 싶은 말씀은 종교적 정체성의 경계가 모호한 상황에서 추진되는 '종교연합'은 교단의 지도자나 종교 엘리트를 중심으로 한 회합이 될 수밖에 없는 한계가 있다는 것입니다. 실제로는 종교와 종교 아닌 것의 경계가 분명하지 않음에도 불구하고, 의식적으로는 분명한 종교적 경계가 있다고 전제하다 보니 누가 무엇을 연합한다는 것인지 처음부터 애매합니다. 그리고 엘리트 중심의 종교연합 운동은 아래로부터의 민주주의 의식이 커지고, 풀뿌리 운동 분위기가 확대되어 가는 오늘의 상황과 어울리지 않습니다. KCRP나 WCRP와 같은 조직이 의미 없다는 말은 아닙니다. 그러나 이런 모임 자체가 종교라는 이름의 차별적 경계를 전제하고 있다 보니, 자칫 자기도 모르는 사이에 타자를 배제하게 될 가능성이 있습니다. 이들 종교연합 조직이 운영되는 모습을 살펴보면 무엇을 위한 종교연합 운동인지 의심스러운 부분이 있는 게 사실입니다.

종교연합운동은 권력욕에서 나온다?

정주진 종교가 연합을 지향하는 것은 한편에서 보면 권력욕에서 나오는 것이 아닌가 싶습니다. 종교가 삶에 미치는 영향력을 기반으로 정치적 힘을 키우려는 욕망에서 종교연합 운동이 추진되는 것 아닌가 싶습니다. 그 때문에 종교연합 운동은 권력 지향적인 엘리트가 중심이 되는 한계를 가지고 있는 것 같습니다. 더 중요한 것은 종교연합 운동이 성직자가 중심이 되는 운동이라는 점입니다. 종교 연합 운동에 참여하는 각 종단의 대표자가 그 종교에 속한 소수의 엘리트, 그 가운데에서도 성직자들이라는 점은 종교연합 운동의 권력 지향성을 여실히 드러내고 있으며, 연합운동이 목적한 바를 이룰 수 없도록 만드는 걸림돌이 되고 있다는 점을 지적해야 합니다. 세계 종교들이 연합해야 한다는 주장은 종교가 연합해서 더 큰 권력을 추구해야 한다는 주장 그 이상도 이하도 아닌 것 같아 보입니다.

원영상 그 의견에 일정 부분 동감합니다. 조직이 생기면 반드시 권력의 문제가 생기고, 중심과 주변이 나뉩니다. 정주진 박사님의 지적은 종교연합의 외적 차원의 한계를 잘 지적해 주신 것으로 생각됩니다. 그런데 종교연합 운동에서는 종교의 외적인 차원과 더불어 내적인 차원의 문제도 함께 고려할 필요가 있습니다. 한신대 강인철 교수의 연구에 의하면, 세계분쟁의 60% 이상에 종교가 관여하고 있다고 합니다. 종교가 분쟁에 이처럼 책임이 없다고 말할 수 없습니다. 실제적인 분쟁 해결을 위해 종교 간 연합을 통해 갈등을 해결하고, 평화를 실현해야 할 책임이 종교인에게 있습니다. 그리고 이것은 개별 종교의 외적 차원의 문제만으로는 해결될 수 없으며, 종교의 근원적인 종교성의 문제로까지 깊이 있게 파고 들어가야 해결의 실마리를 찾을 수 있는 문제입니다. 종교연합은 종교가 관련된 분쟁을 성찰하면서 제도적으로 연합하고 기구를 구성하면서 모든 권력화의 문제를 해결해 가는 한편, 개별 종교가 추구하는 근원적인 종교성 차원에서의 공통점을 모색하려는 시도라고 보아야 할 것 같습니다.

종교연합운동은 포교의 방편?

이병두 종교연합에 대해 다른 관점에서의 문제제기를 할 수도 있습니다. 예를 들어 종교연합 담론을 주도하고 있는 원불교가 지금 '국내 제4종교'라고 하고 '4대 종단' 모임에도 적극 참여하고 있지만, 아직은 교세가 취약한 상황입니다. 이러한 상황에서 종교연합 담론을 원불교가 주도하고자 한다는 느낌이 드는데, 이것은 원불교가 주류 종교에 편입함으로써, 거대종교로 발돋움하는 발판을 마련하기 위한 시도로 읽힐 수도 있습니다.

원영상 솔직히 그런 측면이 있습니다. 교단 내에서 원불교의 교세가 예전 같지 않다는 지적이 나오는 것은 사실입니다. 그렇지만 원불교라는 종교는 근대성을 기반으로 탄생한 종교이기 때문에 근대문명의 한계에 대한 성찰을 그 밑바탕에 깔고 있습니다. 개별적 주체성을 토대로 형성되는 근대문명이 일으킨 폭력에 대한 비판적 문제의식이 원불교의 종교적 특이성을 구성하고 있습니다. 종교연합 운동은 원불교만이 아니라 근대 종교의 한계에 대한 문제의식을 공유하는 많은 종교들이 추진하고 있습니다. 아시아권만 보더라도, 아시아의 신종교들은 종교연합을 주장하고 활발한 활동을 벌이는 경우가 적지 않습니다. 대표적으로 일본의 입정교성회(立正佼成会) 역시 원불교 못지않게 종교의 여러 연대 활동에 참여하고 있습니다. 종교연합 운동은 동양종교만의 특징이 아닙니다. 서구에서는 1893년 시카고에서 열린 세계종교회의(Parliament of the World's Religions)가 대표적이고, 일본에서도 이미 20세기 초반에 대두된 현상입니다.

전철후 첨언하면, 원불교는 공동체 운동에서 시작되었습니다. 엘리트 중심의 종교연합 운동과는 다소 거리가 있습니다. 궁핍한 생활환경이었던 영광에서 저축조합으로 조합원을 결성하고 숯 장사를 하면서 자금을 마련했습니다. 이 자금으로 바다를 막는 간척지 사업을 통해서 생활을 개선하고 정신계몽 운동을 실시하였습니다. 종교와 공동체가 분리되지 않고 명운을 같이 하려는 것이 원불교의 정신입니다. 입정교성회가 종교연합 활동을 벌이는 것도 그런 맥락에서 이해할 수 있습니다. 개별 종교의 종교적 이념과 지역 공동체의 필요가 만날 때 건강한 종교적 실천이 가능하다고 봅니다.

이병두 일본의 입정교성회 등도 신종교로서의 한계에서 벗어나 '큰 마당'에 참여하고 싶기 때문에 종교연합 활동을 더욱 적극적으로 펼치는 것 아닌가 싶습니다만….

원영상 그런 면이 있습니다. 군소 종단의 지리적, 역사적 한계에서 벗어나기 위해서는 교의적인 체계를 보편적인 담론의 토대 위에 올려놓을 필요가 있습니다. 큰 종단들은 군소 종단의 목소리에 관심이 없고 대화의 상대로 인식하지 않기 때문에, 군소 종단은 자신의 존재를 드러내기 위해 적극적으로 보편적 입장을 주장하고 매진할 필요가 있는 것이죠. 원불교가 KCRP 활동에 열심히 참여하는 데에도 현실적으로는 비슷한 이유가 있다고 생각합니다. 종교연합이라는 테제는 군소 종단에 있어서는 '블루오션'일 수 있습니다. 굳어진 체제에 안주하는 교단들의 한계를 비판하면서 군소 종단이 자기 목소리를 높일 수 있는 계기를 제공하기 때문입니다.

이병두 그런 점에서 원불교는 성공했습니다. UN의 비정부기구 등에서 원불교 교무님이 활동하고 있고, 원교무님이 말씀하신 대로 원불교가 국내에서 KCRP 사업에 능동적으로 참여하고 여성 교무님들이 삼소회(三笑會) 활동에 적극 동참하며, 그 밖의 여러 종교연합 단체에 활발하게 참여하는 데서도 나름 큰 효과를 거두었다고 봅니다.

한국의 종교연합 운동, 정부 의존을 벗어나야

정주진 여러 종교 단체들이 이미 오래전부터 다양한 풀뿌리 활동을 해 왔습니다. 그 결과 지금은 종교에만 국한되지 않는 광범위한 민간 네트워크를 형성하고 있습니다. 국가 사이, 또는 국가 내 분쟁(무장 갈등)과 관련해 정부나 국제기구 차원의 외교적 활동을 '트랙1(track1)'이라고 하고, 민간단체들의 활동을 '트랙2(track2)'라고 하는데, '트랙2' 활동에 있어서 종교에 기반한 단체들의 네트워크 활동은 상당한 영향력을 미치고 있습니다. 종교적 배경을 가진 개인들이 다양한 비종교 기구들에서도 활발한 활동을 벌이고 있습니다. 이러한 상황을 볼 때 굳이 개별 종교의 엘리트들이 세계적인 종교연합을 구성할 필요가 있을지 의문입니다. 앞에서 지적된 여러 한계점이 있는 종교연합 운동 없이도 종교는 이미 많은 연구자들과 현장 활동가들을 통해 갈등을 해결할 수 있는 자원으로 충분히 연구 및 활용되고 있으며, 연합 활동을 벌이고 있으니까요.

이찬수 신자유주의적 거대권력이 지배하는 상황을 타개할 수 있으리라는 희망은 협동조합과 같은 풀뿌리 운동에서 찾을 수 있습니다. 정주진 박사의 지적처럼 이미 많은 단체와 개인들이 이런 활동에 참여하고 있습니다. 개별 종교의 지도자들이 종교 간 대화의 주체로 새삼스레 나서기보다는 풀뿌리 운동이 제대로 작동할 수 있도록 자극하고 돕는 역할에 힘을 쏟는 것이 더 중요하다고 봅니다. 그래야 종교를 통한 평화 정착의 지속성이 담보되기 때문입니다. 예컨대 KCRP 같은 조직은 정부에서 자금을 받아 운영되는데, 세속 권력으로부터 오는 자금이 끊어지면 흩어지고 말 가능성이 높은 조직입니다. 위로부터의 대화 운동이 아니라, 소규모라도 아래로부터 움직일 수 있는 터전을 마련하는 게 중요한 이유입니다.

일본의 경우 한국의 KCRP에 해당하는 WCRP 일본위원회가 있습니다. 일본에서는 정교분리가 확실하다 보니, 국가가 종교단체에 지원한다는 것은 상상하기 힘듭니다. 바로 이 점 때문에 일본에서의 WCRP 활동은 종교적 자발성과 지속성이라는 측면이 한국에 비해 나은 면이 있습니다. 한국의 종교연합 운동의 실정은 정부에서 돈이 나와서 돌아가는 수준이라고 해도 과언이 아닙니다. KCRP는 종교연합 운동의 존립 목적과 가치를 재고해 보아야 합니다. 오래 걸리더라도 아래로부터의 운동을 활성화시켜 나가는 것이 그나마 승산 있는 활동이 될 것입니다.

이병두 종교연합 운동의 당위성은 인정하지만 현 상황에서 그것의 성공 가능성은 '제로(0)'라고 생각합니다. 이찬수 교수 말씀처럼 종교연합은 풀뿌리에서부터 시작되어야 성취될 가능성을 기대할 수 있을 것 같습니다.

종교는 동사적 평화를 촉진하는 부사여야

홍정호 이병두 선생님 의견에 동의합니다. 첨언하자면 저는 가능성뿐만 아니라 당위성도 없다고 생각합니다. 원불교, 불교, 기독교 등 생활에서 이미 '명사'로 고착되어 나름의 교리적 제도적 경계를 설정하고 있는 종교들이 왜 종교적 신념의 차원에서 연합을 해야 하는지 이해가 안 됩니다. 만약 종교연합이 필요하다면 그것은 사회적 고통의 해소를 위한 실천적 협력 이상이 될 수도 없고, 되어서도 안 됩니다. 종교평화 문제에서 더 중요한 것은 종교연합이 아니라, 개별 종교의 특이성을 더 잘 살리는 '통합되지 않은 실천들'이 되어야 합니다.

나아가 종교적으로 통합되지 않은 실천들이 평화를 지향하는 것이면 충분하지 않을까 싶습니다. 이건 철학자 김영민 선생님에게서 배운 말인데요, 종교는 평화에 있어서 '부사(副詞)'의 역할에 머물러 있어야 한다고 봅니다. 즉, '종교적으로(religiously)' 평화에 참여하는 것이면 족합니다. 어떤 분들은 명사로서의 '종교(religion)'가 자꾸 문제가 되니까, 명사가 아니라 형용사로서의 '종교적(religious)' 실천을 강조하시는데, 저는 별 차이 없는 주장이라고 봅니다. 형용사의 역할이란 고작 명사를 수식하거나 보충하는 데 그치는 게 아닐까요? 형용사는 명사가 없으면 쓸 수 없습니다. '종교'라는 명사를 전제하지 않으면 '종교적' 실천이라는 게 다 무슨 소용이 있겠습니까? 그렇다 보니 앞서 평화를 명분으로 내세우면서도 종교 권력의 문제, 평화를 교세 확장의 도구로 활용하려는 시도들이 끊임없이 출현하는 게 아닌가 싶습니다.

그런데 부사는 다릅니다. 부사는 명사랑 상관이 없습니다. 멀찍이 떨어져서 직접 동사(평화)를 수식하거나, 다른 부사나 형용사를 돕는 역할을 하면서 동사적 실천을 돋보이게 합니다. 그도 아니면 아예 떼어 버리면 됩니다. 부사가 없어도 동사는 제 역할을 다합니다. 종교가 부사에 머물러야 하는 이유는 평화가 동사이기 때문입니다. 명사로서의 '종교' 없이도, 혹은 형용사로서의 '종교적' 실천이 아니라도, 평화는 지속되어야 합니다. 종교연합에 관한 논의는 이 점에서 논의의 초점이 여전히 '평화'라는 동사가 아니라, '종교'라는 명사 혹은 '종교적'이라는 형용사 그 자체에 있거나 둘의 공모/협력 가능성에 놓여 있는 것 같습니다. 종교들이 연합해서 뭘 하자는 것인지가 좀 더 분명해진다면, 종교들의 이념적 실천적 연합 가능성에 관한 논의보다는 평화적 실천이 요청되는 구체적 사례에 주목하여, '종교적으로' 할 수 있는 논의와 실천을 모색하는 게 더욱 필요하다고 봅니다.

종교 간 경계는 모호한 게 아니라 도리어 강고해

류제동 이찬수 교수는 종교 간의 경계가 모호하다고 하지만, 제가 살면서 느끼기에 종교 간 경계는 매우 뚜렷합니다. 기득권층은 이미 그런 경계를 확고하게 갖고 있습니다. 경계는 그것에 의해 피해를 당하는 사람만이 느낄 수 있는 것입니다. 연평도 문제나 독도 문제나 이어도 문제에서 공동으로 협력하자는 제안이 얼마나 설득력을 지닐 수 있을까요? 공동의 문제를 가지고 이야기 하는 것이 공허해지지 않으려면 남북문제, 소외문제, 노동자문제 등의 구체적인 문제들에서 자기의 기득권을 놓을 준비가 되어 있어야 합니다. 앞서 전병술 교수가 학교장이 중요하다고 하셨지만, 이사장이 더 중요합니다(웃음). 학교장도 이사장 눈치를 봅니다. 교회도 목사가 권력이 있다고 하지만, 교회 내 권력자가 기득권을 쥐고 있다면 그들 눈치를 보지 않을 수 있겠습니까? 권력의 층위는 다양하고 서로 얽혀있습니다. 누구 하나가 없어진다고 해결될 문제는 아닙니다.

왜 종교연합운동인가

김근수 왜 종교연합이 제기되었는가를 먼저 생각해 보아야 할 것 같습니다. 크게 세 가지 이유에서 종교연합이 문제로 등장하지 않았을까 싶습니다. 첫째, 인류에게 닥친 문제가 너무 커졌습니다. 환경위기나 경제문제처럼 오늘날 인류가 직면한 문제의 크기가 과거에 비교할 수 없이 커졌다는 위기의식이 각 종교에게 자리 잡았다는 겁니다. 둘째, 종교 간 충돌이 세계적인 규모로 확대되었습니다. 종교 간 갈등이 지역에 한정된 수준을 넘어 전 세계적 범위에서 전개되고 있기 때문입니다. 셋째, 개별 종교의 힘만으로 이 문제들을 해결할 능력이 없기 때문입니다. 인류에게 닥친 문제, 종교 간 충돌의 전 세계적 확산을 해결하기 위해서 종교들이 힘을 합쳐야 한다는 문제의식이 여기에서 출현한 것으로 봅니다.

개별 종교의 학자들을 모아 놓고 토론을 벌이면 '답'은 벌써 나왔을지 모릅니다. 하지만 개별 종교의 지도자들은 아마 그 '답'을 깰 것입니다. 거대 종교는 종교연합에 나서기를 꺼려 하기 때문입니다. 군소 종단은 발언권을 만들기 위해서라도 연합을 해야 할 필요가 있겠지만 말입니다. 현실적인 차원에서 종교연합은 이론적 논의 이상이 되기는 어려울 것입니다. 제도적으로 종교연합 활동을 하려면 개별 종교의 지도자들이 자기 종교 내에서 쥔 권력을 배분해야 하기 때문입니다. 가톨릭의 경우에는 프란시스코 교황 같은 훌륭한 지도자가 나와도 개혁의 지속성을 담보할 수 없다는 문제가 있습니다. 권력 배분 문제를 해결하지 않으면 근본적인 해결은 어렵습니다. 종교연합이 가능하려면 논의가 여러 층위에서 동시에 진행되어야 합니다. 예컨대 학자들이나 종교 지도자들은 그들끼리 따로 논의를 하고, 신도들은 종교 내부에서 교육이나 권력 배분의 문제를 놓고 따로 토론해야 할 것입니다.

원영상 김근수 선생님의 지적에 동의합니다. 개별 종교의 힘만으로는 문제를 해결할 능력이 없다는 것은 주로 기성종교에 해당되는 말씀일 텐데, 신흥 교단의 공적 역할이 있다면, 아마도 기성종교가 해결하려고 한 문제들에 대한 더 나은 답을 제공하는 데 있을 것이라고 봅니다.

퀘이커가 모델일 수 있지 않을까

정주진 옳은 지적입니다. 기성종교나 신종교나 더 나은 해답을 제공하기 위한 노력에 있어서 협력해야 합니다. 그런데 종교가 세계 분쟁을 해결한 좋은 사례들이 이미 많이 있습니다. 대표적으로 퀘이커 공동체를 예로 들 수 있습니다. 퀘이커 교도들은 자기 이익이 아니라 모든 사람들의 평화를 추구하는 진정성으로 현장에 가고, 현장으로부터 환영을 받아 분쟁 해결에 기여하곤 했습니다. 평화를 추구하는 거대 종교들은 자기 종교의 이익을 염두에 두지만, 퀘이커의 방식은 다릅니다. 그들은 은밀하게, 드러내지 않고, 그러나 끝까지 인내하면서 평화를 추구하고 평화 성취를 위해 일합니다. 그리고 평화협정 논의와 체결 등은 당사자들이 스스로 국제사회의 도움을 받아 하도록 하고 자신들은 뒤에서 보이지 않게 지원을 할 뿐, 앞에 나서지 않습니다. 종교가 해야 하는 역할이 이런 게 아닌가 싶습니다.

이찬수 그렇습니다. 평화와 관련해서 느슨한 종교 조직을 바탕으
로 평화를 실현하는 대표적인 모임이 퀘이커인 것 같습니다. 그들
은 조직보다는 내면의 영성과 평화적 실천을 중시합니다. 국경이
나 조직이나 제도에 차별을 두지 않습니다. 소수인 퀘이커 교도가
세계 평화사에 큰 족적을 남긴 이유가 여기에 있다고 봅니다. 종교
간 대화나 연합에 있어 퀘이커처럼 최소한의 조직으로, 차별을 넘
어서는 평화적 실천에 나설 수 있어야 할 것이라고 생각합니다.

원영상 서구종교의 입장에서 퀘이커의 정신과도 직간접적 관련이
있겠지만, 하워드 제어(Howard Zehr)가 쓴 『회복적 정의란 무엇인
가(Restorative Justice)』라는 책을 읽고 감명을 받은 적이 있습니다.
그 책의 문제 의식을 간략하게 소개하면 이렇습니다. 회복적 정의
의 관점에서는, 자연인으로서의 개인과 개인이 싸웠는데 거기에
국가가 개입해서 해결하고자 하는 것에 의문을 던집니다. 국가는
이러한 개인을 분리시켜 놓고, 벌금을 물리거나 감옥에 보내는 방
식으로 문제를 해결하고 있습니다. 이러한 방식은 사람과 사람 사
이의 관계를 원천적으로 회복시킬 수 없습니다.

　왜 국가가 개입해야 하는가. 그리고 국가는 관계의 복원을 어디

까지 가능하게 할 수 있는가. 법이라는 틀로써 국가가 개인의 문제에 개입해서 모든 것을 해결했다고 믿는 건 무언가 잘못된 것이 아닌가. 사람과 사람 사이의 관계는 진정으로 회복될 수 없는 것인가. 회복적 정의는 개신교의 일파인 메노나이트(Mennonites)적 교의에 영향을 받았다고 보는데, 이러한 개인과 국가의 관계에 대한 질문들에 대해 하워드 제어는 참회 혹은 회개, 그리고 용서와 사랑 등 종교적 가치에 입각해 치유 프로그램을 만들어 인간관계의 근원적 회복을 도모했습니다. 실제로 하워드 제어는 이를 실천하여 성공했으며, 이제는 세계적으로 주목을 받고 있습니다. 이것을 확대해 보면 종교도 세계적인 갈등을 평화적으로 해결할 수 있는 해결의 열쇠를 쥐고 앞으로 나설 수 있지 않을까 생각합니다. 종교가 인류의 문제에 대해 종교적인 방식의 해결책을 제시할 수 없다면, 종교가 존재해야 할 이유를 도대체 어디에서 찾을 수 있단 말입니까?

이찬수 오늘 종교연합 운동의 의미와 한계, 대안적 제안 등 좋은 얘기들이 많이 나왔습니다. 다음에는 종교와 평화의 관계를 권력의 문제와 연결지어 심도 있게 토론해 보면 좋겠습니다. 감사합니다.

04

비폭력은 약자의
언어인가

평화를 위한 비폭력적 실천은 대단히 중요하다. 이 때 비폭력에는 전
략적 비폭력과 원칙적 비폭력이 있다. 평화학에서 중시하는 비폭력은
원칙적 비폭력이다. 그러한 자세는 내적 주체성이 든든히 자리잡고 있
어야 가능하다. 내적 주체성에 기반한 비폭력의 실천은 그 자체로 진
정한 종교적 행위라고 할 수 있다. 폭력에 공헌하는 종교인보다 원칙
적 비폭력주의자가 더 종교적일 수 있는 것이다. 평화구축에 비폭력
이 얼마나 중요한지 토론했다.

평화를 보는 눈

정주진

평화라는 말이 대중화되면서 도리어 오염된 측면이 있다. '아침이 슬'이라는 노래를 소수가 부르던 때는 남다르게 다가왔는데 일종의 대중가요가 되면서 그 의미를 곱씹는 사람들이 많지 않게 된 것과 비슷하다. 1980년대까지 한국 사회에서 평화라는 말은 극소수가 쓰는 특별한 의미를 가진 언어였다. 그러다가 1980년대 중반 기독교계에서 남북교회의 만남을 계기로 평화통일을 언급하게 되고 1988년 '한반도평화통일선언문'이 만들어지면서 평화라는 말이 공개적으로 쓰이기 시작했다. 1990년대 말에서 2000년대 초에는 세계적 흐름을 타면서 한국에서도 평화운동이 확산됐고 평화라는 말이 보편화되기 시작했다. 지금은 일반 대중은 물론 대다수의 정치인들도 평화를 언급하고, 심지어 군인들까지 무력에 기반한 평화를 주장하고 있다. 개인적인 성찰이나 수련을 하는 사람들도 낭만주의적으로 평화라는 단어를 쓰기도 한다. 이렇게 평화라는 말이 대중화되다 보니 본래의 치열하고 역동적인 의미가 퇴색되고 추상적이고 때로는 낭만적으로 쓰이는 언어가 되어버렸다. 평화학 전공자이자 평화연구자로서 이런 문제의식을 가지고 있던 차에 출판사의 요청을 받아 『평화를 보는 눈』(개마고원, 2015)을 쓰게 됐다.

이 책은 '평화와 폭력의 문제' '관계와 공동체의 문제' '국가 폭력' '전쟁' '빈곤' '기후변화' '비폭력' '용서와 화해' '평화교육' 등 평화를 탐구할 때 기본적으로 다뤄야 할 주제들을 포함하고 있다. 평화학을 하는 사람들의 궁극적 목적은 연구를 통해 사회변화에 기여하는 것이다. 그래서 평화학에서는 연구와 실천 두 가지가 똑같이 중요하게 다뤄진다.

이것은 평화학이 어떻게 시작되었는지를 보면 이해할 수 있다. 1, 2차 세계대전을 겪은 세계가 가장 고민한 것은 어떻게 전쟁을 막을 것이냐, 그리고 국가 사이의 갈등을 어떻게 평화적으로 해결할 것이냐 하는 점이었다. 이런 고민 속에서 그동안 개인적으로, 산발적으로 이뤄지던 평화에 대한 탐구가 1950년대부터 체계적으로 이루어지기 시작했다. 전쟁은 물론 사회의 구조적 문제도 평화를 위한 중요한 탐색 주제가 됐다.

평화학은 국제 문제와 관련해서는 주로 무장 갈등의 해소와 평화구축(피스빌딩/peacebuilding)의 문제를 다룬다. 무장 갈등의 평화적 해결, 평화조약 이후 사회와 국가의 재건, 평화적 과정을 위한 사회 구성원들의 참여, 개인과 집단 사이 갈등 해결과 관계의 회복 등이 주요 주제가 된다. 국내 문제와 관련해서는 구조적 폭력에서 비롯된 갈등의 해결, 희생자들의 문제, 폭력 없는 사회 형성 등의 주제를 다룬다. 특별히 약자의 역량을 향상시키고 사회의 변화를 이끌어내는 동력을 만드는 것에 집중한다.

평화학의 목적과 문제의식에 기반해 이 책은 단순히 특정 주제에 대한 논의나 정보 제공에 머물지 않고 독자들이 실천 가능성을 탐색하도록 독려하는 것에도 초점을 두었다. 사실 이 책이 다루는 여러 가지 주제는 다른 학문 분야에서도 다루는 것들이다. 평화학이 왜 빈곤이나 기후변화의 문제까지 다루는지 의문을 제기하는 사람도 있을 것이다. 그런데 평화학이 초점을 맞추는 것은 현안 그 자체가 아니라 그와 관련한 폭력의 문제이고 그로 인해 피해를 입는 희생자다. 사실 희생자가 생기지 않으면 폭력에 관심을 둘 이유가 없다. 그렇기 때문에 평화학은 빈곤 자체보다는 빈곤으로 인해 일상의 삶이 고통스러운 사람에 초점을 맞춘다. 그렇게 하면 사회의 폭력적인 구조가 보이고, 자연스럽게 그것을 어떻게 극복할 것인가, 그리고 피해자의 고통을 어떻게 경감시킬 것이냐에 관심을 갖게 된다.

또 다른 예로, 지구온난화와 기후변화 문제는 비교적 최근에 생긴 평화학의 관심사다. 기후변화도 폭력적 구조의 문제다. 지구온난화와 기후변화를 야기하고 악화시키는 것은 선진국과 선진 개발도상국이지만 국제사회의 폭력적 구조 때문에 피해를 입는 것은 주로 가난한 나라들이다. 세계는 기후변화 문제에 기후적응과 기후대응의 두 가지 차원으로 접근하고 있다.

기후대응은 온실가스 감축의 문제를 다루니 가난한 나라들과는 별 상관이 없다. 기후적응의 문제는 불공정과 부정의의 문제를 그대로 보여준다. 부자 나라는 넉넉한 재원으로 기후변화에 적응한다. 예를 들어 호주나 방글라데시는 똑같이 침수의 우려가 있지만 호주는 대응책이 있고 피해를 받아도 훨씬 적게 받는다. 그러나 재원도 대응책도 없는 방글라데시는 생존을 위협받고 있다. 이런 상황이지만 기후변화를 야기한 선진국들의 지원은 턱없이 부족하다. 이렇게 기후변화는 국제사회의 폭력적인 구조 문제와 관련돼 있다.

이 책의 내용에서 화두를 가져와 종교 평화와 관련해 세 가지를 논의해 볼 수 있겠다. 첫째는 관계와 공동체의 문제, 둘째는 용서와 화해의 문제, 셋째는 비폭력 저항의 문제다. 첫째, 관계와 공동체의 내용과 관련해서는 종교의 폐쇄적이고 배타적인 구조가 과연 평화에 기여할 수 있을지를 고민해볼 수 있다. 종교인에게 평화를 지향하느냐 물으면 거의 모두가 그렇다고 이야기한다. 하지만 종교 공동체가 평화를 가르치는지, 종교인은 평화를 가르치고 만들 수 있는 역량이 있는지, 또는 종교 공동체나 종교인이 종교 밖과 평화로운 관계를 만들 의지가 있는지 등을 생각해 보면 그렇지 않은 부분이 많다. 종교가 평화를 추구해야 한다고 하지만 종교인들 스스로가 다양한 사람들과 평화로운 관계를 만드는 것, 그리고 관계를 토대로 평화로운 공동체를 만드는 것에 정말 관심을 가지는지 등을 성찰해 봐야 하고, 이것들은 평화를 선언하는 것과는 별개의 문제라는 것이다.

이와 관련해서는 책에서 사례로 언급한 보스니아-헤르체고비나 전쟁(1992-1995) 후 공동체 회복 노력을 주목할 수 있다. 종교(가톨릭, 이슬람, 세르비아 정교회)와 민족의 배경이 다른 사람들이 공존하다가 전쟁을 겪으면서 관계가 완전히 깨진 경우다. 그들은 전쟁 중에 누가 누구를 죽였고, 누가 나쁜 짓을 했는지를 다 알면서도 전쟁 후 한 마을에서 계속 같이 살아야 했다. 그들이 함께 마을을 재건하고 회복시킬 수 있느냐는 생존을 위한 중요한 문제였다. 공동체 회복에 도움이 되길 바라면서 미국의 퀘이커 단체는 마을 텃밭 가꾸기 프로그램을 진행했다.

생계에 도움을 얻기 위해 텃밭에서 채소를 가꾸면서 사람들은 조금씩 얘기를 하게 됐고 서로에 대한 편견을 없애고 삶을 공유하기 시작했다. 관계가 조금씩 회복됐고 삶의 질이 달라졌고 상호 폭력은 사라졌다. 종교가 안으로 평화 역량을 키우고 밖으로는 그 역량을 공유할 수 있어야 공동체를 재건하고 평화를 만드는 이와 비슷한 일에 기여할 수 있다. 우리 사회의 종교 공동체가 과연 이런 역할을 할 수 있는지 고민해 볼 일이다.

둘째, 정의와 함께 하는 '용서와 화해'의 문제다. 정의 없는 평화, 평화 없는 정의는 무의미하다. 종교 공동체에서는 용서와 화해를 강조하면서 희생자의 재희생을 부추기는 경우가 많다. 용서와 화해를 종교인의 태도라고 강요하는 경우도 많은데 그것은 희생자에게 또 다른 폭력이 되곤 한다. 용서와 화해는 정의가 이뤄지고 참회가 있은 후 기대할 수 있는 관계 회복의 최종 단계다. 그렇지만 종교는 용서와 화해를 너무 쉽게 얘기하는 경우가 많다. 용서와 화해에 이르기까지의 과정에 대한 진지하고 사려 깊은 논의, 특별히 희생자에 초점을 맞춘 논의가 있어야 하는데 용서도 화해도 한 사람의 결심으로 이뤄질 수 있는 것이라고 생각하는 경향이 있다. 그것이 희생자를 억압하고 재희생을 낳는다는 것에 거의 주목하지 않는다. 용서와 화해의 문제와 관련해서는 책에서도 언급한 영화 「밀양」을 참조해 볼 만하다. 용서의 권한은 전적으로 피해자에게 있다. 그리고 참회는 가해자의 영역이다. 참회를 누가 대신해 줄 수 없고, 용서를 누군가 대신해 줄 수 없다. 종교 공동체는 이런 문제들을 심각하게 고민해 봐야 한다.

셋째, '비폭력'의 문제다. 비폭력은 '저항'을 담보로 한 것이고 그래서 '비폭력 저항'이라고 부르기도 한다. 비폭력을 무조건 저항을 하지 않는 것이라고 오해하는 경우가 있다. 그런데 비폭력은 비겁한 사람은 절대 선택할 수 없는 어려운 일이고 상황에 따라 선택할 수 있는 것도 아니다. 예를 들어 경찰이 순할 때는 비폭력적으로 저항하다가 경찰이 폭력을 사용하면 폭력적 방식으로 대응하는 경우를 생각해 보자. 그런 선택적인 방법은 비폭력 저항으로 볼 수 없다. 비폭적 저항은 폭력을 멈추게 할 때까지 비폭력적이어야 한다. 비폭력은 어떤 인간도 폭력의 대상이 될 수 없다는 생각에 근거하지만 폭력 가해자의 인간성을 회복하는 것까지를 목표로 삼는다. 비폭력을 원칙으로 선택하지 않는 한 힘든 일이다. 그래서 비폭력 저항을 하는 사람들은 최후에는 자기의 희생까지 염두에 둔다. 우리 사회에서는 비폭력을 너무 쉽게 생각하거나 저항의 방법으로 진지하게 생각하지 않고, 때로 비폭력을 선택하는 사람들을 비겁하다고 생각하기도 한다. 비폭력은 사실 종교의 정신과 가장 가까운데 종교에서도 그에 대해서는 거의 논의가 되지 않고 있는 실정이다.

비폭력 저항 운동의 사례

이찬수 흔히 평화를 '폭력이 없는 상태'라고 정의합니다. 정주진 박사님의 책『평화를 보는 눈-폭력 없는 세상은 가능할까』는 책의 부제에 담겨 있듯이, 어떻게 폭력이 없는 상태를 만들 수 있을지 여러 가지 가능성을 모색하는 책입니다. 좋은 책의 의미와 요지를 잘 정리해 주셔서 감사합니다. 문제의식을 분명히 하고 실속 있는 토론이 되도록 하기 위해 책의 내용 가운데 '관계와 공동체', '용서와 화해', '비폭력 저항'의 문제를 집중 토론했으면 좋겠습니다. 먼저 한국 사회 운동에서 어느 정도를 비폭력적 저항으로 보아야 할지 정주진 박사께서 그 사례부터 구체적으로 짚어주면 좋겠습니다.

정주진 미국산 소고기 수입 반대 촛불 집회 때 경찰과 시민의 충돌이 잦아지자 YMCA가 소규모 사람들을 모집해 길에 누워 비폭력 저항을 한 적 있습니다. 그런데 경찰들이 그대로 짓밟고 갔습니다. 이런 상황을 보고 비폭력 저항이 무슨 소용이 있느냐, 아무런 영향이 없지 않느냐고 말할 수 있을 것입니다. 하지만 저는 그런 작은 저항도 큰 의미가 있다고 생각합니다. 미국의 흑인 민권운동도 비폭력 저항 덕분에 확산될 수 있었습니다. 경찰이 강경 진압을 하는 데도 비폭력으로 대응하다가 다수가 다쳐서 병원에 실려 가는 일이 벌어졌고, 그것이 뉴스를 통해 전국에 알려지면서 흑인 민권운동에 대한 지지가 높아지고 경찰이나 지방 정부의 힘이 약해진 거죠. 결국 흑인들의 행진을 허용할 수밖에 없게 됐습니다. 이런 사례들이 세계적으로 많습니다.

이찬수 비폭력 저항으로 폭력적 정권이 바뀌거나 폭력적 구조가 바뀌게 되는 사례를 어디서 찾아볼 수 있을까요.

정주진 미국의 민권운동이 그 사례입니다. 구조가 바뀌는 것은 하루아침에 되지 않습니다. 간디의 비폭력 저항만 보더라도 즉각적으로 효과가 생기지는 않았습니다. 소금행진으로 간디는 감옥에 갇혔지만, 많은 이들이 지속적으로 비폭력 저항을 했습니다. 수백 명이 경찰에게 폭행을 당하고 체포당한 일이 전 세계에 뉴스로 타진되면서 영국 정부의 비인도적인 모습이 세계에 알려졌습니다. 그런 일들이 축적돼 인도의 독립에 기여했습니다. 영국의 식민통치가 부당하다는 것을 세계에 환기시키는 계기가 된 것입니다. 우리나라의 경우도 3.1운동이라는 비폭력 저항의 성격을 가진 만세 운동이 계기가 돼 그 뒤에 저항 운동이 확대되고 지속되지 않았습니까.

비폭력에도 합의가 필요하다

이찬수 2000년대 후반에 들어 일종의 문화처럼 자리 잡은 촛불시위는 전체적으로 비폭력적입니다. 하지만 시위 과정에서 경찰이나 정치권력과 직접 부딪치게 되면 일부가 폭력적으로 대응할 수도 있고 또 그러기도 했습니다. 그럴 경우에 이런 촛불시위를 비폭력적이라고 규정할 수 있는 건지요. 또 촛불시위가 축제 같다가도 일부 지도적 세력이 개입해 다소 선동적 발언들을 하는 경우도 있는데, 그럴 때 많은 시민들은 급격히 선동되지는 않지만, 어떻든 기존의 비폭력적 분위기가 깨지는 경우를 보곤 합니다. 그런 것들을 보면서 비폭력적 저항이 되도록 하는 데도 무언가 원칙과 합의가 있어야 하지 않을까 싶습니다.

정주진 집회 현장에서는 예상치 못한 일이 생기곤 합니다. 예를 들어 이런 일이 있었다고 합니다. 본래 목적은 예배를 드리는 것이었는데 예배가 끝나고 일부 사람들이 청와대로 가자고 주장 내지 선동하면서 곤란한 상황이 펼쳐졌다고 합니다. 별 것 아닌 것 같지만 예배에 참석하기 위해 현장에 간 사람들에게는 난감한 상황일 수 있습니다. 그들은 배신감을 느낄 수도 있고, 함께 가지 않으면 사람들이 나를 어떻게 볼 것인가 고민도 하게 됩니다. 이것은 결정 방식이 폭력적인 경우입니다. 물리적 힘이 동원되지 않고 말뿐인 것이지만, 그것은 다른 사람에게 큰 압력과 강요가 됩니다. 다른 말로 하면 폭력적인 상황이라고도 할 수 있습니다. 물론 그렇게 되면 경찰과의 폭력적 충돌도 생길 수 있습니다. 시위 현장으로 갈지, 가서 어떻게 할지, 그 자리에서 사람들이 토론을 하고 합의를 통해 결정했어야 합니다. 그런데 그렇게 하지 않았던 것이죠. 얼마나 쉽게, 그리고 다양한 방식으로 폭력이 생길 수 있는지를 보여주는 예입니다.

전병술 공공 갈등 때문에 벌어지는 시위, 정책 갈등 때문에 벌어지는 시위에 폭력이나 비폭력이라는 개념을 사용할 수 있는 걸까요? 비폭력적 저항은 생존의 문제가 걸린 경우가 아닌가요? 간디의 비폭력적 저항도 국가 생존의 문제에서 적용되는 것 같습니다.

정주진 어떻든 전략적으로 폭력적 수단에 의한 저항을 선택하느냐, 아예 배제하느냐의 문제입니다. 나는 어떤 경우든 폭력적 수단에 의존하는 것은 전략적으로 좋은 방법이 아니라고 생각합니다. 의제보다는 폭력 쪽으로 시선이 가게 되기 때문입니다.

비폭력은 어디까지 가능할까

전병술 옆에 내 친구가 깔아 뭉개지고 있는데 그에 대해서도 정말 비폭력으로 대항할 수 있을까요? 상당히 어려운 상황입니다.

정주진 비폭력에는 전략적 비폭력과 원칙적 비폭력이 있습니다. 전략적 비폭력은 자기 목적을 달성하기 위해서 전략적으로 비폭력을 선택하는 경우입니다. 예전에 사회운동을 할 때도 여론이 안 좋아지면 폭력적 방법을 자제하는 경우가 있습니다. 수위를 조절합니다. 하지만 진짜 비폭력은 원칙적 비폭력입니다. 어떤 상황에서도 비폭력 저항을 선택하는 것입니다. 그런 점에서 원칙적 비폭력은 누구나 할 수 있는 것이 아닙니다. 예를 들어서 무장 갈등의 상황에서 비폭력의 원칙을 주장하는 것은 때로 위험한 일입니다. 때문에 그것은 당사자들이 선택할 문제이지, 외부인이나 제3자가 무조건 원칙적 비폭력을 강요할 수 있는 상황은 아닙니다. 그들이 최후의 수단으로 무기를 선택한다면 존중할 수밖에 없는 것입니다. 평화학에서는 당사자의 선택을 존중합니다. 비폭력 저항은 절대적으로 스스로 선택해야 하는 것입니다.

허석 폭력의 범위는 넓습니다. 구조적, 문화적, 언어적, 물리적, 내면적 폭력 등 다양한데, 이때 일방적으로 맞거나 참는 것만이 비폭력은 아니지 않을까요.

정주진 비폭력은 단순히 폭력을 쓰지 않는 것이 아닙니다. 이미 말한 대로 사실은 비폭력 저항을 의미합니다. 비폭력의 궁극적인 목적은 인간성의 회복입니다. 모두의 인간성을 회복시키고 변화를 만들기 위한 구체적인 일들이 함께 가야 합니다. 옳지 않은 것에 대해 옳지 않다고 말할 수 있어야 합니다. 나 혼자 도망치거나, 그 자리를 피하거나, 내 몸을 단순히 폭력에 내주는 일은 폭력에 굴복하는 것이지 비폭력 저항이 아니라는 것입니다.

허석 만일 폭력이라고 생각하는 것도 그것이 더 큰 결과를 낳을 수 있다면 그것도 비폭력이라는 이름으로 용인될 수 있는 걸까요. 예를 들어 누군가를 혼내고 야단치는 것들이 외형적으로는 폭력적일 수 있지만, 그것이 폭력으로 이어지지 않고 평화를 이루고 화해로 이어졌다면 그 행위를 비폭력이라고 할 수 있는 것일까요?

전병술 가령 광주항쟁 때 군에서 발포했는데도 시민군이 총을 안 썼다면 오늘날과는 완전히 다른 방향으로 흘러갔을 것입니다. 시민군이 총을 쏠 수밖에 없는 상황이었을 텐데, 이런 상황에서도 비폭력 저항이 옳다고 말하라는 것이 가능한가 하는 생각이 듭니다.

정주진 결과가 좋다고 폭력이 아니라고 할 수는 없습니다. 그것은 폭력의 가해자들이 내세우는 핑계기도 합니다. 가정과 사회에서 폭력을 가하는 많은 사람들이 '너를 위한 거다'라고 말하기도 하는데, 폭력이 평화와 화해로 이어질 수는 없습니다. 겉으로 그렇게 보인다고 해도 그것은 폭력의 피해자나 상대적 약자로 아직 자기 목소리를 내고 저항할 힘을 갖추지 못했기 때문일 것입니다. 폭력은 발생한 상황과 시점에서 판단되는 것이지 절대 결과로 판단되지 않습니다. 무력 저항의 경우에는 결국은 당사자들의 선택이 존중될 수밖에 없습니다. 남미의 해방신학도 남미의 상황에서는 총을 들 수밖에 없는 상황을 인정한 것입니다. 그 사람들의 선택입니다. 비폭력이 아니기 때문에 그들의 선택을 무조건 인정할 수 없다고 말할 수는 없습니다.

　이런 문제는 여전히 논란거리입니다. 비폭력 저항이 전략적으로 더 바람직하고 보다 높은 가치를 추구하는 운동이지만, 모든 무력의 사용을 다 비난할 수는 없는 것 아니냐는 반문도 있습니다.

예를 들어 인도적 차원의 재난이 일어났을 때 국제 사회에서 무력 대응을 하지 않는 것이 정당한 것인가, 대량학살과 같은 참혹한 재난에 대해 외부에서 무력 개입을 했을 때 그 개입을 비난할 수 있는 것인가 하는 문제입니다. 누구도 비난할 수 없다고 생각합니다. 그러나 그것이 모든 노력을 한 후 최후의 선택인지, 그리고 그것이 장기적으로 좋은 결과를 낼 것인지는 여전히 논란거리입니다.

용서가 노예 도덕이 되지 않으려면

전병술 사형제도와 관련해서 살인 행위 피해자의 유가족 인터뷰를 해보면, 사형수에게 아들이나 딸을 잃었지만 가해자를 용서한다고 말하는 사람도 있고, 감옥까지 찾아가서 사형수를 죽이고 싶다고 말하는 사람도 있습니다. 정의 없는 용서와 화해는 있을 수 없다는데, 그러면 정의 문제를 어떻게 이야기할 수 있을까요.

이찬수 정의 문제가 해결되지 않는 용서는 니체가 말한 노예 도덕 수준에 머물게 될 가능성이 있습니다. 가령 정의가 개인과 개인 간의 관계 및 사회가 공정하게 돌아가도록 하는 도리라고 한다면, 그 도리가 구체적으로 무엇인지 공통의 공감대를 도출해 내기는 쉽지 않습니다. 정의를 이야기하다 보면 사회적 합의를 이야기하게 되고, 사회적 합의는 결국 법을 통해 나타나고, 법은 좋든 싫든 누구든지 따라야 하는 강제적인 것입니다. 법으로 정해지는 순간에 그 법으로 인해서 무언가를 누리는 사람도 있고, 법으로 인해 억압을 받게 되는 사람도 있습니다. 법 자체가 절대적 공평을 가져다주지 않습니다. 이 마당에 법을 기준으로 정의를 이야기하고, 그 법적 정의를 전제로 용서와 화해를 요청하다가 자칫 법에 종속되고, 희생자를 다시 희생시키게 되는 가능성도 큽니다.

정주진 그렇습니다. 종교에서도 정의를 가르치지 않고 외면하는 경향이 있습니다. 단순하게 용서와 화해에 대해 이야기함으로써 희생자를 재희생시키는 경우가 많습니다. 물론 정의가 무엇인지에 대해서도 얘기해야겠습니다만….

희생자 중심의 정의여야 한다

전병술 비폭력적 저항이라고 하면 대부분 간디를 떠올리는데, 간디와 같은 상황과는 다른 부분들이 많지 않을까요.

정주진 정의와 관련한 담론은 많습니다. 사법적 정의, 사회적 정의, 그리고 평화학에서 이야기하는 정의도 있는데, 평화학에서 이야기하는 정의는 희생자의 정의입니다. 희생자의 입장에서 정의가 이루어졌느냐 하는 문제입니다. 간단히 이야기하면, 누가 무엇을 잘못했는지를 밝히고 잘못한 것을 어떻게 책임지게 할 것인가의 문제입니다. 그 기준은 희생자의 입장에서 봤을 때 타당한 것이냐, 희생자가 인정하는 수준에서 정의가 이루어졌느냐를 봐야합니다. 이것은 사법적 정의를 뛰어넘는 것입니다. 그래서 차선을 선택하기도 합니다.

예를 들어 저의 책 『평화를 보는 눈』에서 언급한 것처럼, 남아공에서는 '진실과화해위원회'를 통해 기존의 사법적 처리가 아니라 가해자가 범죄를 고백하고 그것이 개인의 목적이 아니라 정치적인 목적 때문인 것이 입증되면 용서를 해주었습니다. 또한 대안적인 접근으로 가해자와 피해자가 만나서 대화를 한 다음 가해자가 치르기 원하는 대가에 대해 피해자가 얘기하고 그것을 가해자가 받아들이는 방식을 통해 정의를 실현하기도 합니다. 이런 대안적인 방식은 희생을 당한 피해자의 정의를 실현하고 궁극적으로 피해자-가해자 관계를 회복시키기는 데 초점이 맞춰져 있습니다. 사법적 정의에는 피해자의 목소리가 들어갈 여지가 좁습니다. 사법적 정의는 국가의 법에 대한 위반을 중시할 뿐 피해자의 필요와 어려움에 초점을 맞추지 않기 때문입니다.

이찬수 희생자 입장에서의 정의와 사법적 정의가 충돌할 경우에는 어떻게 할까요.

정주진 희생자의 정의가 우선입니다. 대안적 방식을 사법 체계 안에 넣어 실행하기도 합니다. 예를 들어 초범이나 청소년 범죄 같은 경우 재판을 받을 것인지 아니면 피해자와 만나서 결정을 할 것인지에 대해 가해자가 선택할 수 있도록 합니다. 가해자 입장에서는 내가 무엇을 잘못 했는지, 그리고 피해자 입장에서는 내가 어떤 피해를 받았고 무엇을 원하는지 이야기합니다. 그 자리에서 서로 간에 합의를 합니다. 어떤 경우에는 봉사를 요구할 수도 있고, 물질적 피해 같은 경우에는 일정 기간 동안 보상하라고 할 수도 있습니다. 많은 경우 피해자가 가장 원하는 것은 '왜 나인가?'의 문제라고 합니다. '왜 나한테 그런 일을 저질렀냐?' 하는 질문입니다. 피해자 입장에서는 그에 대한 답을 듣는 것이 가장 중요한 문제인 것입니다. 사법제도 안에서도 가해자와 피해자가 직접 합의할 수 있으면 그것이 가장 이상적일 것입니다.

평화활동가 중에는 종교인이 많은가

이찬수 정 박사가 보기에 평화활동가나 운동가들이 이런 비폭력적 저항에 대해서 연구나 고민을 어느 정도 하고 있는지요.

정주진 많이 하고 있습니다. 실질적으로 적용도 많이 하고 있습니다. 평화단체나 평화 활동가들은 그 부분에 이해의 수준도 높은 편입니다.

이찬수 비폭력적 저항을 하는 사람들의 종교적 배경을 알 수 있을까요? 비폭력적 저항은 종교적 내공이나 영성이 뒷받침될 때 감정에 덜 휘둘리고 그만큼 원칙도 지켜갈 수 있는 문제이기도 하기 때문입니다.

정주진 정확히는 알 수 없지만 종교를 가진 사람들이 많은 것은 사실입니다. 평화 단체에는 두 가지 경우가 있습니다. 하나는 평화 이슈를 다루는 단체이고 다른 하나는 평화문제와 관련한 구체적인 프로그램을 하는 단체입니다. 두 번째 경우가 비폭력 원칙을 가지고 있는 경우에 가깝습니다. 하지만 비폭력에 얼마나 철저한지는 자세히 알 수 없습니다. 어떻든 이들은 폭력적인 대응보다는 비폭력적인 대응이 훨씬 낫다고 생각합니다. 나의 인권도 중요하지만 저 사람의 인권도 중요하다는 인식이 강합니다. 시민의식이 높아지면서 내 이익을 위해서 다른 사람의 인권에 폭력적으로 대응하지는 않습니다. 이런 부분에서 활동가들의 의식 수준이 상당히 높다고 할 수 있습니다.

이찬수 평화운동가들이 비폭력적 저항을 하면서 상대방에게도 인권이 있고 나름의 고충이 있다고 인정한다는데, 비폭력적 효과를 경험해서 그런 건지, 아니면 비폭력에 종교적 이념이 뒷받침되면서 일단은 폭력은 거부한다는 종교적 가치관에 바탕을 둔 건지 궁금합니다.

정주진 개인적 짐작이지만, 다 섞여 있다고 봅니다. 비폭력이 더 나은 선택이라고 보면서, 누구의 인권이든 존중되어야 하고, 전략적으로 봤을 때도 비폭력이 훨씬 나은 선택이라고 생각합니다. 폭력적으로 대응하는 사람들은 하수이고, 비폭력적으로 대응하는 사람이 고수라는 인식도 있습니다. 평화교육의 영향도 있습니다. 평화교육은 폭력적 상황에 폭력이 아니라 비폭력 대응을 선택할 수도 있음을 교육합니다. 선택의 폭을 넓혀주는 것입니다. 교육을 받아서건 깨달음을 얻어서건 평화를 자신의 가치로 삼고 태도를 바꾸는 사람은 언어 폭력이든 물리적 폭력이든 폭력에 직면했을 때 비폭력적으로 대응하는 선택을, 즉 평화적 선택을 하게 됩니다.

평화학에서 종교란

이찬수 종교와 평화의 접점 혹은 관계의 문제를 더 생각해 보아야 합니다. 이 시대의 종교라는 것은 뭔지 고민을 해야 합니다. 교회에 출석하고 출가하고 이른바 성직자라는 전문종교인의 길을 걸어야만 종교적인 것은 아닙니다. 특히 미래 시대로 갈수록 종교법이든 사회법이든 법률과 제도에 충실한 사람보다는, 특정 종단에 참여하지는 않더라도 비폭력적 저항을 하고 평화를 교육하는 사람을 더 종교인으로 보지 않겠는가 하는 생각이 듭니다. 이 사회를 건강하게 돌아가게 하는 데, 대중을 많이 모으는 교화 방식보다는, 폭력으로 인한 아픔에 공감하고 평화교육을 실천하고 비폭력 저항으로 폭력을 줄이는 일이 정말 종교적 내공을 필요로 하는 길일 것입니다.

전철후 폭력으로 희생된 사회적 약자들의 아픔에 함께 공감해 주고 올바른 종교적 신념으로 평화영성을 사회 속에서 만들어 나가야 합니다. 저도 종교인 또는 종교가 가져야 할 참된 본질적인 교화가 무엇인지 고민을 하고 있습니다. 종교라는 조직보다도 종교인이 세상과 호흡하면서 그 안에서 할 수 있는 역할을 해야 합니다. 평화교육의 목적이 여러 선택의 폭을 넓혀 준다는 말씀에 공감이 되었습니다. 어떤 상황에서도 비폭력 저항의 방법을 선택할 수 있도록 인지시켜 주고 평화영성에 민감해지도록 교육시켜 주는 문제들을 고민하는 것이 종교가 해야 할 일입니다.

허석 화해와 용서에 이르기까지 수많은 단계와 수많은 가해자 및 피해자가 복합적으로 얽혀 있는데 이 모든 것들을 배제하고서 그저 이상을 지향하는 것은 진정한 종교가 아닐 수도 있겠다는 생각이 듭니다. 종교라는 이름으로 진정한 화해와 용서에 도달할 수 없겠다는 생각도 듭니다. 종교인들은 이상적인 목표를 세우고 이상적인 인격을 동경하고 있습니다. 그에 대한 깨달음을 위해 인격적 도야를 하고, 은혜와 평화를 말하는 사람들의 삶 속에 치열한 삶의 단계와 현장이 나타나고 있는지를 여실히 봐야겠습니다. 이런 것을 보지 못하고 영성이니 평화니 하는 말을 할 수 없을 것입니다.

평화학자가 평화적 감성을 체득하는 방법

이찬수 폭력은 상대방이 어떻게 받아들이느냐의 문제고, 용서와 화해는 물론 정의도 당사자들이 어떻게 받아들이느냐 하는 문제이거나 피해자들의 문제기도 합니다. 법적 정의의 문제를 떠나 당사자들의 내면에서 무언가 이심전심으로 통할 수 있다면 이것이야말로 종교의 영역과도 만나는 지점입니다. 인간의 내면 대 내면, 이심전심으로 통하는 세계, 말하자면 평화적 영성의 문제도 중요합니다. 영성이라는 말이 종교에서 주로 쓰는 말이지만, 평화적 감수성이라고 표현하든 어떻든 평화학 분야에서도 중요합니다. 실질적으로 평화교육이나 공동체에서 공유하는 것도 최종적으로는 평화적 감수성 혹은 영성의 문제일 테니까요. 평화적 감수성을 확보하기 위한 훈련이나 움직임들은 어느 정도 진전되고 있는지 궁금합니다.

정주진 저는 평화 민감성, 폭력 민감성이라는 표현을 씁니다. 훈련을 해야 합니다. 배우고 나서 실천하는 훈련을 제대로 해야 합니다. 그것은 평화의 구체적 실현 방법을 고민하는 평화연구자나 평화실천자나 누구나 해야 할 과정입니다. 평화학을 하는 사람들은 평화적 감성이 몸에 배어 있는 경우가 많습니다. 사람을 어떻게 대해야 하는지, 평화로운 관계를 어떻게 만들어야 하는지 훈련이 되어 있는 편입니다. 알고 있고 또 실천하는 사람들이기 때문에 사람 관계에서 스트레스를 덜 받는다고 생각합니다. 제 경험에 비추면 평화학을 공부하는 대부분의 사람들은 공부 과정에서 개인적 변화를 체험합니다. 이론이 아닌 환경과 관계의 경험에서 비롯된 변화가 40% 이상 된다고 봅니다. 적어도 평화학을 공부하는 사람들은 사람을 대하는 방식이 다르고 논쟁이 생기면 그것을 푸는 방식이 다릅니다. 위기에 직면했을 때도 대응하는 방식이 다릅니다. 평화학을 공부하는 환경 속에서 그런 것을 자연스럽게 체득하게 되는 것 같습니다.

이찬수 나의 경험으로 보면, 대학에 신학과도 있고, 종교 관련 학과도 있지만, 좀 깊이 들여다보면 그 학과 학생들이라고 해서 일반 학생들보다 월등히 종교적으로 보이지는 않습니다. 종교 연구자들 모임도 그 구조는 일반 사회와 과히 다르지 않아 보입니다. 신학교들도 끝없이 구조조정을 한다고, 인건비 줄인다고 사람 자르고 하지 않습니까? 그런데 평화학 하는 사람들은 공부 과정에서 평화적 감성 혹은 평화적 민감성을 자연스럽게 체득하는 경향이 있다니 의미있게 다가옵니다. 체득의 정도가 어느 정도를 말하는지 궁금해집니다. 어떻든 정말 그렇다면 평화학자가 신학자보다 더 종교적일 수 있겠다는 생각이 듭니다.

정주진 평화를 연구하고 실천하는 일은 쉽지 않습니다. 끊임없이 자기를 성찰해야 합니다. 종교 공동체에서는 지도자 역할을 하는 사람이 그만큼 더 중요하게 여겨지고 위계질서도 강한 편이고 고도로 조직화돼 있습니다. 종교 조직 내에서 윗자리에 위치하고 특권을 누립니다. 하지만 평화 연구를 하는 사람들은 바닥(풀뿌리 차원)을 보는 정서가 있고 지속적으로 바닥과 접촉해야 하고 바닥으로부터 평가를 받아야 합니다. 학자로서나 인간으로서 품성을 인정받아야 제대로 연구와 실천을 할 수 있습니다. 그러니 지속적으로 자신을 성찰할 수밖에 없는 것이지요.

전철후 평화학은 사회학적이고 정치적 혹은 경제학적이라는 생각이 컸는데, 말씀을 듣고 보니, 평화학 자체가 인간을 알아야 하고 인간을 탐구해야 하고, 영성이나, 감성, 심리학적인 부분들도 병행되어야 한다는 생각이 듭니다. 그러면 평화학은 어떤 형식과 과정으로 공부를 하고 훈련이 이루어지는지 궁금합니다.

정주진 자연스럽게 이루어집니다. 가령 사회학을 하려면 약자의 문제를 다룰 경우 자기가 받아들일 준비가 되어 있어야 하고 공감할 줄 알아야 합니다. 평화학자들은 특별히 가치를 학문으로 전환시키고 실천으로 옮겨야 합니다. 자기를 먼저 만들지 않고는 평화학을 꾸준히 할 수 없습니다. 왜냐하면 계속 모순에 직면하게 되기 때문입니다. 실제 문제를 논의할 때는 텍스트나 이론만 중요한 것이 아니라 사람을 대하는 방식이나 의사결정 방식까지도 중요합니다. 그렇지 않으면 연구와 실천이 성과를 내지 못합니다. 평화

연구에서는 세세한 것까지 다룹니다.

　가령 어떤 일로 협상 테이블이 마련됐을 때는 간식에도 신경을 써야 합니다. 국제협상에서도 간식이 중요한 역할을 합니다. 그렇습니다. 항상 간식을 풍성하게 준비하고 사람들이 자연스럽게 간식 주변으로 모이고 간식을 먹으면서 한두 마디 말을 건네며 관계를 형성하게 하는 것입니다. 이론의 실천을 위해서는 이렇게 세세한 부분까지 연구를 하고 현장에 적용해야 합니다. 그런 생각과 태도가 몸에 배어 있지 않으면, 즉 인격적으로 성숙하지 않으면 사람들을 대면하고 과정을 진행하는 도중에 문제가 드러나고 그것이 결국 과정의 실패로 이어지게 됩니다.

평화학자가 더 종교적일 수 있다

이찬수　아까도 얘기했지만, 가령 기독교계 신학교를 외적인 눈으로 보면 이타적인 언어로 가득하고 예수의 놀라운 삶을 자연스럽게 이야기하지만, 그 속 모습을 자세히 보면 인간성이나 평화적 감성 같은 것보다는 도리어 제도화된 삶에 익숙해져 있는 경우가 많습니다. 그런 모습을 보면서 신학도 여느 교학도 일반 사회의 공부와 별 차이가 없다는 생각을 할 때가 많습니다. 오히려 현실 도피적이거나 현실의 고통을 무책임하게 도외시하면서 사는 건 아닌가 하는 생각이 듭니다.

정주진 이른바 성직자들은 위계질서의 상위에 있기 때문에 그에 걸맞은 교육 제도하에서 존경받고 대우를 받는 교육에 익숙할 수밖에 없습니다. 성직자들은 권위 의식이 있습니다. 일반 신자들도 그런 권위 의식을 당연시하거나 높이 평가합니다.

이찬수 그런 권위 의식을 성스러움으로 치환시키면서 종교 조직도 유지되어 가는 것 아닐까요.

정주진 한국 전통 문화 속에서 더 그렇게 된 것 아닌가 싶습니다. 외국의 성직자들은 그렇게 권위적이지 않아 보입니다.

이찬수 오늘은 정주진 박사 덕분에 어느 때보다 평화학 자체에 집중해서 토론을 할 수 있었습니다. 이런 부분들이 정리가 되어야 '레페스', 즉 '종교평화학'의 개념도 정리가 될 것 같습니다. 아주 실속 있는 자리였습니다. 모두 감사합니다.

05

일부러 지는 길을
선택하다

비폭력은 평화학의 핵심적인 주제이다. 그럴수록 비폭력의 성격에 대해 상세히 토론해야 한다. 비폭력은 결국 이기기 위한 수단인가, 아니면 질 것을 알고도 감행하는 용기인가. 여기서는 후자쪽에 초점을 두고 토론했다. 난민에 대한 무조건적인 환대, 일부러 지는 길을 선택하는 용기야말로 평화의 길이 인류의 가장 숭고한 실천임을 보여준다.

난민과 환대

홍정호

"빈곤은 위계적이지만 스모그는 민주적이다." 독일의 사회학자 울리히 벡(Ulrich Beck)이 자신의 책 『위험사회』를 요약하며 한 말이다. 부의 분배가 이미 형성된 어떤 위계에 따라 계층화되는 특징이 있는 반면, 위험의 분배는 스모그처럼 계층을 가리지 않고 모두에게 분산된다. 근대화 과정은 이렇게 산개한 위험을 사회의 하층부에 축적하여 관리하고, 나아가 이윤 창출을 위한 시장기회로 삼으려는 합리성의 기획이었다.

"부는 상층에 축적되지만, 위험은 하층에 축적된다"는 벡의 진단은 왜 가난한 지역의 가난한 이들이 더 많이 아프고, 더 많은 위험에 노출되어 살아가는가를 묻는 질문에 답한다. 그들은 나의 안전을 담보하기 위해 더 많이 아프고, 더 많은 위험을 짊어진 채 살아간다. 근대 사회는 이러한 위험의 불평등한 분배를 합리성의 '자연스러운' 작동 방식으로 여기면서 계층 간 적대를 통해 발전해 왔다. 아마 스모그를 한 지역에만 집중시킬 수 있는 과학기술의 실현이 가능했다면 이 사회는 다른 모든 위험을 하층부에 축적한 근대적 합리성의 작동 방식을 따라 그렇게 했을 것이다.

위험을 축적 관리하는 근대 사회체계에서 난민은 분쟁지역에서 유입되는 스모그와 같은 존재이다. 그들은 누구에게, 언제, 어떤 위험을, 얼마만큼 가져다줄지 모르는 존재, 즉 위험사회의 관리체계 바깥에 있는 '타자'이기에 위험의 축적 관리 방식에 길들여진 사회의 구성원들은 난민에게 호의적일 수 없다. 특히, 난민에게 덧씌워진 테러와의 연관성을 생각할 때 더욱 그러하다.

폭력에 관한 한 성찰에서 데리다(J. Derrida)는 테러를 '냉전보다 더 나쁜 것'으로 규정한다. 초강대국 사이의 균형 가능성을 전제로 한 냉전과는 달리 테러리즘은 균형을 전제할 수 없는 폭력일뿐더러 그 위협의 원천 역시 '국가가 아닌 계산 불가능한 힘'에 있기 때문이다. 이러한 예측불가능성(incalculability)이야말로 테러가 근대인들에게 공포와 혐오를 불러일으키는 근본 이유일지도 모르겠다. 수치로 환원될 수 없는 위험의 환산불가능성, 하층부에 축적해 관리할 수 없는 위협의 산개성이야말로 위험의 축적 관리라는 적대를 바탕으로 형성된 사회의 외부이기 때문이다.

그렇기에 테러는 위험의 합리적 분배를 통해 스스로를 위험으로부터 예외상태에 놓을 수 있다고 믿는 이들의 합리성에 예외를 허용하지 않는 방식으로 위험사회의 작동 원리에 균열을 가한다. 테러가 이른바 '인도주의'를 표방하는 서방 사회에서 다른 모든 종류의 악으로부터 구별되어 '극악'의 지위를 부여받는 지점은 바로 여기, 적대를 통한 합리성의 작동 방식에 균열을 가해 그 정당성을 질문에 부치는 지점이다.

아르헨티나가 시리아 난민 3천 명을 받아들이기로 했다는 소식이 오늘 아침(2016.8.9) 보도되었다. 반기문 유엔 사무총장의 말을 인용한 「연합뉴스」의 보도에 따르면 "현재 시리아, 이라크, 파키스탄 등을 떠나 전 세계를 떠도는 난민 수는 약 6천 500만 명에 달한다." 이런 상황에서 난민 3천 명을 받아들이기로 한 아르헨티나의 결정에 대해 반 총장은 마우리시오 마크리 대통령과 연 공동 기자회견에서 "아르헨티나의 관대하고 아픔을 함께 나누는 지도력에 감사드린다."고 말했다.

한편, 지난해 11월 말부터 인천공항에 도착한 시리아 난민 28명은 7개월이 넘는 기간 동안 법무부의 난민 인정 심사를 받지 못해 인천공항에서 콜라와 햄버거 등으로 끼니를 해결하며 장기간 체류하다 지난달인 7월 4일(2016) 입국 조치되었다. 난민지원네트워크의 성명서에 따르면 이는 "인천공항에 도착하여 한국 정부에 보호를 요청한 지 약 8개월 만이며, 심사를 거부당하자 사법부에 도움을 요청하고 소를 제기한 지 약 5개월, 그리고 입국을 허가하고 난민 심사 기회를 부여하라는 취지의 승소 판결이 인천지방법원 두 재판부에서 선고된 지 각 17일, 10일, 세계 난민의 날이 14일 지나서"다.

출입국사무소가 이들의 심사를 거부한 논리에 대해서도 숙고해 볼 필요가 있다. 최근 유럽에서 잇달아 일어나고 있는 테러 위협과 시리아 인근 국가들에서의 IS(이슬람국가) 활동의 연계성을 고려할 때 이들 난민들을 국가 안보의 잠재적 위협으로 간주하는 건 사법 당국으로서의 마땅한 책임에 해당된다고 할 수 있기 때문이다. 또한 테러뿐만 아니라, 난민들의 집단 범죄에 대한 사회적 대책 마련에 고심하고 있는 유럽 국가들의 사례들에 비추어 시리아 난민에 대한 입국 허가가 대규모 난민 입국으로 이어질지 모른다는 위기감도 심사 거부에 한몫을 했을 것이다. 어쩌면 인도주의적 '관용'의 실천 이후 지속되어야 할 사회적 '책임'에 대한 고심이 당국 관계자들에게 있었을 것이라는 예측도 해 볼 수 있다.

데리다에 따르면 '국가'를 대변하는 이들의 이러한 고심은 일면 당연한 것이다. 국가는 조건적 환대의 주체일 수 있다. 그러나 무조건적 환대를 실천하는 주체일 수는 없다. 왜냐하면 '무조건적 환대는 바로 주권 국가라는 관념 자체와 화해할 수 없기 때문'이다. 주권을 지닌 주체의 환대는 그것이 개인이든 국가이든지 간에 조건적일 수밖에 없다. 그것은 누구를 초대하고 누구를 초대하지 않을 것인지를 선택하는 주체의 자기중심성을 기반으로 한 환대, 즉 '배제하고 폭력을 쓰면서만 행사될 수 있'는 전통적 환대의 역설적 개념을 구성한다. 무조건적 환대의 어려움을 데리다는 다음과 같이 말한다.

> 무조건적 환대는 당신이 타자, 새로 온 사람, 손님에게 무엇인가 답례해줄 것을 요구하지 않는 것, 심지어는 그 또는 그녀의 신원조차 확인하지 않는 것을 의미한다. 설혹, 그 타자가 당신에게서 당신의 지배력이나 당신의 가정을 빼앗는다 할지라도, 당신은 그것을 받아들여야만 한다. 이것을 받아들인다는 것은 끔찍한 일이지만, 그것이 무조건적 환대의 조건이다-당신은 당신의 공간, 가정, 나라에 대한 지배력을 포기한다. 그것은 견딜 수 없는 것이다.
> 하지만 순수한 환대가 있다면, 그것은 이러한 극한으로까지 고양되어야 한다. (…) 만일 내가 무조건적으로 환대하고 있는 것이라면, 나는 방문을, 즉 초대된 손님이 아니라 그 방문자를 환영해야만 한다. 나는 어떠한 타자의 예기치 않은 도래에 대해서 준비되어 있지 않아야 또는 준비되어 있지 않을 준비가 되어 있어야만 한다. 이것이 가능할까? 나는 모른다. 그러나 만일 순수 환대 또는 순수 선물이 존재한다면, 그것은 지평이 없는, 기대의 지평이

없는, 즉 그가 누구이든 새로 온 사람에 대한 이러한 열림 속에 존재해야 한다. 이것은 끔찍한 일일 것이다. 왜냐하면 그 사람이 좋은 사람일 수도 있고 악마일 수도 있기 때문에….

분명한 건 국가나 그 대변자를 자처하는 이들은 이러한 무조건적 환대를 실천할 수 없다는 점이다. 국가에게 무조건적 환대를 요청하는 건 불가능할뿐더러 사리(事理)에 맞지 않는다. 국가에게 요구할 수 있는 건 '선택적 환대'의 적극적 주체가 되라는 것이다. 국가주의의 폐쇄성을 넘어 인도주의적 가치에 근거한 세계시민으로서의 책임을 염두에 두고 고심하라는 것이다. 관료적 보신주의에 기대어 환대를 실천하는 데 따른 부담을 회피하기만 할 것이 아니라, 이를 사회의 주체들에게 공론화함으로써 타자성의 수용 한계를 실험하고, 이를 바탕으로 관용과 인정의 포괄 범위를 넓혀 가야 할 책임이 더 나은 세상을 만들기 위해 거기에 있는 국가와 그 대변자들에게는 있다.

그렇다면 종교의 역할은 무엇이어야 할까? 종교는 조건적 환대의 실천을 위한 국가의 충실한 보조자가 되는 일에 만족해야 할 것인가, 아니면 무조건적 환대라는 (주권의 견지에서 볼 때는) 불가능에 가까운 이상을 향한 도전과 외침의 주체가 되어야 할까? 사회인류학자 김현경은 『사람, 장소, 환대』라는 책에서 '무조건적 환대는 현대 사회의 기본 원칙'이라고 주장한다. 모든 인간은 태어나자마자 그가 사람임을 증명할 필요 없이 사람으로서의 지위와 권리를 인정받는다는 점에서 무조건적 환대의 토대에서 사회의 구성원으로 인정받는다.

태어난 아기를 몰래 죽이거나, 가두어서 키우는 일이 중대한 범죄로 간주되는 건 이런 이유 때문이라고 그녀는 설명한다. 김현경은 사회를 만드는 것이 '신원을 묻지 않는, 보답을 바라지 않는, 복수하지 않는' 절대적 환대라고 말하면서 우리가 이미 그러한 무조건적 환대의 세계 안에 살고 있음을 상기시킨다.

그럼에도 불구하고 타자(他者)는 타자(打者)다. 오 리는 가 주어야겠다고 마음먹었더니 십 리를 가자고 하고, 속옷은 줘야겠다고 다짐했더니 겉옷까지 달라며 뒤통수를 후리는 식이다. 나의 환대에 그 어떤 의미나 보람으로도 응답할 수 없을 만큼 '지극히 작은 자 하나'와 대면하고 있을 때에만 나는 타자 앞에 있다. 그런데 타자가 그런 존재인 줄 알고서도 기꺼이 맞아들이는 게, 아니 기꺼이 맞아들이려다 실패를 반복하는 게 종교적 환대의 내용이어야 하지 않을까. 이성복 시인이 그랬다. '언어로 표현할 수 없는 것을 표현하려다가 끝없이 실패하는 형식'이 문학이라고. 시는 '말할 수 없는 것을 표현하려다 끝없이 실패하는 형식'이라고.

평화를 향한 종교의 길은 시인의 길과 다른가? 인간이 하느님의 뜻에 따라 산다는 것, 예수의 길을 따라간다는 것, 그리하여 네 이웃을 네 몸과 같이 사랑한다는 건 원래 실패하게 되어 있는 일이 아닌가? 인간이 신의 뜻에 따라 살아보겠다고 나서는 건 사마귀가 제 다리를 들어 커다란 수레를 멈추겠다고 나선 꼴만큼 우습고 무모한 일일지도 모른다. 그런데도 왜 참다운 종교는 무조건적 환대라는 불가능한 이상을 향해 실패할 수밖에 없는 일에 뛰어들기를 반복하는가? "비참하게 깨져도 한심하게 무너지지는 않으려고." 반복되는 실패를 통해 마침내 실패하는 삶에 이르려고, 지면서 이기지 않고 끝끝내 지려고, 몰락을 삶의 양식으로 삼으려고 종교적 삶이라는 게 있는 게 아닌가.

어떤 이들의 바람과 달리 무조건적 환대는 불가능한 꿈일 테다. 아마도 그럴 것이다. 타자(他者)로 재현된 이에 대한 주체의 관용을 넘어 그의 타자성과 대면하려는 이는 자기의 뒤통수를 후리는 타자(打者)의 민낯에 속수무책으로 당할 각오를 해야 하기 때문이다. 그 충격을 견디라고 말하는 건 불가능성을 매개로 한 통치의 지속을 위한 알리바이에 불과한 것이 아닌가? 주체의 윤리는 그런 타자를 적대자로 간주해 왔다. 자기중심성을 기반으로 구축된 세계에 속한 개인, 공동체, 국가, 종교 모두 그런 타자를 적대자로 간주하는 사고에 익숙하다. 그것이 우리가 사는 당연(當然)의 세계이다. 근대사회의 종교들이 저마다 평화를 말하되, '자기중심적 평화주의(ego-centric pacifism)'의 테두리를 크게 벗어나지 못하는 건 어쩌면 우리가 여전히 '내'가 중요한 세계, '나'의 안위, '나'의 평화, '나'의 보람, '나'의 의미가 타자의 그것들보다 더 중요한 것으로 여겨지는 세계에 살기 때문이 아닌가. 나 없이 타자가 있을 수 없다는 생각이 합리적인 것으로 간주되는 '자기의 문명'에 우리가 속한 때문이다.

평화는 낯선 꿈이다. 너 이전에 존재하는 내가 아니라, 나와 네가 더불어(共) 존재하는(存) '우리'가 되려는 노력을 통해 평화는 실현된다. 무조건적 환대는 마침내 실패할 수밖에 없는 꿈이기에 우리 시대 참된 종교들의 정상(頂上)이어야 하지 않을까. 평화세계를 향한 종교의 꿈은 자기 본위적 세계의 충실한 보조자가 되는 데 있지 않다. 우리의 꿈은 "네가 있기에 내가 있다"는, 그래서 "나는 기꺼이 너의 '볼모'가 되겠노라"(E. Levinas)는 다짐을 통해 자아론(egology)으로 구축된 이 세계로부터의 '탈출(exodus)'을 감행하는 공존의 상호주체가 되려는 데 있다고, 나는 믿는다. 성공한 종교로는 충분하지 않다. 실패를 반복하다 마침내 실패하는 종교만이 참되다. 타자에 대한 무조건적 환대만이 마침내 실패하는 종교의 평화를 향한 길이다.

난민을 환대하는 더 옳은 길

이찬수 홍정호 박사님은 타자에 대한 환대에 있어 국가와 종교가 취해야 할 태도를 각각 조건적 환대와 무조건적 환대로 구분하였는데, 이해는 되지만, 이 둘을 이렇게 구분하면, 국가가 환대의 책임을 지지 않는 것을 정당화하는 구실이 되지 않을까요. 오히려 평화를 지향하는 종교의 보편주의적인 태도를 바탕으로 환대의 실천에 나서지 않는 국가를 끊임없이 비판하고 저항하는 것이 종교의 역할이 아닐까요. 평화에 관한 담론 확장과 실천에서 가장 중요한 것은 '비판적 저항'이라고 생각합니다. 평화는 저절로 이루어지지 않습니다. 폭력적인 상황에 대한 끊임없는 비판과 성찰을 바탕으로 거기에 저항함으로써만 이루어집니다. 그리고 무조건적 환대를 '종교'의 영역에 속한 것이라고 할 때 그 '종교'는 과연 무엇을 말하는지도 규명해야 합니다. 논의를 위해서라도 환대 자체가 종교인지, 환대를 하는 사람이나 조직 같은 주체를 종교라고 해야 할지 먼저 정의할 필요가 있습니다.

김상덕 흥미로운 내용이었습니다. 마중글의 초반에 위험을 축적 관리하는 근대 사회의 합리성의 작동 방식에 대한 비판이 제기되고 있는데, 홍박사님은 근대 사회의 합리성과 오늘날 후기 근대 사회의 합리성이 다른 종류의 합리성이라고 생각하는지 궁금합니다. 또한 근대 사회의 합리성의 바탕에서 테러가 '극악'의 지위를 부여받고 있다고 했는데, 그것은 누구의 관점과 입장을 대변하는 말인지도 궁금합니다. 테러 국가와 동일시되는 지역에 살고 있는 이들의 관점에서 '극악'이라는 말은 거부감을 불러일으킬 것 같습니다. 가령 인천공항에 수 개월 동안 체류해 온 시리아 난민을 돕기 위해 수고한 기독교인들이 있습니다. 그들은 '종교적 무조건적 환대를 실천해야 하니까 도와야 한다.'고 생각해서 도운 게 아니었습니다. 조건적 환대인지 무조건적 환대인지를 구분하지 않고, 어려움을 당하는 이들이 있으니 도우러 간 것입니다. 이러한 구분은 자칫 종교의 공적 역할을 세속과는 구분하는 논의로 빠질 우려가 있습니다.

홍정호 두 분의 질문에 감사드립니다. 김상덕 박사님의 질문에 우선 답변하자면, '극악'이라는 건 당연히 유럽과 서방세계의 관점을 대변하는 말입니다. 그보다 더한 악이 얼마든지 있을 수 있지만, 테러에 '극악'의 지위를 부여하려는 시도는 위험 사회의 작동 원리에 균열을 가하는 이들에 대한 혐오와 배제의 논리가 작동한 때문이라고 봅니다. 인천공항으로 앞서 달려간 분들의 이야기를 들었습니다. 그분들이 '환대'라는 관념에 이끌려서 가지 않았다는 말씀에 동의합니다. 환대를 개념적으로 구분한 건 순전히 대화를 위해서입니다.

또한 평화를 위해 종교가 취해야 할 태도가 '비판적 저항'에 있다는 이찬수 교수님 지적에도 동의합니다. '종교'라는 것이 실체로서 존재한다고 생각하지 않습니다. 환대를 실천하고 평화를 향한 '비판적 저항'에 참여하는 동안에만 종교는 '종교'로서 형성되어 가고 있다고 말해야 할 것입니다. 이 점에서 '종교'란 정의내릴 수 있는 명사적 의미에 국한된 개념이라기보다는 평화를 향한 노력에 참여하는 과정 전체를 포괄하는 의미로 이해되어야 한다고 생각합니다. 무조건적 환대는 불가능한 일인데, 이 불가능 앞에 자기를 세우는 과정이 곧 '종교'가 아닌가 싶습니다.

종교가 왜 '되는' 것을 말해야 하는 걸까요? 종교가 왜 '이기는' 길을 가르쳐야 하는 걸까요? 그런 건 종교만이 할 수 있는 일은 아닙니다. 굳이 종교를 끌어들이지 않더라도 말할 수 있는 영역이 많고, 말할 수 있는 이들이 넘쳐납니다. 종교가 무조건적 환대에 대해 말해야 하는 건 그것이 '되는' 혹은 '이기는' 길이라서가 아니라, 불가능한 꿈이라서, 즉 '안 되고', '지는' 길이기 때문입니다.

김상덕 그러면 홍박사님은 종교가 결국 마이너리티의 길을 가야 한다고 생각하는 것인지요?

홍정호 어디에 있든 태도에 있어서만큼은 늘 지향해야 한다고 봅니다.

김상덕 종교적 실천, 즉 '환대'가 이상적으로 옳은 것뿐 아니라 현실적으로도 효과적일 수 있습니다. 제 박사논문의 한 챕터에서 '비폭력 저항운동'을 다루고 있습니다. 과거 '반전평화주의'는 종교와 도덕적 신념의 문제였다면, 1970년대 이후 간디와 마틴 루터 킹의 영향을 받은 '비폭력 저항운동'은 실천적 개념입니다. 그것은 저항에 있어서 폭력보다 비폭력을 도구로 활용하는 것이 더 효과적이었고, 앞으로도 그럴 것이라는 전망에서 나온 개념이었습니다. '비폭력 저항운동'의 개념이 등장하기 이전에는 발제자가 생각하는 것처럼 평화가 이상에 불과한 것임을 알면서도 종교가 마땅히 따라야 할 길이라고만 생각했습니다. 그런데 간디와 마틴 루터 킹의 비폭력 저항운동을 사회과학적 시각에서 연구하기 시작하면서, 비폭력을 수단으로 활용할 때 평화가 더 이상 불가능한 꿈이 아니라는 사실을 알게 되었습니다.

　최근에 읽은 한 논문에서도 비폭력을 저항의 수단으로 활용한 시민운동이 폭력을 사용한 시민운동에 비해 70-80% 이상 더 높은 성공을 거둔 사례를 접한 적도 있습니다. 그것은 비폭력이라는 저항의 방식이 불의한 억압에 대한 반작용과 함께 대중적 지지와 참여를 불러일으키기 때문입니다. 이런 맥락에서 지금 홍박사께서 말씀하신 환대가 오히려 테러로부터의 위험을 줄여줄 것이라고 볼 가능성은 없겠는지요. 환대가 오히려 국가에 유익이 된 사례는 없는지, 환대가 테러로부터의 위험을 더 줄여줄 것이라고 보는 학자들의 견해는 없는지 궁금합니다.

일부러 지는 길을 선택하다

홍정호 구체적인 연구들은 살펴보아야 알겠지만, 당장에 떠오르는 두 사람이 있습니다. 『제국의 미래』를 쓴 에이미 추아(Amy Chua)와 『관용』의 저자 웬디 브라운(Wend Brown)입니다. 둘의 관점이 다른데, 추아는 관용이 제국의 통치에 얼마나 유용한 수단이었는지를 다양한 역사적 사례를 통해 보여주면서, 미국이 '제국'으로서의 위상을 지속하고 발전시켜 나가기 위해서는 관용의 적극적 수용이 절실한 과제가 되어야 한다고 주장합니다. 종교에 있어서 이러한 견해는 오늘날의 가톨릭교회와 개신교 에큐메니칼 진영에서 취하는 입장과 상응합니다. 너를 만나서도 내 입장은 포기

못하겠고, 네 입장을 들어주기는 해야 할 것 같은 이들이 취할 수 있는 태도의 모범입니다. 저는 이른바 종교다원주의 신학의 주장도 큰 틀에서 이 입장을 벗어나지 않는다고 생각합니다. 관용을 신학적으로 수용하는 방식, 니터(Paul F. Knitter)가 말한 '포괄주의를 포용하는 포괄주의자'가 되는 길 이외에 타자와 만나는 길을 서구 기독교가 배운 적이 없기 때문일 것입니다.

브라운은 다릅니다. 브라운은 관용을 다문화주의의 통치전략이라는 관점에서 비판합니다. 다시 말해 다문화적 관용과 개방성에 대한 넘쳐나는 주장들은 결국 자유주의의 테두리 안에서 오늘의 신자유주의적 지배를 자연스럽고 본래적인 것으로 여기도록 만드는 '통치성(governmentality)' 기획의 연장선 안에 있다는 것입니다. 관용은 좋은 것이지만, 그것이 왜 좋은 것인지, 혹은 왜 좋은 것이 되어야만 하는지를 묻지 않는 동안 관용은 통치자의 도구로 전락할 우려가 있다는 것입니다. 정치인들 담화문을 읽어 보면 알 수 있습니다. 우리나라 정치인들 입에서는 주로 '경제'와 '국민'이라는 낱말만 들리는 것 같아 좋은 예시가 되기는 어렵겠지만, 이른바 선진국이라는 서방세계 여러 나라의 정치인들의 입에서는 '인권', '평화', '환대', '정의', '관용', '대화' 등 좋은 말들이 더 자주 들립니다.

그렇다고 그들이 이 낱말들의 의미를 실현하기 위해 자기의 이익을 포기하거나, 지는 길을 택할 것이라고 보지는 않습니다. 정치가에게 그런 걸 기대하는 것 자체가 무리한 요구 아닐까요? 그저 도구적으로나마 저 낱말들의 의미를 실현하는 데 힘써 주기를 바랄 뿐입니다. 다시 말해 통치의 주체들은 자기의 권력과 이익에 보탬이 되는 한에서, 통치의 전략으로서의 유용성을 가늠할 수 있는 한에서만 저 '좋은' 낱말들을 그들의 '올바른' 정치적 담화 안에 적절히 수용해 내는 것입니다. 브라운의 비판은 저렇게 좋고 올바른 말들이 어떻게 통치기획에 복무하는지를 살펴보는 데 도움이 될 수 있을 것 같습니다.

그리고 비폭력이 더 효과적인 저항의 수단이라는 말씀에 동의하고, 연구결과로까지 그 효과가 입증되었다는 사실을 알려주시니 감사합니다. 그런데 앞서 말씀드린 것처럼 '비폭력'마저도 승리를 위한 도구로서의 가치와 유용성을 입증해야만 한다는 강박에서 벗어나는 게 종교의 길이 아닐까 생각합니다. '비폭력'은 더 잘 '이기는' 수단이라는 게 입증되어서가 아니라, 두려움 없이 '지는' 길을 선택하는 용기를 가르쳐 주기 때문에 종교의 남은 선택이 될 수밖에 없는 게 아닌가 합니다.

전철후 동의합니다. 종교인이 평화 활동에 참여할 때에는 신앙과 정신성을 기반으로 해야 한다고 봅니다. 자기 내면에서부터 깊은 신앙과 수행심이 바탕이 되었을 때 스스로가 내려놓음으로써 무조건적인 비폭력저항운동을 선택할 수 있고, 방법론적인 비폭력 저항운동이 아닌 자기 수행의 실천으로서의 참된 비폭력 저항운동에 참여할 수가 있을 것입니다. 언젠가 길희성 교수께서 "현대의 다원주의는 '실천적 다원주의'를 요청하고 있다"고 말씀한 것을 기억합니다. '실천적 다원주의'는 '정의와 해방에 헌신하는 도덕적 실천의 차원'에 이르는 것이기 때문입니다. 평화를 지향하기 위해서는 깊은 신앙과 수행 체험에 바탕을 둔 경험과 실천의 대화적 공유가 필요합니다. 이를 위해 평화를 말하려는 종교인들은 영적인 사유의 폭과 깊이를 추구하는 데 노력해야 한다고 봅니다.

문학이 종교적 영성을 자극하다

이찬수 전철후 교무님 지적처럼 평화가 영성의 문제일 수도 있다고 봅니다. 발제자가 인용한 이성복 시인의 말처럼 문학이 '언어로 표현할 수 없는 것을 표현하려다 끝없이 실패하는 형식'이고, 그것이 종교가 취해야 하는 형식이라면, 영성의 문제를 거론하지 않을 수 없을 것입니다. 끝없이 실패하는 형식이라는 점에서 문학과 종교가 통한다고 할 때, 문학과 종교의 차이는 어디에 있는 것일까요. 실패의 형식이 아닌, 실패의 내용에 어떤 차이가 있는 것일까요.

홍정호 제가 답할 수 있는 문제는 아닌 것 같습니다. 문학과 종교가 추구하는 본질에 있어서 어떤 차이가 있는지 잘 모르겠습니다. 철학적 신학의 용어로 말하자면, 지금은 '신'이 더 이상 '존재'하지 않는 세상입니다. 그건 하느님이 '안' 계신다는 말이 아니라, 안 '계신다'는 데 강조점이 있는 말입니다. 다시 말해 하느님에 관한 논의에 있어서 그분이 계시고 안 계시고의 구분을 떠나, '신'이 더 이상 '존재'에 관한 철학적 논의의 옷을 입고 있지 않은 시대에 우리가 살고 있다는 뜻입니다. '존재'로서의 '신'의 죽음의 시대(the age of the death God)인 것입니다. 이런 시대에 '존재'에 관한 철학적 논의로부터 자기 자리를 잃어버린 '신'에 관한 '학'이 새로 찾은 보금자리가 예술, 특히 문학입니다. 그래서 문학은 '존재'로서의 '신'의 죽음 이후 신학적 사유를 전통적 형이상학의 용어가 아닌 일상의 언어로, 그러나 그 일상어의 다른 쓰임을 통해 수행하는 '신학 이후의 신학'의 역할을 하고 있다고 생각합니다.

　이성복 시인의 저 말은 특히 '신학적'으로 느껴집니다. '존재 없는 신(God without Being)'의 종교성이 짙게 배어 있는 말로 들립니다. '비참하게 깨져도 한심하게 무너지지 않으려'는 시도야말로 '신'이 '존재'하지 않는 오늘날에도 종교가 여전히 나아가야 할 길이 아닐까요? 수단의 이태석 신부님의 다큐를 보면서 가슴이 뭉클하고 눈시울이 뜨거워지는 건 그분이 성공하는 사제의 길을 마다 하고 자발적 몰락의 길을 선택해 갔기 때문이 아닌가요? 거기에는 형이상학이 없습니다. 있어도 전면에 드러나지는 않습니다. 종교가 '비참하게 깨져도 한심하게 무너지지 않으려'는 자발적 몰락의 길을 지향하는 게 아니라면, 이 시대 종교의 쓸모를 도대체 어디에서 찾을 수 있을 것일까요?

이찬수 '한심하게 무너지지 않으려고 하는' 종교인의 자존심이야말로, '자존심'이라는 낱말의 뜻 그대로 '자기를 높이려는 마음'이 아닐까 싶습니다. 이때 자기를 존귀하게 여기려는 마음을 종교라고 할 수 있을까요?

홍정호 종교는 내면의 투쟁이 아닌가요? 신념을 지켜내기 위해, 혹은 신념을 벗어 버리기 위해 남모르는 자기 내면과의 씨름에 나서는 것이 종교를 종교답게 만든다고 믿습니다. 그런 의미에서 '자존심'이 없으면 안 될 것 같습니다. 물론 이때의 자존심이란 '나를 낮추면서 높아지는' 역설이 되어야 하겠지만. 언젠가 불교를 공부하는 분에게서 '하심(下心)'이라는 낱말을 배웠습니다. '하심'은 불교에서 말하는 자기를 낮추고 남을 높이려는 마음입니다. 종교인이 지켜내야 할 '자존심'이란 결국 '하심'이 아닌가요. 더 낮아지기 위한 분투입니다. 레비나스의 말처럼 나는 타자의 '볼모'라고 생각하는 데에까지 이르는 것입니다. 나를 낮추면서만 높아지는 길, 아니 높아지고 싶은 마음 자체를 버리면서 끝끝내 자기를 낮추는 길이야말로 종교에 입문한 사람이 평생을 두고 씨름해 보아야 할 문제가 아닌가 생각합니다.

불교 안에서 불교를 넘어

원영상 발표를 들으면서 불교와 비슷한 이야기가 참 많다고 생각했습니다. 단어 몇 개만 바꾸면 이건 완전히 불교 이야기구나 싶은 부분도 적지 않았습니다. 레비나스를 언급하셨는데, 혹시 레비나스가 불교의 영향을 받은 게 아닐까 싶을 정도로 서양 철학의 존재론적 전통과의 대결에 나서는 이분의 말이야말로 불교적인 가르침과 통하는 내용이 많은 것 같습니다.

　　타자의 문제는 불교가 그동안 해결하려고 매진해 온 문제입니다. 우주적 근본의식 외에 어느 것도 존재할 수 없다는 유식사상(唯識思想) 같은 경우 철저히 자아의 해체를 목적으로 합니다. 안이비설신의(眼耳鼻舌身意) 육식과 말라식과 아뢰야식을 주제로 하는 유식사상이 대승불교의 한 축을 이루고 있는 것입니다. 불교는 개인적 차원에서의 해체인가, 사회적 차원에서의 해체인가가 다를 뿐 근원적으로는 자아와 사회의 해체를 지향합니다. 초기 불교가 해체를 개인적 차원에 국한해서 말했다면, 대승불교적 차원에 이르러서는 사회적 해체의 문제까지도 생각하게 되었습니다. 공(空)사상은 이러한 생각을 뒷받침하고 있습니다. 모든 존재는 공성(空性)에 근거하고 있습니다.

자아란 근본적으로 무명에서 발생하는 것이지만, 과거에 매여 있지는 않기에 실제로는 해체의 대상이 될 수도 없는 것입니다. 있는 순간 그대로를 바라보고, 내가 살아가는 이 순간 새로운 카르마(업)를 어떻게 형성할 것인가의 문제인 것입니다. 이런 점에서 불교식으로는 현상에 매여 '반복되는 실패를 통해 마침내 실패하는 삶'에 이르려는 건 미래의 일이 아니라, 지금 여기에 속한 과제입니다.

종교, 표현할 수 없는 것을 표현하려다 끝없이 실패하는 형식

이찬수 종교를 '언어로 표현할 수 없는 걸 표현하려다 끝없이 실패하는 형식'이라고 정의하려는 시도 속에 동·서양 종교의 차이가 묻어납니다. '언어로 표현할 수 없는 것'을 왜 굳이 표현하려고 하는 걸까요. 종교를 이렇게 정의하려는 시도는 기독교의 목적론적 세계관의 영향을 반영하는 것입니다. '언어로 표현할 수 없는 것'은 말 그대로 지금 말할 수는 없지만, 언젠가는 그 의미가 드러나고야 말리라는 종말론적 희망이 배어 있는 말입니다. 불교적 관점에서 보면, 그것은 발제자가 레비나스를 인용해 말한 '자아론 (egology)'의 연장에 불과한 것이라고 할 수 있을 것입니다. 서양종교의 목적론적 사고의 틀에서 '자아론'을 완전히 벗어난다는 건 어렵거나 거의 불가능에 가까운 과제입니다. 이 어렵고 불가능한 것을 시도하는 일이 종교적인 것일 겁니다. 특히 기독교적인 시각에서는요….

또한 '끝없이 실패하는 삶'이라고 했는데, 이러한 인식 역시 불교와 대조적입니다. 불교철학적 세계관에서는 성공도 실패도 궁극적이지 않습니다. 성공과 실패는 오직 과정으로만 존재하기 때문에 실상 없는 것이나 마찬가지입니다. 반면에 기독교 안에는 시간론이 강하게 작용하고 있어서 성공과 실패를 가늠하는 어느 '때'가 중요하게 인식되는 경향이 있습니다. 불교는 시간론이 아주 없지는 않지만, 철학적으로 약하게 작용하기 때문에, 기독교와는 다른 사유와 실천을 만들어 냅니다.

기독교와 불교의 상이한 시간론은 평화의 문제에서 차이를 드러냅니다. 특히 '비판적 저항'과 관련한 차이가 보입니다. 기독교는 지금 안 돼도 언젠가는 될 것이라는 기대를 가지고 저항의 현장에 뛰어들지만, 불교는 그런 종말론적 희망론이 상대적으로 약하기 때문에 사회참여의 형태도 약하게 드러나는 경향이 있습니다. 이런 경향성을 앞서 원 교무님이 지적하신 '사회적 해체'의 맥락과

연결시켜 보아야 할 것 같습니다.

그런데 아까 원 교무님이 불교가 자아의 차원을 넘어서 사회를 해체한다고 이야기하셨는데, 무슨 의미로 하신 말씀인지요.

불교가 평화를 이루는 방식

원영상 일종의 연기론입니다. 이것은 두 가지 차원에서 이해를 해야 합니다. 개인적 차원과 사회적 차원입니다. 불교의 사회적 연기라는 것은 타자 속에 이미 내가 속해 있다는 의식에서 비롯됩니다. 이것이 사회적 연기의 본질입니다. 예를 들어 농부 속에 정치인이 있고, 정치인 속에 농부가 있다고 말할 수 있고, 부모 속에 자식이 있고 자식 속에 부모가 있다고도 말할 수 있습니다. 이것은 우리가 사회적 관계성 안에서 서로 의존하면서 공존하고 있다는 사실을 극단적으로 이야기한 것입니다. 폭력이나 평화라고 하는 것은 모든 것을 공적으로 짊어지고 갈 수밖에 없는 공적인 업을 가지고 있는 것입니다. 지구 저편에서 일어나는 죽음이 내 안에서 일어난다는 불교의 기본적인 사유입니다. 불교의 연기론은 서로의 의존 형태를 말합니다만, 자아의 해체를 통해 우주 전체로 나아간다는 뜻도 내포되어 있습니다. 개인도 그렇듯이 사회 또한 독립되어 있는 단위는 없습니다. 모든 사회는 중중무진으로 연결되어 있습니다.

지금의 독립적이고 독단적인 집단의식을 해체하고, 지구 전체를 하나로 보는 의식이 바로 사회적 해체와 재구성이라고 할 수 있습니다. 이에 따라 공업이라는 뜻이 개입될 수 있는 것입니다.

이찬수 평화는 인간의 내면만이 아니라 사회정치적인 측면까지 포함합니다. 평화학에서도 평화를 세 차원에서 설명하고 있습니다. 피스키핑(peace-keeping, 평화유지), 피스메이킹(peace-making, 평화조성), 피스빌딩(peace-building, 평화구축)입니다. 더 큰 힘이 작은 힘들을 압도하거나 견제하고 있어서 당장은 더 이상의 폭력이 발생하지 않는 상태가 피스키핑의 상태입니다. 이러한 피스키핑을 조약이나 협상을 통해 좀 더 안정적으로 확보해 보려는 태도가 피스메이킹의 단계입니다. 평화를 만들어 가는 과정이기도 합니다. 더 나아가 사회적 구조, 문화 자체까지 평화적으로 만들어 가는 과정을 피스빌딩이라고 합니다. 이른바 평화문화 혹은 문화적 차원에서 평화를 구축해가는 과정입니다.

공업의 자세에서 불교적 피스빌딩의 근본적인 자세를 볼 수 있을 것 같습니다. 그런데 불교적 세계관은 실제로 어떤 식으로 폭력적 상황을 극복할 수 있는 것일까요. 폭력을 극복하려다 보면 비판의 형태로 나타날 수밖에 없고, 비판은 어떻든 저항의 형태로 나타날 수밖에 없습니다. 그 저항에는 사회성이 있어야 하는데, 불교는 개인 안에서 시작해 개인 안에서 완성하려는 경향이 크지 않습니까. 불교와 사회의 관계를 어떻게 보아야 할까요. 공업 이야기도 하셨지만, 불교가 피스빌딩에 공헌하는 방식은 어떤 것일지 좀 더 정리해 주시면 좋겠습니다.

원영상 일종의 '사회적 부디즘'이라고 할 수 있는 참여불교는 다양한 형태가 있습니다. 원불교를 참여불교의 하나로 보려는 시각도 있습니다. 불교는 역설적이게도 자기로부터 벗어나는 것을 목적으로 하면서 철저하게 자기로부터 시작합니다. 사회로부터 시작하지 않습니다. 불교에 보면 계율이 있는데, 이것은 무엇보다 자기를 제어하는 데 초점이 맞춰져 있습니다. 자기로부터 시작해서 사회로 확산해 나가는 순서입니다. 예를 들어 '도둑질 하지 말라'는 건 개인에게 우선 적용되는 계율이지만, 사회적 차원으로 확대되면 '후손들이 나중에 써야 할 사회적 자원을 당대에 다 쓰지 말라'는 적극적 의미로 재해석될 수 있습니다. 개인으로부터 시작하는 불교를 이처럼 어떻게 사회적 차원으로 끌어올리면서 실천을 이끌어 낼 것인가 하는 것이 참여불교가 고민하는 과제입니다.

전철후 기존 불교의 한계를 넘어 설 수 있는 가능성이 한국에서 자생된 신종교의 정신문화인 것 같습니다. 한국의 신종교 창시자들은 개인적인 문제를 넘어서 사회 구조적인 문제까지도 다루었습니다. 특히, 원불교에서는 인간과 인간의 내면 세계뿐만 아니라 가정, 국가, 세계의 평등과 평화로운 사회를 위해서 만물을 천지, 부모, 동포, 법률로 보고, 이들을 존재론적으로 서로 없이는 살 수 없는 연기적 생명의 관계로 규정하면서, '은혜'의 관계를 도입하였습니다. 이것은 개인적인 문제를 넘어서 사회 구조적 차별의 문제를 평등권을 토대로 해결하려는 과제를 제시하고 있는 것입니다.

악한 의도가 선한 결과를 가져올 수 있을까

이찬수 좋은 말씀들 감사합니다. 화제를 잠깐 바꿔 보죠. 김상덕 박사님은 언론의 사진이 어떻게 평화에 긍정적으로 기여하는가에 관심을 두고 논문을 쓰셨는데, 좀 더 구체적인 소개를 부탁합니다. 종교적 언론까지 포함하는 것인지, 일반 언론만 이야기하는 것인지, 언론의 사진이 평화에 기여하는 방식과 사례에 대해 구체적으로 이야기해 주시면 좋겠습니다.

김상덕 박사학위 논문에서 평화를 주제로 한 일곱 장의 사진을 주로 다루었는데, 일반언론과 종교언론의 구분이 모호합니다. 예를 들어 광주항쟁의 진실을 드러내는 사진이라고 해도, 그것을 어떤 사람이 어떻게 서술하느냐에 따라 달라집니다. 사진이라는 것은 어느 한 단면을 포착해서 진실이라고 이야기하는 것인데, 여러 단면의 진실을 사진이 담보할 수 있는 근거가 무엇인지 물어보아야 합니다. 언론은 진정한 목격자의 역할을 해야 합니다. 언론인은 사건 당시에 거기에 있었던 이들과 그 사건을 증언하는 이들이 내놓는 텍스트를 함께 보고, 전후 상황을 파악할 수 있어야 합니다. 이 사람이 왜 무고한 고통을 당해야만 했는지를 총체적으로 아는 것과 사진을 통해 전달된 이미지를 소비하는 데 그치는 관찰자의 역할은 다릅니다.

간혹 사건 현장에서 피해자들과 가까이 지내다보면 피해자 중심의 편견이 생기는 게 아니냐는 비판의 목소리가 있습니다. 그런데 사진에서 중요한 건 시각적 재현입니다. 평화가 만들어지려면 갈등의 현장에 들어가서 거기에서 갈등의 당사자들과 함께해야 하고, 무엇이 진실인지를 함께 고민하면서 시각적으로 재현해 낼 수 있어야 합니다. 사진은 하나의 수단에 그치는 것이지만, 평화학에서 말하고자 하는 가치들을 재현해 내는 중요한 평화의 도구로 활용될 수도 있습니다.

이찬수 종교 경전도 전승되던 내용을 어떤 의도로 모아서 편집했느냐에 따라 내용도 달라집니다. 아시다시피 저자의 편집 의도를 잘 살피는 신학적 작업을 편집 비평이라고 합니다. 사진도 어떤 의도를 가지고 언론에 게재하느냐에 따라 원래 찍을 때의 의도는 달라질 것입니다. 이런 가정을 해 보죠. 실제로는 상업적 의도를 가지고 사진을 찍기도 하고, 단순히 언론 게재를 위해 무난한 사진을 선택해 게재했는데, 뜻하지 않게 현실에서는 반향이 클 수도 있습니다. 사진 작가(기자)나 편집자의 의도와는 달리 해석되면서, 평화적 감성을 불러일으키고, 평화구축에 공헌하게 될 가능성도 있습니다. 이럴 때 작가(기자)나 편집자의 의도가 중요한 것인지, 독자의 해석이 중요한 것인지 쉽게 결정하기 힘듭니다. 언론 사진이 평화 형성에 끼친 영향을 연구한다고 할 때, 독자의 해석이 중요한 것일까요, 아니면 작가(기자, 편집자)의 의도가 중요한 것일까요. 결과도 의도와 맞아야만 평화에 공헌하는 것이라고 할 수 있는 것일까요 아니면 의도와 상관없이 평화에 공헌할 수 있는 것일까요.

피해자가 중심이 되어야

전병술 폭력을 당하는 사람, 난민은 고통스러울 것입니다. 가난한 자도 약자도 고통스럽습니다. 문제는 과연 내가 정말 그들의 고통을 나의 고통처럼 여기는가 하는 근본 물음에 답해야 한다는 것입니다. 그래야만 책임감이 나옵니다. 평화학의 여러 주장들도 개인의 실천을 불러 일으켜야만 가치가 발현됩니다. 그런데 실천의 주체는 개인입니다. 레비나스는 국가가 완벽한 정의를 구축하더라도 남몰래 눈물을 흘리는 사람이 있으며, 그 사람들을 끌어안는 것은 결국 개인 혹은 개인의 양심이라고 보았습니다. 이 말은 종교평화에도 적용되어야 합니다. 고통받는 자들을 보면서 내가 그 고통에 공감할 수 있는가 하는 물음을 던져야 합니다. 왕양명은 인간에게는 공감 능력이 있다고 하였습니다. 우리 누구에게나 타자의 아픔을 느끼고, 느끼는 순간 실천할 수 있는 역량인 양지(良知)가 있기 때문입니다. 문제는 그 순간에 실천하느냐 아니면 자신의 편리를 위해서 눈 감느냐에 달려 있습니다.

김상덕 언론이나 미디어학의 관점에는 세 가지 접근 방식이 있습니다. 사진을 만드는 프로듀서의 관점, 사진에 찍히는 대상의 관점, 해석하는 독자의 관점입니다. 저의 관심사는 세 번째 관점인데, 독자가 사진을 어떻게 읽고 수용하는가의 문제가 사진에서 가장 중요하다고 봅니다. 한국전쟁 사진을 보면, 사진이 유포되었는데도 반전운동으로 번지지 않았습니다. 그 당시 냉전의 영향력이 컸기 때문이기도 하겠지만, 무엇보다 독자들이 그 사진에 의미 부여를 하지 못했기 때문이었다는 점도 지적될 수 있습니다. 독자들이 어떻게 이미지를 읽고 평화의 관점에서 재해석하느냐의 문제가 중요합니다. 마찬가지로 평화학은 피해자 중심일 수밖에 없습니다. 미디어가 피해자의 목소리를 그대로 대변할 수는 없겠지만, 피해자 중심적 관점에서 미디어가 재현하는 이미지들을 재해석할 때 평화의 길이 열립니다.

이찬수 말씀하신 대로 정의도 피해자 중심적이어야 한다는 것은 평화학의 기본 입장이기도 합니다. 피해자가 있다는 말은 가해자가 있다는 말입니다. 그런데 가해자도 속으로 들어가 보면 피해의 트라우마에 시달리고 있을 때가 많습니다. 피해자가 당한 고통의 경로를 추적하다 보면 가해자, 심지어 테러리스트에게도 상처와 고통이 있다는 것이 드러나기도 합니다. 가령 IS는 주류 언론에 의해 가해자로서의 측면이 부각되고 있지만, 경로를 추적하다 보면 거기에도 아픈 피해의 역사가 전혀 없다고 이야기할 수 없습니다. 전체적으로 미국이나, 프랑스, 영국 등 서구 제국주의 국가들에 의해 상처를 입은 중동 이슬람 지역의 원천 피해의식도 같이 보아야 합니다. 그런 점에서 가해와 피해가 생각만큼 이분법적이지 않습니다. 이들을 종합적으로 보여주는 이론이 없을까 고민되기도 합니다.

중요한 것은 애당초 피해가 발생하지 않도록 해야 한다는 것입니다. 이때 종교 혹은 종교적 관점이라는 것이 중요합니다. 종단으로서의 종교도 상업적 논리를 벗어나기 힘들고, 양적 경쟁에서 자유롭지 못합니다. 폭력적 국가의 운영체계나 기업의 방식과 구조적으로 다르지 않을 때가 많습니다. 그런데도 이들을 종교라고 그러는 것은, 그 깊은 곳에, 지난 번에도 나온 말이지만, 질 수밖에 없는데도 지는 길을 걸어야 하는 근원적인 이유를 선포하고, 실제로 그렇게 하는 이들도 있기 때문입니다. 질 수밖에 없지만, 질 수밖에 없는 것을 알면서도, 일부러 지는 길을 선택하는 그 영성만이 아픔을 줄이거나 없앨 수 있는 순수한 동력이 되기 때문입니다. 그 심층으로 들어가 보면, 거기서 그것을 포섭한 더 깊은 세계가 보입니다. 이런 관점이 일반인에게는 대단히 어렵고, 사회과학 중심의 평화학자들에게는 관념적이거나 공허하게 들리기도 합니다. 이론은 가능한데 현실은 사실상 불가능에 가까운 실천이기 때문입니다. 그런 점에서 정말, 굳이 말하자면 진정한 평화라는 것이 가능할지 한계 같은 것이 느껴지기도 하지만, 그 불가능한 가능성을 끝없이 이야기하는 곳이 있다는 사실도 중요합니다.

평화라는 단어조차 불필요한 평화

이관표 우리가 평화를 이야기하면서, 그리고 특별히 종교를 이야기하면서 좀 더 관심을 가져야 하는 것은 일상에서 적용되는 인과율과 목적론의 맹점입니다. 우리는 과연 외부에 있는 실재의 인과 관계와 목적들을 정확하게 발견하고 이야기할 수 있을까 하는 철학적 언어의 문제입니다. 칸트로부터 지젝에 이르기까지 이들 사상가들이 지적하는 문제점은 사유의 한계에도 불구하고 여전히 우리가 실재 자체를 사유 안에 다 담아낼 수 있고, 바로 이러한 의미에서 모든 인과적 선후관계와 목적들을 정확히 파악할 수 있다고 하는 오해입니다. 아니 더 정확히 사태를 보자면, 우리의 사유는 늘 실재에 어긋나며, 오히려 우리의 실재에 대한 오해가 삶 자체를 불편하고 고통스럽게 만든다고 이야기해야 옳을 것입니다.

저는 바로 여기에 종교의 장점이 있다고 생각합니다. 왜냐하면 종교는 우리의 일상의 법칙과, 우리가 당연하게 여기는 사회질서 등을 단호하게 거절하고 회의할 것을 요청하기 때문입니다. 레비나스 역시 이것과 유사하게 이야기합니다. 내가 하는 것이 아니라, '그가 나에게 와서 그가 나에게 환대하기를 바란다.' 이런 식의 발상은 판을 뒤집어 엎어 버리는 존재론적 관점의 전환입니다. 사실 우리는 우리가 경험하는 내용들에 대해 왜? 목적은? 가치는? 등을 중심으로 묻고 해석해 내다가 거기서 다툼과 대립이 발생하곤 합니다. 그러나 이런 것들을 깨 버리고 나면, 그래서 모든 사유가 이기적인 주체중심의 해석과 의미부여로부터 벗어난다면, 평화라는 단어조차 불필요해지는, 그런 의미의 참다운 평화가 가능해질 것이라고 봅니다.

그리고 바로 여기에서 한번쯤 우리가 가지고 있는 모든 것을 허무는 태도나 입장에 대해 생각해 보아야 합니다. 자신을 비우면 그 안에서는 종교 간의 관용도 사실상 필요 없습니다. 왜냐하면 관용은 오히려 무엇인가 이해하고 용서한다고 하는, 여전히 '주체가 무엇인가를 기꺼이 해준다'는 주체 중심주의가 들어가 있기 때문입니다. 예를 들어 불교의 '무아'란 모든 '업'을 짊어지는 '자아'를 이야기하면서도, 그 자아조차 사라지는 차원을 의미합니다. 여기서 각 종교들은 배워야 할 것이 있습니다. 즉, 자기로부터 시작하지만 결국 내가 없어지는 경험들을 해야 한다는 말입니다. 종교가 평화를 가져다 줄 수 있는 부분은 바로 여기입니다.

예수는 인간이 주체 중심으로 평가하는 관점에 포착되지 않는 삶을 살았습니다. 복음서 기자들은 끊임없이 자기중심의 관점으로 예수를 해석하고 있지만, 역사적 예수 연구가 실패로 끝난 이유는 예수가 그런 인간의 자기중심적 관점에 제한되지 않는 삶을 살았기 때문입니다. 그는 어떠한 목적이나 '왜'라는 물음을 묻지 않고 묵묵히 살아 갔고, 십자가를 졌으며, 그렇게 자신을 내어주었습니다. 자기로부터 출발했지만, 결국 자기를 비워서 남김 없이 만드는 과정이 종교라 할 수 있습니다. 그렇다면 이러한 길을 제대로 살아가야 하는 종교인들에게 굳이 평화라는 말은 필요 없는 것은 아닌가 생각해봅니다.

이찬수 현실 종교에는 난제도 많지만, 종교라는 것을 배경으로 평화에 대해 상상하다 보면, 깊은 인간의 정신세계를 반영해 내고, 사회의 모순도 폭로하고 바로잡으면서, 폭력을 줄일 수 있으면 좋겠다는 상상으로 이어집니다. '레페스포럼'이 이러한 작업에 기여할 수 있다면 좋겠습니다.

개인적 평화보다 집단적 평화가 어려운 이유

이관표 좀 더 적극적으로 말한다면, 자기를 비우는 길은 곧 세상의 기준으로 보면 패배하는 길입니다. 예를 들어 석가모니께서도 세속인들이 주는 썩은 고기를, 어쩌면 병들 것을 알면서도 받아들여 먹고는 결국 죽었습니다. 그는 세상에서 보았을 때는 패배한 것이지만, 그렇게 패배함으로써 또한 자신의 드넓은 가르침을 실현한 것이 아닌가 생각됩니다. 평화라는 것도 우리가 상식이라고 생각하는 그런 것들을, 하지만 그 이면은 인간들의 욕심으로 점철된 그런 법칙들을 깨는 작업이 있어야 가능합니다. 사생활에 문제는 있었지만, 미국 기독교윤리학자 존 하워드 요더가 저항하지 말고 패배함으로써 예수의 삶을 따르자고 이야기했던 것도 바로 이런 맥락이라 말할 수 있습니다.

김상덕 메노나이트 평화학에서는 이와 관련된 눈부신 업적을 갖고 있습니다. 인간 세상에서는 실패하지만, 먼 미래의 관점에서 볼 때는 승리를 향해 가는 길입니다. 그러므로 갈등 현장에 적극적으로 나설 수 있는 것입니다. 갈등 현장에 있는 이들과 평화 활동가가 만나 인간적인 관계를 맺어야 평화를 위한 협력에 나설 수 있습니다. 진짜라는 신뢰를 상호간에 줄 수 있어야 합니다. 그렇게 하다 보면 언젠가는 터닝 포인트를 만나 평화를 만드는 일에 기여하게 됩니다.

이찬수 그렇습니다. 그런데 이때 개인의 평화운동과 집단의 평화운동을 구분해서 생각할 필요가 있습니다. 구조화된 폭력적 상황에서 개인이 비폭력적 저항을 하는 것은 차라리 가능하고 쉽습니다. 어떤 개인이 폭력에 저항하기 위해 작은 폭력을 일종의 수단 차원에서 적절히 허용하고, 상업적 논리나 개인적 욕망도 적절히 이용하면서 평화를 만들어 가는 것도 방법론적으로는 가능할 것 같습니다. 개인 차원에서라면 철저한 비폭력적 저항을 하는 것도 가능할 것 같습니다. 개인은 자신의 소신에 대한 책임만 지면 되니까요.

그런데 여러 사람이 함께 비폭력적 저항을 하기는 대단히 어렵습니다. 개인은 쉬운데 사람들과 엮어서 하는 작업은 어렵습니다. 개인 개인의 평화관을 적절히 조화시키기 어렵기 때문입니다. 제가 '평화'는 단수가 아니라 서로 관점이 달라 사실상 '평화들'이라는 복수형으로 나타난다는 내용의 책(『평화와 평화들』)을 쓰기도 했는데요, 당연히 여럿이 함께 뜻을 맞추려면 대화와 소통이 지속되어야 하겠지요. 집단이나 국가 차원에서는 상호 협정이나 조약을 맺어 공통의 지향점을 찾아가기도 합니다. 그 근간에 대화와 소통이 있습니다. 이 과정이 평화조성(paece-making)의 과정입니다. 물론 이것도 당연히 중요합니다. 하지만 모든 과정을 여럿 전체가 가능한 한 비폭력적으로 진행해야 하는데 이것이 여간 어려운 일이 아닙니다.

평화'학(學)'인가 평화'도(道)'인가

홍정호 평화학이라는 이름으로 전체를 조망하려는 시도야말로 평화학에 어울리지 않는 태도라고 봅니다. 사실 평화학이라는 낱말도 좀 낯섭니다. '평화'와 '학' 사이에는 건널 수 없는 강이 있는 게 아닌가 싶습니다. 평화에 관한 논의가 어떻게 근대적 의미의 '학'이라는 체계 안에 담길 수 있는 것인지요? 서양 근대에서의 '학'이란 결국 '과학' 혹은 '과학적 사고'를 기반으로 한 사유의 체계화일 텐데요, 평화에 관한 자유로운 사고와 대화를 체계적으로 정립할 수 있다는 생각부터가 반(反)평화적 태도가 아닌지, 근본적인 질문을 해 볼 필요가 있습니다. 평화학은 소통을 위해 불가피하게 '학'이라는 틀을 사용하지만, 인문학적으로, 어떤 의미에서는 탈근대적 맥락에서 '학'의 의미를 재해석하려는 시도와 동시에 전개되어야 한다고 봅니다. '평화'가 '학'이라니, 대화의 중요성이라는 주제로 자기 혼자 한 시간을 떠드는 것처럼 우스운 일이 될 수 있다고 봅니다.

평화는 차라리 '학'이 아니라 '도'와 어울린다는 생각도 듭니다. 『노자』를 읽다가 '위학일익 위도일손(爲學日益 爲道日損)'이라는 구절을 새겨 두었습니다. '학'이 날로 더하는 것이라면 '도'는 날로 덜어내는 것입니다. 둘이 맞물려 있는 것이겠지만, 굳이 하나를 선택해서 집중하라고 한다면, 평화는 더하는 '학'보다는 덜어내는 '도'의 실천에 더 어울리는 일이 아닌가 싶습니다. 평화학 자체도 '도'를 붙잡고 가는 게 되어야 한다고 생각하지만, 이 포럼에서처럼 '종교평화학'이라고 명명할 때에는 더욱 그러해야 한다고 봅니다. 누구나 동의할 수 있는 평화 혹은 평화학이란 이미 평화와는 거리가 먼 것이라고 보아야 하지 않을까요?

전철후 공감합니다. 저도 원불교 교무이자 종교인으로 살아가면서 참된 '도(道)'에 대한 고민을 많이 합니다. 원불교에서는 누구나 어느 장소에서든지 선심(禪心)을 통해서 도를 닦아 나가는 무시선

(無時禪)을 강조합니다. 따라서 도(道)라는 것이 추상적이고 멀리 있는 것이 아니라, 일상에서 '정의는 취하고, 불의는 제거하라'는 말처럼 일상적 행위의 영역이라고 강령처럼 말하고 있습니다. 실천적 종교인의 자세와 정신을 강조하는 것입니다.

다른 한편으로 소태산 대종사는 '시대를 따라 학업에 종사하여 학문을 준비하라'면서 지식과 학문의 배움을 통해서도 시대를 이끌어가는 지도자로 살아가야 한다고 강조했습니다. 원불교의 병행과 병진의 특징일 수도 있지만, 배움과 실천의 병행이 지금 시대에 요구되는 종교인의 모습이 아닌가 합니다. 깊은 영성의 도심(道心)에 바탕한 학문이라야 정신문명을 이끌어 나갈 수 있고 평화를 이야기할 수 있을 것 같습니다.

이찬수 사실 '평화학'이라지만, 영어로는 'Peace Studies(평화연구)'라고 씁니다. 영어 식으로 아직은 '~logy'라는 말을 붙일 정도는 못 된다는 것이지요. 물론 'Peaceology'라는 말을 쓰는 사람도 있기는 하지만 아직은 성급합니다. 평화 연구가 아직은 하나의 체계적인 학문의 영역에까지 도달하지는 못했다고 할 수 있습니다. 게다가 이러한 평화학 혹은 평화연구의 성립에 종교 분야에서의 연구 전통은 중요하지만 그 역할은 제한적입니다. 종교가 유의미하게 공헌할 수 있는 지점이 있다면, 그것은 홍박사님 말씀대로 '위도일

손(爲道日損)'을 말하고 있다는 사실일 겁니다. 그것이 어려운 길인 것은 분명하지만요.

김상덕 근대 이전까지는 종교가 진리 체계의 최상위에 있었고, 종교가 진리나 질서 체계를 독점하고 있다고 생각하다가 이에 대한 회의가 대두하면서 갈등의 주체가 되어 왔습니다. 근대로 넘어가면서 갈등의 주체인 종교는 빠지고 좀 더 객관적이라고 하는 사회과학적인 학문이 점점 우위를 점유해 왔습니다. 그러면서도 종교가 여전히 현실 속에서 중요하고 그 안에 무언가를 움직이는 힘이 있다는 의식을 버리지 못합니다. '평화학'이라 했을 때 요한 갈퉁 이전에는 분석적인 평화학의 경향성이 짙었습니다. 그것이 '갈등 해결학'입니다. 갈퉁 이후의 제2의 평화학은 라운드 테이블입니다. 그래서 평화학에서 종교도 이제 대화 토론의 참여자가 되었습니다. 평화를 목적으로 하는 테이블 위에서 종교는 한 토론자일 뿐입니다. 다른 학문의 상대적인 개념입니다. 그래서 종교의 위치가 많이 달라지지 않았나 생각이 듭니다.

평화 '학'도 나쁘지만은 않다

이관표 어떤 보편적인 일반화는 어쩔 수 없는 것 같습니다. 인간은 어쩔 수 없이 보편화와 개별화라는 모순의 공존을 자신의 삶 안에 담고 있기 때문입니다. 다시 말해, 우리는 이 두 가지 중 어떤 것도 배제할 수 없으며, 그래서 어떤 때는 모으고 일반화하려는 본능을 따르다가, 또 그 시절이 지나면 해체하고 버리려고 하는 태도가 끊임없이 반복되는 것 같습니다. 어떤 '학'이라고 하는, 보편적이고 일반화시키려는 의도가 죄는 아니지만, 그것이 절대화될 때 죄로 변할 수 있으며, 이것을 견제할 수 있는 장치는 일반화가 언제든지 깨질 수 있고 이것이 전부가 아니라는 통찰, 즉 자기 주제 파악입니다. 그리고 바로 이러한 인간의 이중적 모습을 잊지 않는다면 사실 '학'이라고 하는 것도 그리 나쁘지만은 않을 것 같습니다. 대신 그 '학'이 폭력이 되지 않으려면 인간의 주제 파악, 자신의 유한성에 대한 주제 파악이 늘 선행되어야 합니다. 우리는 보편적인 어떤 것을 향해 가지만 이와 동시에 늘 개별화되어 살아갈 수밖에 없는 존재이기 때문입니다.

오현석　어떤 대화이든 당사자가 대화의 테이블에 나왔다는 것은 대화의 의지가 있다는 뜻입니다. 이 정도 되면 대화의 내용이나 진행이 어떤 식으로 흘러가든 절반 이상은, 아니 거의 성공한 것이라고 봅니다. 문제는 종교든 평화든 당사자들이 대화의 테이블에 나올 생각이 전혀 없다는 데 있습니다. 대화의 테이블에 나오게 하려면 인내심을 가지고 교육해야 하고 더불어 교육의 내용을 확산시키는 일이 필요합니다. 결코 쉽지 않은 일입니다. 그런데 과연 그것이 가능할지, 요즘에는 자꾸 회의적인 생각이 듭니다.

작년 가을에 중국 북경대학에 서울대 미학과에서 강의하시던 오병남 선생님이 오신 적이 있습니다. '인문학의 위상'에 관한 강의 중에 그분이 하신 말씀이 기억납니다. "한동안 대학에서 인성교육 프로그램을 강화한다고 난리였는데, 한두 학기 인성교육해서 인간이 되면 그 자(者)는 인간이 아니다"라는 말씀을 하셨습니다. 평화교육도 비슷하리라 생각합니다. 인성교육이든 종교교육이든 평화교육이든 그 핵심은 '역지사지'의 훈련을 하는 일입니다. 이것이 과연 단기간의 교육으로 가능하겠습니까.

인생의 전 기간을 통과하며 체험으로 얻어지는 고갱이가 바로 역지사지의 마음입니다. 물론 쉼 없는 수련이 있다면 그 기간은 훨씬 줄어들겠지만 그래도 쉬운 일이 아닙니다. 결국, 가정과 학교에서 어린 시절부터 성인이 된 이후까지, 이것은 그야말로 우리 사회 전체가 평생교육 프로그램으로 진행해야 할 일입니다. '한 사람이 꾸면 꿈이지만 모든 사람이 꾸면 현실이 된다'는 말이 있습니다. 홍정호 박사님도 실패를 통해 나아간다는 얘기를 하셨습니다. 하지만 어쩔 수 없이 실패를 통해 나아가는 것의 어려움 혹은 두려움 같은 것 때문에 늘 고민하게 됩니다.

"(테러의) 상당 부분은 국가가 '성공한 근대 국가'가 되지 못하고 '봉건적 국가'로 남아 있거나 '실패한 국가'가 되어 국민들을 제대로 지켜주지 못하기 때문이다."

국가도 대화의 파트너이다

조규훈 오늘 토론에서 국가와 종교 간의 관계라는 맥락이 우리에게 긴급한 주제로 나타나고 있는 것 같습니다. 지금 종교의 대안적 청사진이 요구된다는 것은, 근대 시기에 주요한 사회적 주체로 나타났던 '민족'이나 '국가'라는 단위의 효용성이 한계를 드러내는 상황과 관련됩니다. 이러한 역사적 변환은 종교의 대안적 가치를 새롭게 부각시킨다고 할 수 있습니다. 특히 오늘 다룬 여러 내용을 개인의 차원을 넘어서 어떻게 사회적 혹은 국가적 차원으로 확대할 수 있는지가 저한테 중요하게 다가옵니다.

이른바 '국제관계'란 '상호 경쟁하는 국가들'을 기본적인 틀로 삼습니다. 오늘의 대화가 중요해지는 이유는 그런 체제에 기반한 사회적 삶의 방식이 지구 환경 전반의 지속 가능성을 침식시키고 있으며, 결과적으로 인류가 공멸하는 길로 내몰리고 있다는 인식을 총체적으로 드러내기 때문입니다. 그렇기 때문에 오히려 국가는 척결의 대상이기보다는 '라운드 테이블의 주요 파트너'로서 그 가치가 여전히 계속된다고 할 수 있습니다. 지금 나타나는 중동 지역의 분쟁이나 IS 등 종교와 관련된 테러가 발생하는 배경에는 국가가 제대로 성립되지 않은 문제가 있습니다.

즉, 지역 분쟁이나 테러 현상의 상당 부분은 관련 국가가 '성공한 근대 국가'가 되지 못하고 '봉건적 국가'로 남아 있거나 '실패한 국가'가 되어 국민들을 제대로 지켜주지 못하기 때문에 나타나는 것입니다. 결국 근대 국가는 그 한계성을 노정하면서 가능성도 계속되는 중이라고 할 수 있습니다. 따라서 국가 그리고 국가 간의 관계가 지속가능성을 침식시키지 않고 오히려 이를 증진시킬 수 있게 하는 아이디어를 종교 측에서 제공할 수 있어야 합니다.

예컨대 근대 국가가 기반해 있는 '주권' 개념의 재구성에 종교들이 기여할 수 있습니다. '진아'나 '무아' 같은 불교의 '자아(self)' 개념을 사회적 또는 국가적 차원으로 끌어올려 '주권' 개념에 대한 재구성을 시도할 수 있습니다. 국가의 폭력성을 정당화하는 '절대 주권'의 틀을 넘어 '타협하고 조정할 수 있는 주권', '양보할 수 있는 주권'이란 개념의 확산을 통해 국가의 선기능은 살리면서 지속가능성의 문제를 해결할 수 있는 실마리를 종교들이 내놓을 수 있습니다. 레페스포럼의 중요성은 이렇게 종교가 제공하는 개념들의 개인적 차원과 사회적 차원을 오가면서, '사회적 평화를 깨뜨리는 악'과 대안과 관련된 담론을 이끌어 내는 것에 있다고 봅니다.

이찬수 오늘도 종교와 평화와 관련하여 일관된 논의가 잘 진행되었던 것 같습니다. 제도화한 종교가 역기능을 많이 하고 있고 국가주의나 자본주의에 종속되기도 하지만, 그럼에도 불구하고 심층을 잃지 않고 국가와 사회의 폭력성을 교정하는 역할을 하기도 하며, 여전히 대안적 메시지를 전할 수 있는 가능성이 있다고 생각하시는 것으로 보였습니다. 정말 그랬으면 좋겠습니다. 오늘 토론에 진지하게 참여해 주셔서 감사드립니다.

06

IS를 보며 이슬람의 평화를 상상하다

어떤 집단이 폭력의 근원이 되는 이유 중 하나는 조직 자체를 그 집단의 목적과 동일시하는 데 있다. 조직은 사람을 위한 수단인데, 조직이 그 자체로 목적이 되면 조직의 양적 확대에 골몰하게 된다. 여기에는 조직이 그 자체로 옳다는 전제가 깔려있다. 타자를 무시하면서 자기중심적 행동을 하게 되는 것이다. 종교도 그럴 위험성이 상존한다. 이른바 IS를 사례로 종교가 폭력이 아닌 평화에 공헌할 수 있는 가능성에 대해 생각해본다.

IS와 '칼의 종교' 이슬람

박현도

IS는 종교 현상이자, 정치 현상이다. IS가 무슬림(이슬람교 신자) 조직인지 아닌지는 무슬림들이 판단해야 할 일이다. 이슬람교 전통에 속하지 않는 필자가 IS가 이슬람 조직인지 아닌지, IS 조직원들이 무슬림인지 아닌지 섣불리 말할 수 없다. 이를 전제로 이야기를 풀어나가겠다.

현대 중동과 서구

IS를 제대로 알려면 중동 지역의 정치 상황을 먼저 이해해야 한다. 오늘날 우리가 중동 지역 국가라고 부르는 나라는 거의 예외 없이 유럽 식민 지배의 산물이다. 20세기 초 중동의 지도는 오늘날과 같지 않았다. 당시 중동은 오스만 튀르크 제국이 지배하였는데, 20세기 초부터 서구 열강이 조금씩 비집고 들어와 차지하기 시작하였다. 제1차 세계대전에서 승리한 영국과 프랑스는 오스만 튀르크가 다스리던 아랍 지역을 장악하여 마치 도화지에 선을 그리듯 금을 그어 국경선을 만들고 자국의 이익을 대변할 나라를 세웠다. 시리아, 레바논, 요르단, 이라크 등 오늘날 우리가 중동 국가라고 부르는 나라가 이렇게 시작되었다.

　제1차 세계대전이 한창이던 1916년 5월에 영국과 프랑스는 오스만튀르크가 지배하던 아라비아를 어떻게 나누어 가질 것인가 논의하면서 사이크스-피코협정[Sykes-Picot Agreement, 공식명칭은 소아시아협정(Asia Minor Agreement)]을 맺었다. 양국의 영향력을 직간접적으로 행사할 수 있도록 구역을 설정한 것인데, 결국 이 큰 틀 안에서 1차 세계대전 종전 후 위임통치(Mandate) 국가가 시작되었다. 영국은 1915년 7월부터 1916년 3월까지 메카의 존장(尊長) 후세인과 10통의 서한을 주고받으면서 독립아랍국 수립을, 유다인들에게는 1917년 11월 밸포어(Balfour) 선언에서 팔레스타인에 유다국가 건설을 각각 약속하였다. 아랍인들은 영국이 약속한 독립아랍국이 팔레스타인을 포함한다고 믿었고, 유다인들은 영국이 팔레스타인에 유다국가를 세워준다는 말을 믿었지만, 이들 몰래 영국은 프랑스, 러시아와 함께 팔레스타인을 국제공동관리 구역으로 두자고 약속한 상태였다. 결국 이스라엘-팔레스타인 분쟁의 발단은 영국이 제공했고, 영국에 이어 미국이 일방적인 친이스라엘 정책으로 이 기조를 유지했다.

영국과 프랑스의 중동 지역 분할과 관련하여 특별히 관심을 가지고 보아야 할 것은 시리아와 이라크를 나눈 국경선이다. 오늘날 국경선은 1920년 프랑스-영국 국경협정, 1923년 폴레-뉴콤브협정(The Paulet-Newcombe Agreement)을 거쳐 1932년 국제연맹에서 결정한 것이지만, 그 근본 틀은 1916년 사이크스-피코협정이다. 21세기 들어 이라크에서 시작하여 시리아까지 확장한 IS는 협정 100년이 되는 2016년 두 국가를 나눈 기존 국경을 마음껏 넘나들면서 사이크스-피코협정을 인정하지 않는다고 선언한다. 열혈 민족주의자들이 한반도 남북을 가르는 휴전선을 결코 인정할 수 없다고 하면서 계속 왔다 갔다 하는 모습을 한번 상상해 보라. 서구 식민지배 역사와 잔재를 싫어하는 아랍인들에게 이러한 IS의 행위는 상당히 매력적으로 보였을 것이다. 이처럼 영국과 프랑스의 식민지배 역사를 알지 못하면 현대 중동은 이해하기 어렵다.

유일신(唯一神)과 성전(聖戰)

IS는 요르단 출신 앗자르까위(Abu Mus'ab al-Zarqawi, 1966-2006)가 만들었다. 인구 약 80만의 중소도시 자르까에서 나고 자란 앗자르까위는 종교와는 거리를 두고 부랑아처럼 지내다가 마약과 성범죄에 연루되어 1984년 생애 처음 수감생활을 하면서 이슬람 극단주의에 경도되기 시작하였다. 출소 후 모스크에서 아프가니스탄 전쟁에 대한 이야기를 듣고 이교도 침략자 소련군에 대항하는 전사가 되기 위해 1989년 아프가니스탄 전장으로 떠났다. 37가지 범죄 경력이 있던 앗자르까위는 아프가니스탄에서 극단주의 대부 마끄디시(Abu Muhammad al-Maqdisi, 1959-)를 만나 큰 영향을 받았고, 1993년 요르단으로 돌아오기 3개월 전에 근본주의적 가르침을 전하는 설교사들을 따라 이슬람적 삶을 따르는 사람으로 완전히 탈바꿈하였다. 요르단에서 앗자르까위는 마끄디시와 함께 지하 극단주의 조직 결성과 불법 무기 소지죄로 체포되어 1994년 15년형을 받았다가 1999년 사면되어 풀려났다. 자유의 몸이 된 앗자르까위는 파키스탄을 거쳐 다시 아프가니스탄으로 들어갔고, 헤라트에 이슬람 전사 조직인 '유일신(唯一神)과 성전(聖戰)'을 운영하였다. 이때 오사마 빈 라덴을 만났는데, 오사마 빈 라덴은 앗자르까위를 탐탁지 않게 여겼다. 사실 둘은 서로 상당히 달랐다. 오사마 빈 라덴은 대학교육을 받았고, 테러 가담 이전에 범죄를 저지른 적이 없었지만, 앗자르까위는 고등학교를 중퇴한 데다 범죄 경력이 있던 부랑아였을 뿐 아니라, 오사마 빈 라덴이 보기에 지나치게 극단적인 성향이었다. 앗자르까위는 오사마 빈 라덴의 알카에다에 충성을 맹세하지 않은 채 독자적인 전사 조직을 운영하면서, 때로는 오사마 빈 라덴을 비난하고, 또 때로는 함께 미국과 싸웠다. 시아를 혐오하는 앗자르까위를 못마땅하게 여겼지만, 오사마 빈 라덴은 알카에다의 장악력을 넓히기 위해 앗자르까위의 조직에 투자하는 것을 멈추지 않았다. 2004년에서야 비로소 앗자르까위는 오사마 빈 라덴에 충성을 맹세하고 알카에다 조직 일원이 되었고, 2006년 미국 공습으로 사망하였다.

이라크

2003년 미국이 이라크를 침공하였다. 이때부터 앗자르까위는 활동무대를 이라크와 주변으로 삼았다. 이라크는 친미 지도자 사담 후세인이 지배하던 독재국가였다. 이라크는 영국이 만든 나라다. 이라크 사람들은 언어적으로 보면 아랍어를 쓰는 사람들과 쿠르드어를 쓰는 사람 두 그룹으로 나뉘고, 아랍어를 쓰는 사람은 다시 소수 순니파와 다수 시아파로 나뉜다. 이라크 지역을 점령한 영국은 공존이 불가능한 아랍 순니, 아랍 시아, 쿠르드를 합쳐 이라크라는 나라를 세웠다. 분리할 생각을 가지고 있던 쿠르드 지역은 석유가 나오자 이라크로 붙여 버렸다.

공존하기 어려운 사람들을 하나로 통합하려면 두 가지 방법이 있다. 첫째는 아주 훌륭한 카리스마를 지닌 지도자가 나타나서 국민대통합을 이루는 것이다. 두 번째는 반대파를 철저히 제거하는 독재 정치이다. 사담 후세인은 후자를 택했다. 2003년에 미국은 그러한 사담 후세인을 제거하였고, 그 결과 오랫동안 박해를 받았던 다수 시아파가 정권을 잡았다. 새로운 이라크에서는 사담 후세인의 잔당을 어떻게 처리하느냐가 중요한 관건이었다. 혼란이나 분쟁을 피하려면 어쩔 수 없이 독재자 사담 후세인에게 가담할 수밖에 없었던 군경은 고려했어야 했는데, 가차 없이 모두 해임하였다. 실업자가 되면서 생계가 어려워지자 잘 훈련된 군경이 이라크에 똬리를 튼 IS 전신 조직에 들어가 불만을 토하기 시작하였다. IS가 전투력이 좋은 이유다.

2011년 시리아에서 내전이 일어나자 시리아 정권을 싫어하는 미국은 반정부군을 지원하였다. 그런데 이들에게 지급한 무기가 반정부군을 가장한 극단주의자들에게도 흘러들어갔다. IS는 혼란을 틈 타 시리아에서도 근거지를 구축하였다. 그리고 2014년 6월 29일에 이라크와 시리아를 하나의 단위로 지배하는 IS 국가 건설을 공포하였다.

IS라는 이름

IS로 정착할 때까지 IS 전신 조직명은 상당히 복잡하다. 이들 이름을 정리해 보자. 앗자르까위가 1999년에 만든 '유일신과 성전'은 2004년 6월 우리 국민 김선일 씨를 참수한 조직이다. 10월에 이름을 '알카에다 이라크 지부'로 바꾸었다. 2006년에는 '이라크 이슬람국가(Islamic State of Iraq, ISI)'가 되었고, 시리아 내전을 틈타 2013년에 시리아에 진출하면서 '이라크와 샴 이슬람국가(Islamic State of Iraq and al-Sham, ISIS)'라고 하였다. 샴(al-Sham)은 시리아 지역을 가리키는 아랍어다. 샴을 영어식으로 부르면 레반트(Levant)다. 그래서 '이라크와 레반트 이슬람국가(Islamic State of Iraq and Levant, ISIL)'라고도 한다. ISIS 또는 ISIL로 부르다가 2014년 6월 29일에 '이라크와 샴(Iraq and al-Sham)' 또는 '이라크와 레반트(Iraq and Levant)'를 떼어내고 '이슬람국가(Islamic State, IS)'가 되었다. 하지만 아랍권에서는 이 조직이 이슬람과 무관하고, 구성원들도 무슬림이라고 할 수 없기 때문에 'IS(이슬람국가)'라고 부르지 않는다. IS의 아랍어 명칭에서 앞 글자만 따서 '다이시(DAISH)' 또는 '다에시(DAESH)'라고 한다. 뜻은 같지만, 영어 약자보다는 직접적으로 이슬람을 연상시키지 않는다.

IS의 목표

알카에다와 IS는 궁극적으로 이슬람국가 건설을 목표로 한다. 그런데 방법이 다르다. 알카에다는 중동 지역을 좌지우지하는 서방 국가를 먼저 치는 작전을 구사하였지만, IS는 무슬림이라고는 하지만 자신들이 보기에 이슬람을 제대로 따르지 않는 중동의 정권을 먼저 무너뜨리고 서방을 제압하는 방식을 선호한다. 알카에다와 달리 멀리 있는 적이 아니라 가까이에 있는 적을 먼저 친다. 뱀의 머리가 아니라 몸통을 먼저 친다. IS는 자신들에게 대항하는 모든 국가들을 십자군으로 바꿔 부른다. 또 종교적인 표현을 적극적으로 사용한다. IS가 발행하는 선전지를 보면 이슬람의 역사와 교리를 잘 알지 못하는 사람들은 이해하기 어려운 용어가 적잖다. 이슬람사와 밀접하게 관련된 역사성 깊은 말을 즐겨 쓴다.

전사를 모집하는 과정에서는 종교를 앞세우면서도 돈과 여자를 미끼로 삼아 정치경제적으로 답답한 현실에서 벗어나고 싶은 젊은이들을 현혹한다. 컴퓨터 게임에서 사람을 죽이면 죄의식을 잘 못 느끼니까, 게임으로 훈련시키고, 직접 죽여보라고 유혹하기도 한다. 또 영상 전문가들을 끌어들여 언론 조작을 시도한다. 이들이 만드는 선전 잡지와 동영상은 화질이나 제작수준이 높다. 인질 참수 장면을 영화 찍듯이 촬영하면서 효과를 극대화한다. 참수당하는 사람의 모국어로 동영상을 제작하여 시청자의 공포감을 극대화하는 수법을 사용하기도 한다. 현대적인 선전·선동 전술을 활용하는 IS에 중동 내외 국가에서 온 동조자들뿐 아니라 서양에서 무슬림으로 태어났지만 차별을 받는다고 생각하는 이민 2, 3세들까지 합류하였다.

IS 극단주의의 특징을 다섯 가지로 정리하면 다음과 같다.

첫째, 폭력을 합리화하고 찬란한 과거 이슬람 세계로 회귀하고

자 한다. 이들은 이슬람을 '평화의 종교'가 아니라 '칼의 종교'라고 규정한다. 종교의 기본은 경전과 경전을 지탱하는 칼이라고 하면서 폭력을 정당화한다. 이슬람을 평화라고 하는 자는 모두 멍청이라고 비난한다. 폭력을 써서 과거로 돌아가고자 하는데, 이들에게는 이슬람이 발흥한 7세기가 가장 순수하고 이상적인 시기다. 중세 때까지만 해도 서구보다 앞선 이슬람 세계가 지금 낙후한 것은 이슬람을 제대로 믿지 않았기 때문이니 과거 이상적인 세계로 돌아가 영광을 재현하려고 한다.

둘째, 문자주의를 따른다. 말씀의 문맥을 완전히 무시한다. 꾸르안에는 잔인한 표현들이 많다. 그러나 그리스도교의 구약성서보다는 훨씬 적다. 그런데 구약성서와 달리 꾸르안은 상황을 파악할 수 있는 문맥 없이 말만 모아 놓았다. 따라서 경전의 내용을 정확히 이해하지 못하고 문자 그대로 해석하면 상당히 곤란하다. 그런데 IS 소속원들은 문맥을 무시하고 꾸르안을 읽고 자기 마음대로 해석한다. 심지어는 꾸르안 구절을 제대로 모르는 경우도 있다. 그래서 IS 소속원들이 무슬림이 아니라는 이야기가 나온다.

셋째, 이슬람법을 자신들 마음대로 적용한다. 이슬람법은 일상의 생활양식을 법으로 규정하고 있고, 법을 적용할 때에는 고도의 치밀한 해석 작업이 필요하지만, IS는 이러한 과정을 철저히 무시한다.

넷째, 신앙 검증(타크피르)을 한다고 하면서 자신들과 생각이 다르면 무조건 죽인다. 오사마 빈 라덴이 앗자르까위를 싫어했던 이유 중 하나도 앗자르까위가 신앙 검증을 신봉하였기 때문이다. IS는 시아파를 신앙을 거부하는 자들이라고 부르면서 무슬림으로 인정하지 않는다. 순니파라고 할지라도 IS를 따르지 않으면 무슬림으로 보지 않는다. 또 서구에 동조하고 서구문화에 물든 자는 모두 불신자이기에 죽여야 한다고 말한다. IS는 자신들이 지금 십자군 전쟁을 수행하면서 그리스도교의 십자가를 무너뜨리는 일을 하고 있다고 생각한다.

다섯째, 반서구, 반세속주의를 주창하고 종말론적 예언을 따른다. 예언자 전승에는 다비끄에서 십자군과 최후의 종말 전쟁을 한다는 말이 있는데, IS는 이를 신봉하여 자신들이 현재 서구 세력과 종말전쟁을 하고 있다고 믿고, 선전 잡지명을 '다비끄'로 지었다. 다비끄는 시리아에 있는 작은 마을로, IS가 지배하고 있는 지역이다.

반성

IS의 만행을 보면서 우리는 무엇보다도 잘못된 종교적 신념이 자리 잡지 못하도록 끊임없이 믿음과 생각을 돌이켜보아야 한다. 종교가 평화를 멀리하고 다툼과 죽음을 조장한다는 것은 도대체 말이 되지 않는다. 종교의 이름으로 여성의 성을 착취하고, 살인을 하는 비참한 현실 앞에서 남성 중심의 비뚤어진 성 인식과 살인을 컴퓨터 게임으로 즐길 수 있는 생명 경시의 현실을 반성하지 않을 수 없다.

무슬림 사회 내부 반성과 재교육도 필요하다. 이슬람은 평화의 종교라고 반복해서 말해서는 안 될 일이다. 무슬림 사회 자체 내에서 깊은 성찰과 반성이 이루어져야 한다. 폭력이 무슬림 사회 내부의 문제라고 애써 생각하지 않고 이슬람은 평화의 종교라는 담론으로 마무리해서는 안 된다.

국제 사회 역시 국익을 버리고 공공선의 평화를 추구할 수 있는지도 반성해야 한다. 우리나라도 시리아 난민을 위해 인도적 지원을 하고 있다. 무엇보다도 시리아에서 벌어지고 있는 국제전이 빨리 마무리되길 바란다. 정부군과 반정부군의 대립뿐 아니라 시리아 정권을 무너뜨리려는 국가와 지키려는 국가, 극단주의 IS가 엉켜 2011년에 시작된 시리아 내전은 국제전이 되었다. 표현하기 어렵도록 고통 받는 시리아 국민들이 평화롭게 살 수 있는 날이 빨리 오길 바란다.

덧붙이는 말

시리아 내전은 여전히 진행 중이지만, 이라크와 시리아에서 기세가 등등했던 IS는 정부군, 반정부군, 미군, 러시아군, 이란군 등 다국적 반대 세력의 협공으로 지배하던 지역을 거의 다 상실했다. 초대 지도자(칼리파)로 등극했던 알바그다디(Abu Bakr al-Baghdadi)는 2019년 10월 27일 은닉처인 시리아 북서부 이들립에서 미군 특수부대의 추격을 받고 사지에 몰려 아이 둘과 함께 입고 있던 폭탄조끼를 터뜨려 자살하였다. IS는 10월 31일 알꾸라이시(Abu Ibrahim al-Hashimi al-Qurayshi)를 새로운 지도자로 선언하고 복수를 다짐하였지만, 5백만 달러의 현상금이 걸린 알꾸라이시 역시 현재 모처에 숨어 있다. 이슬람의 이름으로 무고한 무슬림들과 비무슬림들을 무차별 학살한 IS는 예전과 달리 기세가 현저히 꺾였지만, 아직 안심할 일은 아니다. 왜냐하면 자신들의 신앙이야말로 진정한 이슬람이라고 믿는 위험한 극단주의자들이 존재하는 한 IS와 같은 조직은 언제 어디서나 등장할 수 있기 때문이다. 코로나19 바이러스처럼 전혀 생각지도 못한 곳에서 출몰하여 테러를 할 가능성을 배제할 수 없다. 실제로 현재 코로나19 바이러스가 몰고 온 혼란을 틈 타 IS가 은닉처에서 다시 기지개를 펴며 이라크와 시리아 지역 공격을 시작하고 있다. "평화의 종교 이슬람"을 따르는 사람들을 멍청하다고 보는 IS류 칼잡이 무슬림이 설 곳 없는 세상이 하루라도 빨리 올 수 있도록 평화를 존중하고 사랑하는 무슬림 친구들과 함께하는 노력이 절실한 때다.

영·프·러·미는 왜 중동에 개입하게 되었나

이찬수 평화 문제를 세계사적 차원에서 상상할 때 가장 먼저 떠오르는 현상이나 사건 중 하나가 IS 문제입니다. IS는 종교 현상이자 동시에 정치 현상이기도 합니다. 종교와 정치가 어떻게 폭력이 되는지, 종교와 정치가 평화에 공헌할 수 있겠는지 그 사례 및 가능성을 IS를 통해 볼 수 있습니다. IS 문제는 물론 넓은 의미에서 오늘날의 중동 분쟁은 영국과 프랑스가 이 지역을 분할하면서 본격적으로 시작되었다고 할 수 있습니다. 어떤 배경에서 영국, 프랑스 등이 중동 지역 전체를 임의로 분할할 수 있게 된 것인지, 박현도 선생님이 구체적으로 이야기해주시고 논의를 이어가면 좋겠습니다.

박현도 식민지 쟁탈 시기에 중동을 둘러싸고 영국과 프랑스, 러시아가 한통속이 되었습니다. 독일과 가까워지는 오스만 투르크를 견제하기 위해서입니다. 그러면서 서로가 원하는 영역들이 있었습니다. 러시아는 중동까지 안 가더라도 터키가 가까이 있었고, 영국은 이미 인도를 지배하고 있었기 때문에 페르시아나 아랍에 관심을 가지고 있었습니다. 북아프리카를 지배하고 있던 프랑스는 지중해 지역의 시리아, 레바논 지역을 원했습니다. 이처럼 이들 국가의 주도 아래 중동 지역에 자연스럽게 선이 그어졌습니다. 선을 그은 다음에도 서로 만족하지 않았습니다. 그런데 밀약이었기 때문에 그 선에 대해서는 당사국들 밖에 몰랐습니다. 볼셰비키 혁명이 일어나고 문서가 발견되고 밀약이 공개면서 만천하에 드러나게 되었지요.

이찬수 러시아가 시리아 정부를 지원을 하고, 미국이 시리아 반군을 지원하게 된 배경은 구체적으로 무엇인가요? 그리고 IS는 활동 자금을 어디서 어떻게 확보하는지요?

박현도 시리아 정부는 소수의 시아파가 다수인 순니파를 지배하고 있습니다. 시리아 정부는 시아파인데, 엄밀히 말해 이란의 시아파는 다소 다릅니다. 그런데 이란에서는 시리아의 시아파 정부를 넓은 의미에서 시아파로 인정합니다. 시리아는 정치적으로 친이란 국가라고 할 수 있습니다. 이란 입장에서는 시리아가 친이란 국가로 남아 있는 것이 중요합니다. 시리아를 통해서 레바논의 남부 지역에서 반이스라엘 투쟁을 벌이고 있는 시아 헤즈볼라를 지원할 수 있기 때문입니다. 이란은 이스라엘의 시온주의(Zionism)에 반대하며 이스라엘과 적대적 관계에 있지요.

그런데 러시아는 이런 시리아와 오랫동안 군사관계를 맺어 왔습니다. 시리아의 지중해 항구도시 타르투스에 해군기지를 두고 있습니다. 러시아가 지중해에서 군사 훈련을 할 때 시리아의 타르투스 항구를 쓰고 있지요. 러시아와 시리아는 군사적으로 우호적입니다. 시리아와 가까운 이란이 러시아와 한편을 이루는 것은 자연스럽습니다.

그런데 중동 국가들은 크게 반미와 친미로 나뉘어 있습니다. 당연히 러시아와 가까운 시리아는 반미 국가입니다. 다른 나라들도 미국에 대한 불만이 커지고 있습니다. 이 기회에 러시아도 반미국가 시리아를 통해 중동에 영향력을 확보하고 있습니다. 냉전시대처럼 미국과 러시아가 중동에서 대립 관계에 있습니다. 그 와중에 친미 계열의 아랍 왕정국가들이 이에 대항하여 시리아에서 충돌하고 있는 거죠. 이들은 이란을 싫어하기 때문에 어떻게든 이란과 가까운 시리아 정부를 넘어뜨리려고 하고 있습니다.

중동이 이렇게 시끄러운 이유는 지정학적인 위치 때문이기도 하고, 구체적으로는 석유 때문이기도 합니다. 특히 1차 세계 대전 이후에 석탄에서 석유로 연료체계가 바뀌면서 석유의 가치가 올라가게 되었습니다. IS도 주로 석유 판매와 문화재 밀매, 인질 몸

값으로 자금을 조달합니다. 큰 문화재들은 선전효과를 위해 과감히 파괴하지만, 작은 문화재들은 밀거래를 통해 반출했습니다. 그래도 석유 판매를 통한 자금 유입이 제일 큽니다. 밀매 석유는 터키가 가장 많이 사 가고 있습니다. IS로 인한 혼란을 즐기는 국가들도 있는 거죠.

미국의 실수 중 하나는 시리아 정부를 끌어내리기 위해 정부군에 대항하여 싸우는 반군이라면 누구에게나 무기를 준 것입니다. 그중에 현재 IS와 연관된 극단주의자들도 있었습니다. IS는 국제관계의 맹점을 잘 이용해 왔습니다. 국제사회의 반목과 질시의 관계를 잘 이용하면서 자신들에게 유리하게 활용해 온 거죠. 시리아라는 지역은 지금 크게 '정부군', '반군', 'IS', '알카에다' 이렇게 네 그룹이 싸우고 있다고 할 수 있습니다.

다른 나라가 어느 정도 개입할 수 있을까

전병술 중동의 평화를 위해 IS가 없어져야 한다는 의견에 동조한다면, IS를 없애는 방법은 무엇인가요? 현실적으로 힘 대 힘의 논리가 가장 빠르고 유용한 방법일 수 있을 것입니다. IS를 무력으로 제압할 수 있는 국가는 미국이나 러시아 같은 강대국이고, 그렇다면 미국과 러시아의 군사 개입을 통해서 IS를 없애는 것이 중동 평

화의 첫걸음이 아닐까요? 과거 중국 춘추전국 5백여 년 피의 역사
도 결국은 도덕이나 평화주의자들의 주장이 아닌, 진나라의 무력
을 통한 통일로 종지부를 찍었으니까요. 미국이나 러시아 등 강대
국들이 중동의 평화를 위해 역할을 하도록 촉구하는 것이 가장 빠
른 길이 아닌가 싶습니다.

박현도 국가 차원의 개입은 큰 부담이 따르는 일입니다. 2011년에
시리아에 문제가 발생했을 때, 미국 학자나 전문가가 하나같이 오
바마 행정부에게 직접 개입하면 안 된다고 충고하였습니다. 직접
개입하지 말고 자생적인 민주 세력을 키워 지원하라는 것이었습
니다. 장기적인 안목에서 민주 세력을 키울 필요가 있다는 조언이
었습니다. 하지만 반군에게 지원했던 무기가 오히려 극단주의자
들 손에 들어갔습니다. 그 부분을 가장 걱정했는데, 걱정한대로 되
어 버린 거죠.

　게다가 중동 국가 내부에서는 반대 목소리가 나오기 어렵습니
다. 시리아에는 야당 지도자가 없습니다. 정권이 2인자나 반대자
를 철저히 제거하기 때문입니다. 시리아는 세속국가였기에, 만일
존경받는 야당 지도자가 있었더라면 그 지도자를 앞세워 반정부
투쟁이 가능했을 텐데, 그런 지도자가 전혀 없었습니다. 정권을 비
판하는 이들은 대개 시리아 바깥 서방세계에 거주하고 있습니다.

이런 나라에서 민중 데모가 나서 내전까지 갔다는 것이 놀라울 뿐입니다. 물론 이 내전도 외부의 사주에 의한 것이라는 의견이 지배적입니다만….

원영상 정권에 반대했던 사람들이 잠복해 있다가 기회가 오니까 항쟁을 일으킨 것이겠지요?

박현도 그보다는 자생적으로 일어났다고 보는 게 적절할 것 같습니다. 아이들이 아랍어로 "우리는 정부를 뒤엎길 원한다."라는 당시 아랍의 봄 대표 구호를 재미삼아 담벼락에 쓰다가 잡혀 갔고, 이에 화가 난 부모들이 시위에 나섰습니다. 아이들을 지키려고 데모가 일어난 것입니다.

IS에게 종교란

원영상 IS에게 있어서 종교는 하나의 구실에 불과한 것이 아닌가 싶습니다. IS는 순수한 이슬람국가 건립을 목표로 내걸지만, 실제로는 자본주의 체제와 정치를 기반으로 하는 국가 수립을 목표로 삼는 게 아닐까요? 현실에서는 불가능한 상상의 공동체를 만들려는 또 다른 형태의 국가주의적 시도로 보입니다.

박현도 IS는 심각하게 자신들만의 이슬람에 몰입해서 자신들만이 바른 종교의 길을 가고 있다고 믿습니다. 그 과정에서 상상을 초월한 일들이 이루어지고 있습니다. 이들은 자본주의 체제보다는 자신들만의 이슬람식 체제의 정치경제에 입각한 국가를 만들려고 하는 거죠.

원영상 아랍권 전체가 제로섬 게임에 빠져 있는 것 같습니다. 결국은 강대국들이 가세하면서 석유 자원을 놓고 패권 싸움을 하고 있습니다. 중동의 종교 지도자들은 이런 현실에서 어떤 목소리를 내고 있는지요?

박현도 의미 있는 종교 지도자들이 과연 있을지 회의감이 듭니다. 정권과 연결되어 있고 정권의 눈치를 봐야 하기 때문에 반성의 목소리 자체가 나오기 어려운 상황입니다. 이슬람 세계 구성원들이 자유의 개념을 깊이 성찰하지 못한 채 자유를 표피적인 수준에서 이해하는 데 머물러 있다는 점이 무척 실망스럽습니다. 예를 들어, 서방 세계와 무슬림 세계 간 가장 큰 충돌은 종교의 자유에 대한 해석을 두고 벌어집니다. 가령 한국만 해도 개종이 가능하고, 개종한다고 해도 신변의 불안을 느끼지 않습니다. 종교의 자유는 개종과 선교의 자유를 포함합니다. 그런데 무슬림 사회에서는 종교의 자유에 개종의 자유가 없습니다. 무슬림들이 보편적인 세계 인권 선언에 참여하지 못하는 것도 바로 이때문입니다. 종교의 자유가 문제가 되고, 종교에 대한 비방이 모독죄가 됩니다. 이슬람 모독죄에 대해서는 물리적인 폭력과 형벌을 가합니다. 자유에 대한 깊은 성찰과 해석이 필요합니다.

중동에 시민사회는 있는가

이찬수 중동 국가들에 시민사회라고 부를 만한 부문이 형성되어 있는지요? 또한 외부 세력에 의해 국경이 나누어지기 전에도 이와 비슷한 갈등들이 있었는지요? 시민사회라는 말이 세속화한 서구 사회를 배경으로 형성된 흐름이자 언어라, 아무래도 서구사회와 같은 양상으로 나타날 수는 없겠지만요⋯.

박현도 시민단체들은 많이 있지만 이런 문제에 자기 목소리를 내는 시민단체는 찾기가 어렵습니다. 그런 시민단체가 있더라도, 보통은 거기에서 살지 못하고 외국으로 나옵니다. 진보적인 무슬림들은 다 서구에 있다고 보면 됩니다. 심각한 상황입니다. 국경이 나누어지기 전에도 갈등은 있었습니다. 이것은 각기 다른 식민지들 사이의 갈등인데, 종교가 이런 갈등의 중요한 요소가 되기도 했습니다.

원영상 현대 문명의 총체적 병폐가 아랍이라는 토양에서 IS로 발아된 것 같습니다. 극단적인 이슬람주의자들과의 공존을 어떻게 모색할 수 있을까요? 가능하기나 할까요?

박현도 일상생활에서 무슬림과 자주 충돌하는 문제가 음식 문제입니다. 예를 들어, 캐나다 퀘벡주의 한 도시에서 무슬림 이주자들이 학교 급식에서 돼지고기를 빼달라고 하니까, 시장이 캐나다에 왔으니 이곳의 문화를 따라야 한다고 공개적으로 의견을 밝힌 적이 있습니다. 서구의 일상생활과 무슬림이 충돌하게 되는 일반적인 지점입니다. 음식이 종교 계율과 밀접하게 연관되어 있으니까요.

히잡, 종교적 상징인가 문화적 취향인가

전병술 그렇다면 무슬림이 돼지고기나 히잡을 포기해야 평화가 실현된다는 말일까요? 아니면 전 세계적으로 이슬람 문화를 인정하면서 이슬람을 불편한 시선으로 보는 사람들의 심성이 문제라고 보아야 하는 걸까요?

박현도 어려운 문제입니다. 개인적으로 불교처럼 자기 성향대로 선택할 수 있으면 좋겠습니다. 그런데 이런 작은 평화가 서양에서는 깨지고 있습니다. 생활 속에서 만나는 무슬림에 대한 반감이 심하기 때문입니다.

유영근 이민 정책을 연구하는 학자들은 동화(assimilation) 정책보다는 문화적 차이를 긍정하는 방향으로 나아가는 것이 바람직하다고 말합니다. 차이를 인정해 주는 것이 사회의 역동성을 만드는 데 기여하기 때문입니다.

원영상 프랑스 같은 경우에는 교육정책 내에서 교실에서 히잡을 벗고 들어오게 법으로 만들었다고 합니다.

박현도 프랑스의 명분은 세속주의(Laïcisme)입니다. 프랑스 혁명 이후 모든 교육 정책이 세속주의를 바탕으로 이루어졌고, 공립학교에서는 히잡을 쓰지 못하도록 했습니다. 사립학교는 선택 사항이지만 공립학교에서는 십자가도 걸지 말고, 히잡도 쓰지 말라고 합니다. 우리나라는 십자가나 묵주 등 종교적 상징은 장식물로 인정하기 때문에 개인이 착용할 때 제재하지 않지만, 프랑스는 공공기관에서는 하지 말라고 합니다.

이찬수 아무리 공립학교라도 히잡을 문화적 특성으로 이해하고, 음식의 문제도 개인적 취향으로 인정하면 갈등이 덜할 텐데, 왜 프랑스 같은 곳에서 이런 불관용 정책이 시행되는 걸까요?

박현도 히잡을 보는 시각 차이 때문입니다. 히잡을 개인의 문화적 취향으로 보지 않고, 종교적 상징으로 보기 때문입니다. 그런데 사실 히잡도 개인적 취향으로 봐야 할지, 종교적 상징으로 봐야 할지 판다하기 어려운 부분이 있습니다. 히잡을 쓰지 않는 무슬림 여성도 있습니다. 물론 우리나라나 서구에서나 그렇지만 말입니다.

전병술 서구 관점에서 히잡 자체는 여성 차별의 상징 가운데 하나입니다. 보편적 인권을 주장하면서 동시에 개개의 특수성을 용인하는 것은 상호 모순 아닌가요?

유영근 그것은 서구적 관점이고, 무슬림 세계에서 히잡은 여성 보호적 관점과 주로 관련됩니다.

전병술 유신시대 한국적 민주주의라는 주장으로 한국의 특수성을 주장한 정치가 비민주주의적이라고 항거하지 않았습니까? 히잡이 자유 주체로서의 개인의 선택인지 강요에 의한 착용인지 숙고해야 합니다. 이는 종교근본주의 문제와 연결되기 때문입니다.

박현도 무슬림 국가에서도 히잡을 싫어하는 사람이 적지 않습니다. 하지만 벗고 싶어도 벗을 수 없습니다.

이슬람의 자기 성찰은 어디까지 가능할까

홍정호 IS의 잔혹성이나 폭력을 정당화하는 방식이 중세 십자군의 논리와 닮았다는 생각이 듭니다. 그런데 오늘날 그리스도교 세계는 십자군 정신에 대해 부정적입니다. 이른바 '모더니티'의 발견과 성찰의 과정을 거치면서 자기비판이 가능하게 되었기 때문입니다. 물론 오늘날에도 세속화된 형태의 십자군 정신을 앞세워 전쟁을 정당화하는 세력이 존재하지만, 지식인들의 반대 목소리가 크고, 시민사회의 비판과 저항도 거셉니다. 그런데 박현도 선생님의 말씀을 들으니 이슬람 세계에는 과연 서방 그리스도교 세계의 '모더니티'에 상응하는 어떤 과정이 있었는지, 다시 말해 비판적 자기 성찰을 가능하도록 만든 계기들은 없었는지 궁금합니다. 관용과 차이에 대한 인정은 '모더니티'를 경험한 세계의 상식입니다. 도리어 관용과 인정의 기만성을 비판하면서 타자를 어떻게 환대할 것인지에 대한 숙고가 이루어지고 있는 실정입니다. 이런 마당에 IS

와 같은 극단적 근본주의자들에 대한 이슬람 세계 내부의 자기반성적 담론이라고 할 만한 게 정말 없는지요?

박현도 무슬림 세계에서 자신의 신앙을 깊이 생각하고 성찰한 사람들이 철학자들과 수피 영성가들이었습니다. 그런데 조금 과장해서 말하자면, 철학자들은 중세 이후 씨가 말랐고, 수피 영성가들은 근대 이후 씨가 말랐습니다. 자신의 종교 신앙과 사회상을 반성하면서 비판하는 흐름이 결여된 상황에서 서구 영향 아래 새로운 세속주의 엘리트들이 탄생하였습니다. 그들은 생각이 다른 사람을 용납하지 않았습니다. 오늘날 종교 비판은 종교 모독죄가 될 수 있기 때문에 이슬람 세계에서 서구 그리스도교처럼 새로운 해석이 나올 것을 기대하기는 어렵습니다. 그나마 새로운 해석은 서구 거주 무슬림 학자들이 하고 있습니다. 이것이 비극 중에 가장 큰 비극입니다.

홍정호 자유주의 세계의 종교가 IS 문제 해결에 보탬이 되기 위해서는 교육과 계몽을 통한 장기적 평화 실현의 전략이 필요할 것 같습니다. 군사적 개입을 통한 IS의 박멸 노력은 근본적인 해결책일 수 없습니다. 극단은 또 다른 극단의 악순환을 불러 일으킬 뿐입니다. 시간이 걸리더라도 교육과 계몽에 힘을 쏟는 길을 택해야 한다고 봅니다.

박현도 공감합니다. 이슬람 세계가 제일 두려워하는 것이 세속주의입니다. 자기반성과 성찰이 가능하기 위해서는 세속주의적 사유도 필요합니다. 일반화하긴 어렵지만, 오늘날 무슬림들은 문자주의적 태도를 지니고 경전을 해석합니다. 경전을 신의 말씀 그 자체라고 믿고 있습니다. 하지만 그리스도교인들은 하느님의 영감을 받은 성서 기자들의 기록이라고 여기지 않습니까? 경전을 대하는 무슬림과 그리스도교인의 차이는 매우 큽니다. 그래서 일부 학자는 무슬림들이 경전 자체를 우상화하고 있다고 보기도 합니다.

이찬수 지금까지 우리 토론에서 IS를 비판만 했는데, 그래도 혹시 IS의 긍정적인 요소가 있을까요?

박현도 반드시 반면교사로 삼아야 한다는 것이 IS가 유일하게 줄 수 있는 긍정적인 요소입니다. IS 때문에 무슬림들이 자신들의 종교를 이슬람이라고 당당히 밝히지 못하는 상황이 거듭되고 있습니다. IS 때문에 무슬림들이 다시 한번 자신들의 신앙이 과연 IS와 다른 것인가 하고 자기반성하는 기회를 맞지 않았을까 생각합니다. 끝으로 IS가 비무슬림들을 많이 죽이긴 했지만, 90퍼센트 이상의 피해자는 우리가 무슬림이라고 부르는 사람들이라는 점을 잊지 말아야 합니다. IS의 최대 피해자가 바로 무슬림들입니다.

이찬수 오늘은 IS는 물론 이슬람 전반을 큰 틀에서 파악할 수 있게 해주는 의미있는 시간이었습니다. 서구 문화권과는 다르게 흘러온 이슬람에 대해 올바로 이해해야 오늘날 종교와 평화의 관계를 좀 더 현실감 있게 토론할 수 있을 테니까요. 좋은 발제와 토론 기회를 제공해 주신 박현도 선생님께 감사드립니다.

07

폭력은 왜
구조화하는가

물리적 폭력은 많이 줄어들었지만, 폭력 자체는 교묘하게 구조화 내지 내면화되는 방식으로 지속되고 있다. 르네 지라르는 그 이유 중 하나로 상대방의 소유와 상태를 나도 누리려는 모방 욕망과 그 욕망들의 경쟁을 든다. 서로가 서로에게 경쟁의 대상이 되면서 소유를 확장하려는 시도가 정당화되고, 이런 현상이 중복되면서 폭력이 구조화한다는 것이다. 이 문제에 대해 토론했다.

모방 욕망과 폭력적 희생양 시스템

이찬수

프랑스의 인류학자 르네 지라르에 의하면, 인간은 '모방하는 인간 (Homo Mimeticus)'이다. 모방의 근간은 타인과 같아지거나 그 이상이 되려는 욕망이다. 이 욕망은 멋진 식당에서 식사를 하는 어떤 '모델 (매개자)'을 보면서, 과히 배고프지 않은데도 그 식당에 가고 싶다는 느낌이 들게 하거나, 실제로 가게 만드는 동력과 같다. 자본주의 사회도 자본 자체에 대한 욕망이 아닌, 자본의 소유자를 욕망의 대상으로 삼으면서 형성되고 증폭된다. 지라르에 의하면, 욕망의 주체와 대상 사이에는 매개자가 있다. 욕망은 늘 매개적 욕망이다.

매개적 욕망이 중첩되어 형성되는 흐름에는 반드시 거기서 주변부 혹은 소수자가 있게 마련이다. 역으로 중심 세력 안에 있는 이들은 매개적 욕망의 시스템에 적응하며 소수자를 생산하는 폭력을 은폐하는 데 자기도 모르게 공헌한다. 지라르가 말하듯이,

"개인적이거나 혹은 집단적인 모든 적응의 기원에는 어떤 불법적인 폭력의 은폐가 있다. 적응하는 자는 자기 스스로 이 은폐를 실현하는 자이거나, 아니면 문화 질서가 이미 이 은폐를 행했을 때에는 그것에 순응할 줄 아는 자이다. 부적응자는 순응하지 못한다." 이른바 적응자들이 은폐해 온 폭력의 구조가 사회적 소수자를 낳는다는 말이다.

좀 더 생각해 보아야 한 문제는 매개의 종류다. 지라르는 매개를 '외적 매개(médiation externe)'와 '내적 매개(médiation interne)'로 구분한다. 외적 매개는 매개자가 추종자 밖에 있는데다가 자신보다 월등하다고 인정되는 매개이기에, 그 매개와 관련해 갈등이 생겨날 가능성이 적다. 그 매개자를 따라 하려 들 뿐이다. 유명 연예인과 같아지거나 그 이상이 될 수 없다는 것을 알면서도 유명 연예인 '코스프레'하기가 그 예다. 기독교인이 예수를 매개로 그 너머를 모방하려는 경우가 외적 매개의 사례를 잘 보여준다.

이에 비해 내적 매개는 욕망의 주체와 정신적 거리가 서로 접근해 있는 매개를 말한다. 욕망의 주체가 자신도 욕망의 대상처럼 될 수 있다고 확신할 때의 그 매개다. 이때 욕망의 매개자는 욕망의 주체에게 경쟁자가 된다. 매개자도 다른 매개자를 통해 경쟁자보다 자신이 우월하다는 것을 보여주려 한다. 그럴수록 피차간에 욕망은 확대된다. 욕망은 전염성을 가지고, 서로가 서로에게 경쟁적으로 매개자가 된다. 서로가 서로에게 모델이자 장애물(model-obstacle)이 되고, 당겼다가 밀어내는(attraction-repulsion) 관계에 놓인다. 그러면서 대립과 갈등은 확대되고, 둘 사이의 정신적 거리 혹은 차이가 줄어들거나 사라진다는 착각에 빠진다.

지라르에 의하면, 매개자를 통한 모방은 '거울 뉴런(mirror neuron)' 구조를 하며, 서로 '짝패(double)'가 된다. 서로 간의 모방적 경쟁 구도는 상대방의 욕망을 자신의 것으로 삼도록 추동하며, 모방의 주체는 상대방의 욕망을 소유해 자기 존재를 상승시키려 한다. 그러다가 그것이 불가능하다 싶어지면 매개자를 깎아 내린다. 매개자의 초월성을 지상으로 끌어 내림으로써 자신을 상승시키려 시도하지만, 애당초 욕망의 주체 너머에 자리잡고 있는 매개자는 지상으로 내려오지 않는다.

매개자에 집착할수록 욕망의 주체는 매개자에게서 드러나는 욕망을 완전히 자기화하지 못한 채 도리어 자기 존재의 위기를 겪는다. 거울 속의 자신을 주먹으로 치다가 자신의 손을 다치듯이, 급기야 스스로에게 상처를 입힌다. 이것은 거울처럼 '짝패'의 형태로 나타나 결국 서로가 서로에게 상처를 입힌다. 서로 닮은 한 쌍의 원수들만 남는다. 그러나 서로 '르상티망(원한)'을 축적해 스스로를 파괴할 때까지 이들은 이것을 알지 못한다. 매개자에 대한 주체의 숭배는 아주 은밀해서 주체도 이러한 자신의 처지를 잘 파악하지 못한다. 전쟁이 서로를 파괴시키지만 전쟁에서의 승리를 위해 파국에 이를 때까지 경쟁적으로 싸워대는 것과 비슷하다.

지라르는 상대방의 소유를 자기도 소유하기 위해 상대방을 모방하려는 욕망이 일상화하면서 제도나 문화가 발생되었다고 본다. 제도나 문화가 발생했을 뿐만 아니라, 모방욕이 여러 사람들 사이에 겹치면서 더 경쟁적으로 바뀌고, 모방적 경쟁관계가 갈등을 불러일으키다가 폭력도 벌어진다. 폭력의 주도자는 모방 자체다. 모방적 경쟁 관계가 심해지면서 서로의 가치를 떨어뜨리고 급기야 살생마저 벌어진다.

하지만 경쟁 관계에서의 승리가 주는 강렬함 때문에 모방 경쟁은 지속된다. 경쟁 대상과 경쟁하면 할수록, 대립하며 상대방과 차별화하면 할수록, 이들은 서로 비슷한 존재가 되어 간다. 욕설을 주고받다가 주먹질로 가듯이, '나쁜 상호성'이 폭력적 열기를 상승시키고, 대립자들은 서로가 서로를 넘어뜨리는 '걸림돌(스캔들)'이 된다. 부정 모방의 극단에서 상극적 폭력으로 이어지는 것이다.

서로 모방한다지만, 이 상호성은 단순히 양자의 문제가 아니다. 이미 본대로 양자 사이에는 욕망과 모방을 정당한 것인 양 충동하는 매개자가 있다. 매개자는 상이해도, 욕망의 주체가 그 매개자를 통해 자신의 욕망을 증폭시킨다는 점에서는 매일반이다. 나아가 욕망의 구도가 복잡해질수록 모방의 대상도 복잡해진다. 서로가 서로의 욕망을 추동하는 매개자 역할을 할 뿐만 아니라, 매개 자체도 복잡해진다. 저마다 매개자의 우월성을 모방함으로써 자기 존재를 상승시키려 한다. 자기 존재를 상승시키는 그 매개자는 마치 신과 같은 작용을 한다. 이런 욕망들이 중층적으로 얽히면서 집단의 구성원 서로가 서로에게 걸림돌(스캔들)로 작용하는 것이다.

그런데 이 "'스캔들'은 부딪쳤다가 쉽게 피할 수 있는 그런 일반적인 장애물이 아니라, 거의 피할 수 없는 기묘한 장애물이다. 스캔들은 우리를 물리칠 수 없도록 우리를 더 끌어당긴다. 우리는 이전에 그 스캔들에서 상처를 많이 입었을수록 더 열정적으로 다시 그 스캔들에 빠져들어 더 큰 상처를 입는다." 이 현상의 기초에 모방적 경쟁자의 행동이 있는 것이다.

이 스캔들(걸림돌)이 집단화하고, 집단 전체의 문제가 되던 즈음, 이 집단적 걸림돌을 해소시키는 방식으로 인류가 취해 온 방식이 '희생양'을 만드는 것이다. 가령 고대 그리스에서는 역병, 기근, 침략 등으로 사회적 불안이 고조될 때, 혼란을 극복하고 새로운 질서를 회복하기 위한 수단으로 인간 제물을 바쳤다. 그 제물을 '파르마코스(pharmakos)'라고 한다.

테베 사람들에게 번진 페스트에 대한 책임을 지고 희생된 오이디푸스는 전형적인 희생제물이다. 이 희생제물은 단순히 개인을 대신하는 것이 아니고, 피를 좋아하는 특정인에게 바쳐지는 것도 아니다. 그것은 사회 구성원 전체에게 바쳐지는 것이다. 희생제의는 폭력의 방향을 하나의 대상으로 돌려 공동체 전체를 상호적 폭력으로부터 보호하려는 문화적 장치다. 예수 시대 대제사장 가야바가 예수를 죽이기로 결정하는 회의에서 했던 말은 이러한 문화적 장치를 잘 보여 준다 "온 민족이 멸망하는 것보다 한 사람이 백성을 대신해서 죽는 편이 더 낫다는 것도 모릅니까?"(요한복음 11,50)

이때 희생물로는 대체로 희생제의를 찬성하는 세력에 대해 '복수할 수 없는' 존재가 선택된다. 동물은 말할 것도 없거니와, 사회에서 어느 정도 배제되어 있거나 주변적인 인물들이 희생제물이 되는 것이다. 이들 주변인 혹은 경계인은 주류에서 밀려나 있기에 복수할 힘을 가지지 못한다. 아감벤이 고대 로마법에 등장하는 '호모 사케르'의 개념을 원용하며 권력의 속성을 설명할 때의 그 '호모 사케르'도 일종의 경계인이라 할 수 있다. 스피박이 그람시의 입장을 빌려 말하는 '서발턴(subaltern)'도 구조적으로는 이와 비슷한 부류다.*

---

* 그람시는 이탈리아 남부의 조직화되지 않은 시골 농민 집단을 가리키는 용어로 '서발턴'이라는 말을 사용했다. 서발턴은 사회적 구성원이라는 정치적 자의식이 없기에 국가의 지배적인 사상 체계, 지배력에 영향 받기 쉬운 부류이자, 지배계층의 헤게모니에 종속되거나 헤게모니로의 접근을 부인당한 그룹이다. 스피박은 노동자, 농민, 여성, 피식민지인 등 인도의 소외층, 특히 억압받는 여

어려운 언어로 멀리 갈 것도 없다. 서울의 전철 입구 계단에 동전바구니 앞에 놓고 아무런 표정 없이 앉아 있거나 자고 있는 허름한 걸인 혹은 노숙자는 돈 한 푼 달라고 적극 구걸하지도 않는다. 사회적 모순을 말로 폭로하지도 않으며, 사실상 그럴 의지도 없다. 행인들도 그냥 옆을 스치듯 지나간다. 이런 사람, 이런 현상은 예외적인 어떤 것이어야 할 것 같다. 하지만 오늘날 한국 사회의 실상을 역설적으로 증언하는, 사실상의 일상사다. 주류가 배제하고 법이 보호하지 않는 예외는 일상의 이면이며 증언자다.

마찬가지 논리로 이른바 '소수자'라는 우리 사회의 다양한 모습들은 그저 특수한 현상이 아니라, 사실상 다수자, 즉 주류의 실상의 증언자다. 소수자의 실상은 다수자의 실상의 속살이다. 폭력적 구조를 은폐하거나 그 질서에 순응하면서 주류를 형성하지만, 그럴수록 주류 사이의 빈틈도 드러난다. 그 틈이 희생양 시스템의 본질이다. 소수자라는 말은 일차적으로 다수자에 대한 '양적' 개념에 기반하고 있지만, 사실은 다수자의 실상을 증언하는 '질적' 개념인

성들의 사례에 집중하면서, 폭력적 구조 한복판에 있지만 그 구조를 폭로할 수 없는 이들(서발턴)의 의미를 끝없이 드러낸다. 서발턴의 의사가 주류 사회에 전달되지 못하도록 하는 구조를 지속적으로 폭로한다. 그렇게 폭로하는 작업이 말할 수 없는 서발턴에게 말을 거는 작업이자, 서발턴에게서 말을 듣는 작업이기도 하다. 서발턴은 주변부가 중심 질서의 모순에 대한 강력한 폭로자라는 사실을 잘 보여준다.

것이다.

물론 소수자를 의도적으로 소수자로 몰아가는 주체를 특정할 수도 없고, 특정인이 이들을 의도적으로 희생시키는 것도 아니다. 의도적인 작동이 아니라, 주류 중심으로 짜인 구조가 이들을 몰아낸다. 이른바 '질서'라는 것이 주류 중심일 수밖에 없다는 뜻이다.

이때 질서는 필연적으로 법 및 법의 운용 체계로서의 정치를 필요로 한다. 그런데 법은 아래로부터의 한 사람 한 사람의 의사를 반영하여 종합된 것이라기보다는, 사실상 위로부터 만들어져 아래에 던져진 일방적 규칙에 가깝다. 이 규칙에 동의하거나 적용하는 사람이 많아지면서 법은 주류를 정당화한다. 이 흐름은 규칙에 맞지 않은 행위나 사람을 사회적 무질서로 간주한다. 위로부터 규정된 질서, 법, 정치 체계에 어울리지 않는 이들, 중심에서 벗어나는 소수자가 필연적으로 발생할 수밖에 없는 구조인 것이다.

중심 혹은 주류는 소수자의 문제를 가능한 한 개인 탓으로 돌리며 외면한다. 그것이 개인 탓이라는 판단 속에 이미 중심의 권력이 자리 잡고 있다. '주변'은 '중심' 중심의 언어다. 무언가 중심 '밖'에 있다는 사실은 중심의 자기중심성을 증언한다. 길거리의 무력한 걸인은 자본 중심주의의 속살에 대해 자발적으로는 증언할 수 없는 근원적 증언자인 것이다.

중심 혹은 주류는 소수자를 주변으로 밀어내며 존재한다. 희생양 시스템도 그렇게 밀려난 이들이 당하는 희생을 정당화하면서 성립된다. 왕따 문제, 난민 문제, 외국인 노동자, 성소수자 문제 등도 모두 희생양의 조건과 직·간접적으로 연관되어 있다. 모두들 바로 그들 때문에 사회가 시끄럽고 불결해진다고 간주되는 존재들이다.

중심 지향의 세력이 이들을 포함해 여러 측면의 소수자들을 소수자로 남겨 놓으면서 소수자 현상은 지속되고, 예외여야 할 것이 일상이 된다. 이런 식으로 희생양 시스템은, 설령 내용은 복잡다단해졌을지언정, 비슷한 구도로 진행되고 있는 여전한 현실이다.

문제는 종교인이 전 인구의 절반이 넘지만 이런 현상은 지속되거나 강화된다는 사실이다. 종교가 평화를 말할 자격이 있는지 의심스러워지는 상황이다. 이런 배경 속에서 종교와 폭력 혹은 평화 관련 토론을 했으면 한다.

모방 욕망과 종교

원영상 어떤 텔레비전 르포를 시청한 일이 있습니다. 그 내용은 재
건축이 된 아파트 앞에서 노숙하는 사람에 관한 것이었습니다. 이
유를 알아보니 자기 동네의 재개발과 관련된 일이었습니다. 지역
의 75% 이상만 동의하면 동의하지 않은 나머지 25%는 원하지 않는
데도 공탁금을 찾아서 집을 떠나야 한다는 것이었습니다. 25%에
속한 사람들이 '집을 돌려 달라', '집 때문에 가족이 풍비박산됐으니
보상해 달라' 요구하지만, 변호사 말로는 법적으로 어떻게 할 수 있
는 상황이 아니랍니다. 소수자가 어떻게 해서 생겨나는지 오늘 발
제를 듣고 나니까 이런 상황이 이해가 됩니다. 집단이 소수자를 일
방적으로 몰아내는 것은 과연 정당할까, 아주 다양한 형태로 사회
가 구조적 폭력을 사람들에게 행사하고 있다는 생각이 듭니다.

정주진 발제 초반에 모방 욕망을 설명했는데 모방 개념만으로 폭
력을 설명하는 것은 다소 위험하다는 생각이 듭니다. 많은 사회가

겪는 폭력성이 남이 가진 것을 나도 가지려는 모방으로 생겨난다는 것은 일부 그럴 수도 있지만, 안 그런 부분도 많습니다. 평화 갈등 이론에 의하면 인간의 기본 필요를 충족시키지 못하도록 하는 것 자체가 폭력이고, 계속 필요가 충족되지 못할 때 폭력적 충돌이 발생합니다.

모방이라고 하면 자기가 꼭 필요하지 않음에도 불구하고 갖고 싶거나 따라하고 싶은 욕망을 일컫는 것처럼 들리는데, 인간의 가장 기본적 욕망인 '정체성의 인정' 같은 것은 모방이 아닙니다. 예를 들어 장애인, 성소수자, 원주민 등은 자신의 생존을 위해 '인정'이라는 기본적 필요를 추구할 수밖에 없습니다. 그런 인간의 기본 필요가 거부되면 급기야 폭력적 충돌까지 생깁니다. 발제에서 언급한 것처럼 그 과정에서 힘이 있는 쪽이 누구 하나를 희생양 삼아서 갈등을 잠잠하게 만든다는 말은 이해가 됩니다. 그런데 그것을 모방 욕망에서 비롯된 것으로 설명하는 것은 핵심적인 것이 아닌, 무언가 부가적인 것을 가지고 폭력을 설명한다는 느낌이 듭니다.

이찬수 지라르의 모방 욕망 이론으로 폭력을 다 설명할 수 있다는 뜻은 물론 아닙니다. 폭력이 전개되는 과정의 일부를 설명하는 데는 유용하다고 생각됩니다. 정주진 박사님이 얘기한 '인간의 기본적인 필요'라는 말은, 지라르 입장에서 보면, 상대적인 것입니다.

상대적이라는 말은 네가 가지고 있는 것을 나와 비교해 보면서 나에게 부족하거나 없다고 느낀다는 뜻입니다. 그래서 네가 누리고 있는 그 이상의 것을 모방하는 형태로 나타납니다. 재물이든 신분이든, 무언가 필요성을 느끼는 것은 그 사물 자체를 원하기 때문이라기보다는 그 사물을 누리는 어떤 이와 비교하면서, 가지고 누리는 이를 매개로 해서 생긴다는 것입니다. 그것이 그이를 모방하는 형태로 나타난다는 것입니다. 그런데 모방하려 하지만 모방은 서로 간에 벌어지는 일이라, 완전히 해소되지는 않습니다. 모방 욕망이 지속되다가, 서로에 대한, 서로를 통한 끝없는 모방 욕망이 갈등 요소로 번지게 됩니다. 지라르는 인류의 역사가 실제로 그래 왔다며 여러 가지 자료나 신화 분석을 시도했습니다.

이관표   모방이라는 것이 지라르가 썼던 초기작품의 분석 중 소설 내 주인공의 탐색이라면, 이것이 폭력과 성스러움으로 가면 두려움으로 언급되고, 후반부로 가면 자연 질서 안에서 두 가지의 똑같은 권리와 권능을 가지고 있는, 서로가 싸워서 한쪽이 도태당하는 현상으로 분석되고 있습니다. 저는 앞쪽에 있는 모방 쪽보다는 짝패 본능에서 좀 더 친밀성을 가지고 지라르를 해석하고 있습니다. 이 개념이 자연종교의 예를 들어, 고대 근동의 종교와 정치에서는 자연 안에 속해 있는 각 개체들 간의 위계질서와 먹이사슬을 그대로 모방하여 인간 삶에 적용합니다. 그 질서를 따라 본다면 어쩔 수 없이 누군가 누구를 먹어야 하는데 똑같은 힘을 가지고 있다면 결국 투쟁이 발생합니다.

두려움의 극단적인 것들이 모방 욕망을 통해서 나타나고 짝패 본능이 사회 공동체 안에서 극단화되고 터지게 되는데, 사람들이 견디지 못하게 되는 것이 자연질서 안에서 가장 밑바닥에 있는 노예 혹은 가난하고 불쌍한 자, 이방인 등을 발견하게 되고, 그들에게 폭력을 행사함으로써 또 다른 평화를 찾는다는 논리가 여기 들어와 있습니다. 저는 이 이론들이 유대교의 유일신론이 탄생했던 중요한 매카니즘인 것 같습니다. 합비루라는 노예계급이 일으킨 폭력에 대한 저항이 바로 모세종교이며, 이것은 기독교의 유일신론으로까지 내려오고 있습니다.

이찬수 그래서 지라르에 의하면 고대인들은 쌍둥이를 불길한 징조라고 생각했다고 합니다. 똑같이 태어났기 때문에 누군가 다른 하나를 제거하려 든다는 것입니다. 이런 식으로 해야 모방 경쟁에서 승리할 수 있다는 것이 많은 신화들에서 공통적으로 보인다는 것입니다.

원영상 카프카의 '성(城)'이라는 소설을 보면 끊임없이 성의 중심부에 들어가려고 몸부림 치면서도 결국 주변부에 머무르면서 끝납니다. 그걸 보면 끊임없이 모방하고 중심부에 들어가려는 것이 이루어지지 않으면서 자기소외로 이어지는 부분과 비슷하지 않나 싶습니다. 자기소외와 모방이 상호 순환을 통해서 결국은 중심부와 주변부로 나누어지고, 그 과정에서 폭력으로 연결되는 것 같습니다. 카프카는 이러한 점을 통해 현대 사회의 폭력구조를 비판하고 있습니다.

지라르는 왜 기독교인이 되었나

전병술 지라르가 주로 기독교 이론을 주제로 자신의 모방 이론을 펼치는 건가요, 아니면 발제자가 지라르의 이론을 빌려 기독교 이야기를 하는 건가요?

이찬수 지라르는 나중에 자신의 종교적 정체성을 기독교인으로 자리매김합니다. 처음부터 기독교인이었는지는 잘 모르겠지만, 희생양에 관한 연구를 하다가 예수의 십자가 죽음이 인류가 폭력을 극복할 수 있는 가능성을 잘 보여주었다는 사실을 중시하며 스스로 기독교인의 길로 들어섰지요. 그런데 신학, 특히 성서학 연구자의 눈으로 보면, 그가 다소 무리하게 기독교의 전통적 성서 언어를 다른 언어에 비해 강조하는 것 같습니다.

가령 지라르는 기독교의 십계명 가운데 열 번째 계명("네 이웃의 집을 탐내지 못한다. 네 이웃의 아내나 남종이나 여종이나 소나 나귀 할 것 없이 네 이웃의 소유는 무엇이든지 탐내지 못한다.")을 중시합니다. 그에 의하면 앞의 네 계명(살인하지 못한다. 간음하지 못한다. 도둑질 하지 못한다. 이웃에게 불리한 거짓 증언을 못한다.)은 어떤 '행위'를 금 하는 데 비해, 열 번째 계명은 어떤 '욕망'을 금한다고 봅니다. 십계 명의 입법자는 이웃의 소유에 대한 욕망을 금하면서 인간 사회의 제일 중요한 문제, 즉 내적 폭력을 해결하려 애쓰고 있다는 것입니다. 그 계명은 이웃의 소유를 욕망하는 그런 '이웃 숭배' 안에 숨어 있는 '자신 숭배'를 폭로함으로써, 폭력을 주체적으로 줄이려는 시도라고 지라르는 해석했습니다.

다른 예로 예수가 십자가에서 죽지 않고 피할 수도 있었는데, 폭력에 폭력으로 저항하지 않고, 폭력적 구조 속으로 들어가 폭력을 폭로하는 방식으로 새로운 차원을 드러냈다고 그는 봅니다. 이런 식으로 인류의 폭력적 구조를 드러낸 결정적인 사례를 기독교 전통에서 찾는 경향이 있습니다. 기독교가 폭력의 구조를 가장 잘 폭로했으며, 그렇게 한 예수에게서 인류 최후의 희망을 찾는다는 것입니다.

정주진 지라르가 성서를 문자 그대로 보고 해석한 것 같습니다. 남의 것을 탐낼 수 있는 정도면 남의 것을 뺏을 수 있을 힘이 있는 정도입니다. 행동으로 연결될 가능성을 전제로 하고 '탐내지 말라'고 했을 것 같습니다. 그러므로 단순히 욕망이 아니라 그로 인한 행동을 제재하는 것으로 생각됩니다.

이찬수 지라르는 행동보다 행동의 동기가 되는 욕망에 연구의 초점을 두었습니다. 특히 무엇을 욕망하는가를 중시했습니다. 사람을 욕망하는 것보다는 사람이 소유해서 누리고 있는 어떤 것이 욕망의 대상입니다. 사람은 매개자가 되고, 매개자가 누리고 있는 것이 욕망의 대상이 됩니다. 자본주의 사회에서는 주로 상대방이 누리는 돈, 엄밀히 말하면 자본을 욕망하면서, 그렇게 욕망의 대상이 되는 자본이 사회를 돌리는 동력이 됩니다. 어떻든 지라르는 행동을 제재하기보다는 욕망을 제재하는 쪽에 초점을 두었지요.

원영상 돈을 설명하는 것은 납득이 갑니다. 원시 사회에서는 곡식과 사냥기구를 교환할 때 이 둘이 축적되어 있어야 하는 데 지금은 축적하지 않고도 얼마든지 소유가 가능합니다. 그 소유는 돈으로 환원되는데, 이 돈을 소유하려는 모방 심리가 끊임없는 경쟁으로 내모는 것이 아닌가 생각합니다. 욕망에 관한 부분은 전통불교와 함께 개혁불교인 원불교는 같은 맥락을 가지고 있습니다. 계문을 살펴보면 최종적인 계문은 탐진치와 관련됩니다. 원불교도 탐진치를 넘어서면 성인의 반열에 올라선다고 말합니다. '탐'은 욕망이고, '진'은 상대방에게 화내는 것이며, '치'는 어리석음을 의미합니다. 욕망을 끊임없이 추구하더라도 궁극적으로는 성취할 수 없다는 것을 인식하지 못하는 것이 '치'입니다. 이것이 연쇄적으로 연결되어 있습니다.

결국은 자아의 본질에 관한 문제가 됩니다. 화내는 것은 타자와의 관계 문제이기도 하지만 결국 '탐'은 외부에 있는 것을 소유하려는 것입니다. 소유하려 하지만 결국은 이루어질 수 없다는 것을 깨닫는 것을 '명'이라 합니다. 치의 반대입니다. 지라르의 욕망 이론에 입각해서 보면, 욕망이 이루어질 수 없다는 것을 깨닫는 데까지 이르러야 불성의 현현이 이루어집니다.

욕망의 환원구조와 원불교

홍정호 욕망이라는 낱말의 어감이 다소 부정적입니다. 원 교무님 말씀하신 탐진치도 욕망에서 비롯되지만, 그걸 소멸하려는 노력도 욕망에서 비롯된다는 점에서 욕망 그 자체가 문제는 아니라고 봅니다. 문제는 욕망의 동일한 환원 구조입니다. 욕망을 단 하나의 목적으로 환원시키는, 이를테면 자본주의의 물화된 생활양식을 욕망의 유일한 대상으로 삼도록 만드는 그 동일성의 환원 구조를 문제 삼아야 한다고 봅니다. 욕망의 대상이 숫자로 환원 불가능한 가치들에 대한 추구로 다원화되도록 노력하는 것이 욕망 그 자체와 씨름하는 것보다 더 필요한 일이 아닌가 싶습니다.

원영상 그 점은 원불교의 소태산 박중빈(1893-1943)의 언설에서 명료하게 드러납니다. 나에게 욕망이 일어나는 것을 감추거나 부끄러워하지 말고 그 욕망을 키우라고 합니다. 나에 대한 작은 욕망을 인류 전체를 위한 욕망으로 키워야 한다고 말합니다. 불교적으로 볼 때는 다소 이론적인 설명이 필요합니다. 그에 해당하는 내용은 '사회적 연기'라는 말로 표현할 수 있습니다. 즉, 불타가 깨달은 것을 인간의 자연적이고 본질적인 연기(緣起)라고 칭한다면, 인간적인 관계에서 볼 때는 '사회적 연기'로 볼 수 있습니다. 불타가 보는 자연적인 연기는 무상(無常)과 고(苦)를 발생시킵니다. 쉼 없이 생성되었다가 소멸되는 가운데 인간은 존재의 순간순간의 나타남에 집착하기 때문에 고통이 생깁니다. 그 본질이 잡을 수 없는 무아(無我)임에도 불구하고, 삶과 죽음이 연속되는 인간의 한계상황 속에서는 사회적으로 서로 의존해 있다고 볼 수 있습니다. 이것을 사회적 연기라고 할 수 있습니다.

사회적 연기의 입장에서 보면 불교에서 말하는 상생(相生)은 서로서로 살려준다는 의미입니다. 대승불교에서는 사랑과 자비와 희생이라는 보살 정신을 통해 인간의 삶을 긍정으로 끌어 올립니다. 이를 계승한 원불교 또한 이 욕망하는 삶을 사회적 연기 속에서 바라보고 있습니다. 그리고 이 욕망을 보다 넓은 사회적 가치로 승화시키기를 바랍니다. 그럼에도 이러한 시각에 한계는 있습니다. 우리가 살아가는 지구 전체를 봤을 때, 이 시스템 전체에 중층적으로 구조화된 욕망을 제대로 분석하고 이에 대처할 수 있을지는 의구심이 있습니다. 삶을 살리는 상생이나 은혜가 확장된 하나의 개념으로서는 좋지만, 이러한 구조적 욕망을 전복시키고 재구성할 수 있는 철학으로는 부족한 부분이 많습니다.

홍정호 내가 아는 한 기독교는 욕망을 없애라고 말하는 대신 초월을 지향하는 다른 욕망을 불어넣는 방식으로 욕망의 문제에 맞섭니다. 인간이 '죄인'인 한 욕망의 문제는 자기의 의로움으로써만 극복될 수 있는 문제는 아닌 것입니다.

전병술 성리학에서 '존천리거인욕(存天理去人欲)', 즉 선한 본성을 보존하고 사적 욕망을 버리는 것이 가장 바람직한 삶의 태도라고 여깁니다. 세속적 욕망과 다른 차원의 욕망을 불어 넣어준다고 했는데, 성리학적 사유에서 볼 때 다른 차원의 욕망이라는 단어보다는 천리, 종교적 단어로 치환한다면 '내 안의 영성'을 발현한다는 표현이 나은 것 같습니다. 한편 공자는 남을 위한 공부(爲人之學)와 나를 위한 공부(爲己之學)를 구분하고, 남에게 보여주는 공부가 아닌 나를 위한 공부가 옳은 길이라고 하였습니다. 영성이 내면적인 것이라면, 그것은 당연히 내 안에서 나와야 합니다.

욕망의 다른 차원

이관표 저는 다른 생각을 가지고 있습니다. 우리는 욕망이라고 하면 무언가 가지려고만 하는 본능적 행위로 생각하지만, 삶이 우리가 가지고 있는 본능을 넘어서서 자신을 사라지게 하는 또 다른 본능, 즉 프로이트가 말년에 언급했던 타나토스(Thanatos, 죽음의 본능)라는 욕망도 공존합니다. 두 가지의 욕망이 우리 안에 공존합니다. 종교는 타나토스를 따르는데, 예를 들어 삶이 너무 욕망을 가지고 살려고만 하면 종교는 여기에 맞서서 스스로 살려는 욕망을 없애고 죽음으로 가자고 이야기하는 또 다른 삶의 측면입니다.

사실 저는 예수의 케노시스(kinōusis, 자기 비움) 개념과 신적 폭력이 연관된다고 봅니다. 모든 폭력의 시스템을 끊어 버리는 방식으로 예수가 수행했던 것이 여기에 해당합니다. 즉, 스스로 희생양으로 내주는 것입니다. 불교 역시 출가한다는 것이 세속인들을 위해 자신을 죽이는 것이라고 들었습니다. 부처가 상한 돼지고기를 먹고 죽음을 맞이한 것이나, 달마대사가 독 때문에 죽은 것 모두 세속인들이 전해준 공양을 자신의 것으로 기꺼이 받아들이는 일종의 희생양이었다고 생각됩니다. 죽음을 통해서 세속에 있는 모든 사람들의 고통을 짊어지고 희생한 것입니다. 종교라는 것이란 결국 스스로를 죽이려고 하는 또 다른 본능의 발현이라고 말할 수 있습니다. 종교 간 평화를 이야기하려면 그 부분까지 가야 하지 않나 합니다.

물론 지라르도 한계가 있습니다. 그는 유일신교 이외의 종교가 다신교적이고, 폭력적이라고 이야기합니다. 다신교 안에서 나타나는 희생양의 폭력이 결국 사탄이라고 규정합니다. 이런 부분들이 종교 간 대화에서는 한계로 작용하지 않을까 싶습니다.

공적 욕망과 폭력성

전병술 공동체의 질서와 조화를 위하여 가급적 사적인 것을 배제하고 공적 영역의 확대가 바람직하다는 것이 일반적 견해입니다. 하지만 '공(公)'이라는 단어가 지닌 다양한 함의에 대하여 숙고하여야 합니다.

이찬수 김태창 선생은 아시아권에서 공공철학을 유행시킨 학자인데 그 핵심은 '활사개공(活私開公)'이라고 할 수 있습니다. 사적 영역을 살리면서 공적 영역을 열어준다는 뜻입니다. 활사개공으로서의 공공성을 주로 이야기하고 있습니다. 전병술 선생님이 말한 공적 영역을 활사개공이 가능한 영역으로 이해하면 좋을 것 같습니다.

정주진 그런데 공적인 영역이 강조되면 오히려 구조적 폭력이 강화될 수 있습니다. 특별히 집단성이 강조되는 한국문화에서는 공적 영역에 대한 강조가 전체 이익의 강조로 왜곡될 여지가 많기 때문입니다. 그것은 곧 사적 이익이나 필요의 충족을 막는 결과로 이어집니다. 많은 사회 갈등이 사실은 공적 영역에서의 이익, 다시 말해 공공의 이익을 위해 사적 이익을 희생해야 한다는 논리를 깔고 있다는 것은 흥미로운 일입니다.

법적 정의도 상대적이다

원영상 공적 영역도 어떻게 정의하느냐에 따라 달리 해석될 수 있듯이, 정의(正義)라는 말도 가변적이고 상대적입니다. 법률가는 법에서 말하는 정의를 앞세워 판단하지만, 법률적 정의라는 것도 상황에 따라 애매합니다. 이런 문제는 인간 인식의 한계이기도 할 것입니다. 인간은 불완전해서 인간이 인간의 행위를 전지전능하게 판단할 수는 없습니다. 또한 현실적으로 법은 있는 자의 편이지 없는 자의 편은 아닙니다. 있는 자들은 얼마든지 로펌이나 실적 많은 변호사를 구해서 쓸 수 있지만, 없는 자들은 이러한 법률가의 도움을 받을 수 없습니다. 그래서 가끔 법을 전공하는 학자들이 불교의 법(法=dharma)을 공부하기도 합니다.

그들은 중국에서 "왜 이 다르마라는 용어를 전통적인 '법'이라는 용어로 번역을 했는가" 하는 점에 착안합니다. 법은 로(law)와 다르마 두 가지의 의미가 있습니다. 이 다르마는 여러 가지 의미가 있습니다. 설법이나 깨달음, 경전의 말씀, 진리나 존재 자체도 법이라고 해석합니다. 로(law)는 권력화된 국가와 연결되어 있습니다. 종교적 다르마를 국가적 법으로 번역한 것은 결국 국가와 종교를 동일선상에서 보고자 했기 때문이라고 할 수 있습니다. 국가의 질서를 종교가 승인했기 때문이라고도 할 수 있습니다. 중국에서 절을 의미하는 '사(寺)'라는 말은 궁중에 있던 모임을 의미합니다. 따라서 절은 궁중의 종교적 모임에서부터 출발했다고 할 수 있습니다. 이것은 로(law)의 불완전성을 채우고 활용하기 위한 것이라고도 할 수 있는 것입니다. 따라서 폭력을 정당화하는 국가에서 다르마가 어떤 역할을 하는지, 어떻게 할 수 있는지 살펴보아야 합니다.

동양에서는 서구 역사에서 성립된 정교분리라는 개념이 없습니다. 오히려 원불교가 말하는 정교동심(政敎同心)과 같은 전통이 하나의 역사적 흐름이었습니다. 그러므로 다르마가 중국에서 법이라는 용어로 번역된 상황에서 평화와 폭력을 두 대척점의 관점에서 어떻게 바라보고 해결해 나갈 것인가 하는 문제의식으로 접근할 필요가 있습니다.

종교적 다르마와 정치적 법, 결국은 하나

이찬수 의미 있는 얘기입니다. '다르마'라는 산스크리트어가 한자문화권에서 '법'으로 번역되었습니다. 법이라는 글자는 종교적 가르침과 사회적 규범이라는 뜻을 모두 지닙니다. 역설적으로 사회적 규범이 폭력을 정당화하는 역할을 할 수도 있지만, 다시 그것을 정화하는 힘으로서의 종교적 가르침도 가능하다는 의미가 됩니다. 원교무님 말씀처럼 둘 다 보아야 합니다.

이관표 본래 종교와 국가는 하나였지요. 종교적 경험을 권력화하고 그것으로 국가 시스템을 만들어 오면서 종교와 국가는 나눌 수 없는 것이 되었습니다. 그런데 후대로 오면서 그 안에서 종교의 참다운 모습은 망각되어 왔습니다. 기독교도 천년 이상의 역사를 거치면서 예수의 실제의 가르침보다는 '종교적인 것'들만 추구되었습니다. 그러다가 종교개혁도 일어나고 종교와 국가 간에 갈등 관계가 생겨났습니다. 사실상 종교와 국가가 어떤 목적을 가져야 하는지 잘 생각해 보아야 합니다. 종교와 국가가 진정으로 자신의 목적을 달성하게 된다면, 그 둘은 사라져야 합니다. 왜냐하면 그 둘은 삶의 문제와 위협 때문에 나타난 것이기 때문입니다. 종교와 국가가 제대로 기능한다면, 삶의 문제와 위협은 없어지게 될 것이며, 그런 한에서 그 둘의 궁극적 목적은 그 스스로가 소멸되는 것입니다. 국가와 종교가 존속하는 것, 그리고 존속하려고 폭력을 사용하는 것은 가장 자신답지 못한 모습으로 남는 것입니다.

욕망의 주체와 객체

원영상 불교적 입장에서 보면 욕망의 주체도 없고 객체도 없습니다. 돈은 소유의 욕망에서, 승용차, 기차, 비행기는 빨리 달리고 싶은 욕망에서 나왔으며, 옷은 기능적인 측면에서 자신을 포장하는 욕망으로 발전하고 있습니다. 모든 조작된 사물들은 개인의 욕망이 구체화된 것으로 보입니다. 그 욕망을 자신의 궁극적 모습과 동일시할 수는 없는 것이지요. 욕망의 주체나 객체는 분별심이 만들어 내고, 허상의 '내'가 객체에 집착하면서 더욱 공고해진 것입니다.

전병술 명대 유학자 왕양명은 금싸라기라도 눈에 들어오면 아프다고 하였습니다. 선함의 지나친 강조나 추구 또한 집착이라는 의미입니다. 구름이 가끔 태양을 가립니다. 이때 태양은 선한 우리의 본성을 비유하고 구름은 욕망을 나타냅니다. 구름은 밀어내면 다시 나타나고 밀어내도 또 나타납니다. 욕망도 이와 같습니다. 한 가지 욕망을 제거하면 다른 욕망이 또다시 나를 덮칩니다. 태양이 비추면 구름은 결국 저절로 사라집니다. 욕망을 제거하려고 집착하지 말고 차라리 내 마음의 밝은 면을 찾아내어 비추라 합니다. 내 마음의 태양을 비추면 욕망은 저절로 사라진다는 것입니다.

욕망을 폭력으로 배제하면 안 된다

정주진 욕망을 없애려고 하는 것은 욕망을 부정적으로 보기 때문입니다. 하지만 욕망이 과연 모두 부정적인지는 의문입니다. 앞에서 모방의 욕망과 희생양 시스템을 이야기했는데, 희생양 시스템은 곧 구조적 폭력으로 연결됩니다. 결국 욕망은 부정적이기 때문에 없애야 한다는 논리 위에서 희생양 시스템도 언급되고 승인되는 것입니다. 그렇게 해서 구조적 폭력이 작동되는 것입니다.

특히 종교 집단에서 희생양 시스템이 작동하곤 하는데 그 이유는 욕망을 자연스러운 것으로 인정하지 않거나, 또는 개인의 욕망을 억제시키고 집단의 욕망을 추구하려고 하기 때문이라고 봅니다. 예를 들어 특정한 종교 집단에서 어떤 개인이 새로운 것에 대한 욕망이 있어서 그것을 추구하려고 하면 종교 집단은 그것이 집단 차원의 욕망에 부합되지 않는다는 이유로 제재합니다. 그럼에도 포기하지 않으면 희생 시스템을 작동시킵니다. 그런 욕망이 부정적이라는 딱지를 붙이고 집단을 위해 그 개인을 희생시키는 선택을 합니다. 결국 집단의 욕망을 위해 개인을 희생시키는 과정이 정당화되고 자연스럽게 받아들여지곤 합니다.

욕망이라는 것은 단순히 부정적으로만 볼 수도, 긍정적으로만 볼 수도 없습니다. 과연 욕망의 선악 여부를 판단하는 권리는 누구에게 있을까요. 설사 종교라 할지라도 욕망을 판단할 수는 없습니다. 더욱이 제도화된 종교에는 항상 사람의 판단이 개입돼 있습니다. 종교 또는 종교 집단이라는 명분으로 개인의 욕망을 제재하거나 억압하는 것 자체가 폭력이고, 또는 그런 제재와 억압 때문에 폭력적 충돌이 발생하기도 합니다. 오히려 개인들의 욕망을 수용하고 공유해 공동의 것을 만드는 과정이 이루어져야 합니다. 그런데 종교는 오히려 그런 욕망을 없애거나 배제하거나 억압하기 위해 희생양 시스템을 작동시키는 경우가 더 많습니다.

이관표 지라르는 희생양 시스템이 벌어지는 현장을 항상 축제, 황

홀경으로 이야기하고 있으며, 정주진 박사님이 말씀하신 것처럼 욕망의 시스템은 개인의 차원의 문제를 넘어 공동체에서 나타나는 것 같습니다. 2002년 월드컵 응원 당시의 짜릿함이나 박근혜 대통령 탄핵집회에서도 전체로서 함께 하고자 하는 합일의 과정들이 있었으며, 이것이 사실상 종교적 경험을 대신하고 있습니다. 그러면서도 전체 집회와 합일의 경험들이 늘 정확한 사태를 파악하고 있는지도 성찰할 필요가 있습니다.

홍정호 한 방향으로만 호도(糊塗)되는 욕망을 여러 방향으로 호도할 필요가 있다고 봅니다.

이관표 욕망이 추악할 수도 있지만 내가 그 욕망을 왜 호도해야 하는지도 정확히 이야기해야 할 것 같습니다.

올바른 욕망은 없다

홍정호 호도한다는 표현이 이 대화의 맥락에는 어울리지 않을 수 있겠습니다. 그런데 단 하나의 '올바른' 욕망이라거나 '바람직한' 욕망 따위가 존재한다고 보지 않는다는 뜻에서 '호도'라는 낱말을 사용했습니다. 사태의 본질을 흐리는 것만 호도가 아니라, 사태가 본질로 존재한다는 생각 자체가 호도된 관념입니다.

선악의 판단이 힘의 의지의 작용이라는 설명은 충분히 일리가 있다고 봅니다. 욕망의 문제도 그렇습니다. '올바른' 욕망이나 '바람직한' 욕망에 대한 주장은 시대를 초월하는 절대 기준에 근거한 것이 아니고, 그럴 수도 없습니다. 판단은 어떤 본질에 근거해서가 아니라, 사태에 대한 개별자의 인식, 사태를 둘러싸고 벌어지는 힘의 의지의 산물일 뿐입니다. 그러니까 '본질적'으로 '올바른' 인식이란 없는 거고, '올바른' 인식을 주장하는 호도된 욕망들의 각축이 있을 뿐입니다. 자기의 '올바른' 욕망이 '올바르게' 호도된 욕망에 불과하다는 사실을 자각하지 못하거나, 자각하면서도 외면하려는 태도야말로 철저하게 호도된 관념의 산물이 아닐까요.

이관표 우리가 주목해야 하는 것은 우리 머릿속에서 당연한 것으로 생각하는 인과율, 논리법칙, 인과응보 등입니다. 왜냐하면 이 인과응보가 결국 합리적이지 못한 것을 합리화하면서 희생양을 만들기 때문입니다. 예를 들어 황금률은 인간이 가지고 있는 자연법칙에 대한 수용입니다. 그리고 이 황금률은 결국 인과응보와 원한관계에 대한 합리화를 가능하게 합니다. 그런데 그 안을 자세히 들여다보면, 이것이 희생양을 강요하는 근거가 되기도 합니다. 지라르에 따르면, 희생양은 가장 하층민이고 그들은 당연히 보복을 당해야 하는 이유를 부여받습니다. 이방인이다, 삶에 도움이 되지 않는다, 언젠가 중심부에 위해를 가할 경계인이다 등등의 언어로요. 결국 황금률이라고 불렀던 우리의 인과응보, 인과율은 희생양의 정당화를 위한, 희생양을 양산시키는 구조의 합리화로 이끕니다. 유대인의 홀로코스트, 전쟁에서의 민간인 학살 등은 당시에 떠돌았던 그럴듯한 인과응보의 결과였습니다.

우리의 일상적 인과응보의 습관은 하층민들이 원래 하층민이 될 이유가 있다고 생각하고, 결국 그러면서 계속된 희생을 만들어가는 폭력적인 시스템을 합리화합니다. 다시 한번 밝히지만 모세종교의 유일신론은 다신론적 희생양 폭력에 대한 저항으로부터 나타난 것으로 보입니다.

홍정호 합리적이지 못한 걸 합리화하면서 희생양을 만들었다는 말도 맞지만, 합리적인 게 어떤 것이라는 걸 독점적으로 규정하는 방식으로 희생양을 만들어 왔다고 보는 관점도 필요할 것 같습니다. 이치(理)에 합(合)하는 게 꼭 하나만 있어야 할 필요는 없지 않을까요. 앞서도 말씀드렸듯이, 선악의 판단은 옳고 그름의 투쟁이 아니라, 옳음들 간의 투쟁이고 일리(一理) 간의 각축입니다. 어떤 판단이 '합리적'이라는 데 대한 '올바름' 역시 어느 특정인이 독점할 수는 없습니다.

종교는 정답이 아니고 질문이다

정주진 그런 것이 실제로 가능하다고 생각하시는지요?

홍정호 당연히 가능합니다. 종교는 '정답'을 말하는 데 목적이 있지 않고, 질문을 갱신하도록 도움을 주는 데 목적이 있습니다. 타자와의 만남 이전에 내가 갖고 있던 질문들이 하나님, 이웃, 성서와 같은 낯선 타자와 만나는 사건을 통해 다른 차원의 질문으로 바뀌는 경험, 그것이 올바름을 독식한 종교가 내뱉는 '정답'보다 더 가치 있고 소중한 종교의 자원이라고 봅니다.

이관표 종교인의 입장으로 묻고 싶은 것이 있습니다. 우리가 희생양이 되어야 하는 것이 종교적인 입장인지, 다시 말해 희생양 시스템이 작동이 됐을 때 과감히 내가 희생양으로 가겠다고 하는 것이 종교인의 입장일 수 있는지, 아니면 희생양 시스템을 무화시키고 때려 부수는 것이 종교인들이 취해야 할 행동인지 하는 물음입니다.

자발적 희생양 되기와 희생양 시스템 없애기

이찬수 지라르의 희생양 시스템에서 보면, 희생양은 폭력을 낮추는 역할을 합니다. 종교적 차원에서 스스로 희생양이 되어야 한다는 말이냐 묻는다면, 그럴 필요가 있기는 하지만, 폭력의 일시적 완화 정도로 나타나는 희생양이 아니라, 폭력적 구조를 문제 삼고 폭로하는 희생양의 길이어야 한다는 쪽이 더 옳을 것 같습니다. 지라르도 자발적 희생양을 높이 평가하는 것 같습니다. 특히 구조적 폭력을 완전히 소멸시키는 방향으로 나아갈 가능성을 예수에게서 보면서, 결국 그 길을 따르라고 요청하는 것으로 보입니다.

원영상 대만의 토착 부족 가운데에는 사람을 죽여서 제사 지내는 풍습이 있었습니다. 그런데 한 선교사가 그 부족들의 이 관습을 없애기 위해 다음과 같이 말했답니다 "어느 날 빨간 옷을 뒤집어 쓴 사람이 지나갈 것이다. 그 사람을 죽여서 제사를 지내라"라고 했습니다. 부족들이 그 말대로 제사를 위해 지나가는 그 사람을 죽였습니다. 그런데 나중에 보니 그 선교사였습니다. 그는 희생양이 된 것입니다. 그 후 그 존경하는 선교사를 기리기 위해 희생제의를 영구히 철폐했다고 합니다. 이런 경우는 자기희생을 통해 폭력을 제거한 예라고 할 수 있습니다.

희생양 시스템에 대한 인식과 실천이 세상을 바꾼다

정주진 희생양 때문에 폭력적 풍습이 중단됐다는 것을 합리화하는 것은 위험합니다. 희생이 있었다는 자체가 폭력이라는 점을 부인해선 안 됩니다. 또한 말씀하신 이야기의 경우에는 사람들이 깨닫고 수용해서 실천했기 때문에 가능했던 것입니다. 예수가 십자가에서 죽은 것 자체로 구조적 폭력이 없어지지 않고 그 의미를 깨닫고 실천해야 구조적 폭력을 없앨 수 있는 것과 같습니다. 예를 들어 사회적 부패가 워낙 심하니까 사람들이 그저 '부패가 있었구나'라고만 생각한다면 아무 일도 일어나지 않을 것입니다. 사람들이 '그런 구조를 이제는 무너뜨려야 한다'라는 생각으로 모여서 시정을 요구해야 비로소 구조적 폭력이 조금이라도 와해되고 전체가 무너질 가능성이 생기는 것입니다. 당연한 얘기지만 결국은 행동하는 많은 사람들이 있어야 구조적 폭력을 조금씩 줄일 수 있는 것입니다.

이찬수 그렇습니다. 세월호 사건 이후 촛불집회에서 보았듯이, 저마다 자기의 삶에서 희생양이 되겠다는 작은 움직임들이 숨겨져 있던 폭력을 폭로하는 과정을 만듭니다. 자발적 희생양의 길에서 하려는 것은 결국 구조적 폭력의 완화이고, 그런 차원에서는 단순히 개인의 희생으로 끝나는 것이 아니라, 개인의 실천들이 모여 그렇게 만들어 가는 것입니다. 대통령 탄핵 정국에서 무엇보다 참가자들의 자발성이 거대한 촛불집회로 이어졌다는 것이 아주 희망적인 일입니다. 촛불집회가 비폭력적으로 진행되는 것도 우리 사회의 모순을 더 많은 사람들이 읽고 있다는 증거라고 생각되어 희망적입니다.

이관표 전체적 시스템을 부수는 것이 과연 종교적인 사명일까요, 아니면 각자가 자기의 삶에서 희생양이 되는 것이 종교적 행위일까요? 예를 들어 지라르가 이야기한 것처럼, 전체가 축제 안에서 희생양 시스템이 되었지만 예수는 '원수를 사랑하라', '오른뺨을 때리면 왼뺨을 내밀어라', '겉옷을 달라고 하면 속옷을 주라'고 이야기합니다. 이것은 단순히 용서하는 차원에서 끝나는 것이 아니라 보다 적극적으로 상대를 사랑함으로써 그들이 자신의 잘못을 깨달음과 동시에 어떤 폭력적 원한 관계를 종식시키려는 의도를 지닙니다. 저 사람이 잘못하고 있다는 사실을 나의 희생을 통해 알려주고 원한과 복수의 시스템을 폭로하는 것입니다. 각자 개인적인 차원에서 자발적인 희생양이 됨으로써 전체 시스템의 전복으로 나아가는 것 같습니다. 이것은 어떤 정치적인 단체행동이 아니라 철저히 내적이고 실존적인 차원에서의 행위입니다.

희생 자체를 미화하면 안 된다

정주진 저는 생각이 조금 다릅니다. 예수의 희생을 폭력에 대한 저항과 관련지어 생각해 보면 그것은 비폭력 저항의 마지막 단계입니다. 구조적 폭력이 너무 크고 모든 수단을 동원했는데 효과가 없어서 최후의 수단이 필요할 때 자기희생이 요구되는 것입니다. 그렇지만 일반적으로 폭력에 대항할 때 중요한 한 가지는 스스로 폭력에 희생되지 않는 것입니다. 자기가 폭력의 가해자가 되지 않는 것만큼 폭력의 희생자가 되지 않는 것도 중요합니다. 사실 사람들이 폭력에 저항하고자 결심을 하는 가장 큰 이유는 폭력의 희생자가 되는 것을 강하게 거부하기 때문입니다. 저는 학생들에게 폭력을 가하지도 않아야 하지만, 폭력에 희생이 되지 않도록 늘 깨어 있어야 한다고 가르칩니다. 그러므로 폭력을 중단시키기 위한 희생을 낭만적으로 보거나 미화하는 것은 위험하고, 폭력에 대한 저항 수준과 과정 속에서 절대적 불가피성 여부가 치열하게 논의돼야 합니다.

원영상 촛불집회를 시민혁명으로 발전시켰으면 좋겠습니다. 태풍이 몰아쳐 바다 밑바닥이 위로 드러나고, 이를 통해 바닷물 속의 오염물질들이 밖으로 나옴으로써 모든 생물들이 새로운 공기를 맛보고 새롭게 되살아나는 것처럼 거시적 차원에서는 혁명을 통해 누적된 불의를 제거하고, 온갖 기득권으로 고착화된 사회를 개혁할 필요가 있습니다.

1963년 베트남에서 전쟁 반대와 불교 탄압에 대항하기 위해 틱광득 스님이 분신을 했습니다. 몇 년 전 호찌민의 불교 심포지엄에서 한 참가자가 그 스님의 제자들에게 이 문제에 대해 물었습니다. "불교의 불살생 계율은 첫 번째 계율인데, 이 관점에서 보면 이것은 자살이 아닌가"라고…. 자살은 불교에서 심각한 계율 위배에 해당합니다. 제자들 중의 한 사람이 "상대방을 악하다고 죽일 수 있는가. 그것은 살인이다. 따라서 내가 죽음으로써 상대방의 잘못을 깨우친다면 이것이야말로 대승불교에서 말하는 보살의 희생정신이 드러난 것이 아닌가"라고 답변했습니다.

그때 '인류의 불행을 치유하기 위해서는 누군가 희생양이 되어야 하지 않을까'라는 생각이 들었습니다. 그 희생은 종교인들의 덕목이자 종교 집단의 윤리이기도 합니다. 한발 더 나아가 종교 스스로가 지향하는 희생정신을 고취하는 내부적 시스템이 필요하고, 현실 속에서는 그러한 희생이 더 이상 필요없는 성숙된 사회에 이르도록 종교인 자신들의 대중을 향한 무아적 삶이 필요하다고 봅니다.

이관표 종교를 다원적인 혹은 니체적인 의미에서 말해 본다면, 그것은 생명계 전체가 내보내는 생명 유지 시스템이라 말할 수도 있을 것 같습니다. 다시 말해 종교란 전체가 스스로를 생존하게 만들려는 어떤 원리입니다. 너무나도 살려고만 하는 생의 의지에 균형을 맞추려는 것이 죽음의 의지입니다. 스스로를 희생하여 균형을 맞추라는 것입니다. 살려는 의지와 희생의 의지가 균형을 맞추어야 생명은 존속할 수 있기 때문입니다. 우리 안에 있으면서 균형을 맞추는 죽음의 의지를 종교라 할 수 있지 않을까 생각합니다.

정주진 기독교에서 평신도들은 주입식으로 '희생해야 한다'고 배웁니다. '너를 희생하고 봉사하라'는 얘기를 반복적으로 듣습니다. 그러나 그런 요청이 결국 무엇을 살리게 되는 것인지 성찰해야 합니다.

이찬수 오늘도 토론이 좋았습니다. 희생 자체가 중요한 것이 아니라 희생양 시스템을 폭로하고 문제의식을 확산시켜 더는 희생이 없는 사회를 만들어가는 것이 가장 종교적 행위라는 쪽으로 의견이 모아진 것 같습니다. 좋은 토론 감사합니다. 다음 시간에는 왜 사람이 사람을 차별하게 되는지와 관련된 이야기를 나누고자 합니다. 그때 다시 뵙겠습니다.

08

우리의 정체성이
그들을 차별한다

타자에 대한 차별은 나는 너와 다르다는 자기정체성의 문제와 연결된

다. 자기정체성을 확립하는 것이 반드시 타자에 대한 차별로 나타나는

것은 아니고 그래서도 안 된다는 것이 평화학계의 핵심이기도 하다.

정체성의 문제를 집중 조명해본다.

'그들'에 대한 '우리'의 차별

전철후

일본의 문학자 고모리 요이치의 『인종차별주의』는 우리가 의식하지도 못하는 사이에 매일 '새로운 인종주의' 안에서 살아가고 있다는 사실을 잘 보여주고 있다. 생물학적인 차이로 사람을 차별하던 데서 나아가 21세기에는 새로운 방식으로 인종차별주의를 광범위하게 부추기고 있다고 한다. 현실 혹은 가상의 차이에 일반적 혹은 결정적인 가치를 매기면서 자신의 이익을 위해 자신의 공격을 정당화하며 피해자를 희생시킨다.

　이 책에서는 가령 '더러워'와 '냄새나'라는 언어로 상대방을 공동성의 외부로 배제해 가는 과정을 프로이트의 발달단계 이론으로 설명하고 있다. '더러워'와 '냄새나'라는 말을 통해 차별적 의식이 형성되고, 그 과정에 그 말을 사용하는 사람들 사이에서 사회적 기준, 종교적 가치관, 성 차이를 둘러싼 문화적 기준, 청결과 불결의 공간적 분류, 배설을 둘러싼 각종 논리 등 지극히 복합적인 사회적 그물망이 형성된다. 그리고 이 말을 통해서 불쾌한 경험을 거듭하는 아이들이 공격성을 키우는 중요한 요인이 된다. 아이들이 타자에게 '더러워', '냄새나' 라고 말했다면 그 말에는 공격성이 포함되어 있다는 것이다.

프로이트는 이러한 '더러워'와 '냄새나'의 언어적 공격성을 죽음의 본능으로 표현했다. 아이들의 입장에서는 태어나서부터 항문기까지의 발달단계에서 이러한 말을 들었을 때 사회적 공동성으로부터 배제될지 모른다는, 생사와 관련된 공포와 긴장과 억압을 느끼게 된다는 것이다. 그 말의 공격성을 일찍부터 내면화하게 되는 것이다.

고모리는 나가이 카후의 『악감』이라는 소설을 분석하면서 인종차별주의에 내재하는 욕망의 문제도 들여다본다. 『악감』은 동양인 저자가 프랑스를 기준으로 동양에 대해 서술하는 오리엔탈리즘적 관점으로 인종차별주의의 담론의 실상을 잘 보여주는 소설이다.

이 소설에서는 프랑스에서 살던 일본인이 프랑스의 낭만주의 작가 '뮈세'의 시집을 꺼내어 읽으면서 옆에 있는 보통의 일본인에 대해 인종적 우월감을 느끼고, 평범한 일본인을 야만인처럼 신기하게 쳐다보는 장면 등을 소개한다. '나'가 '그들'을 언어적이고 의식적으로 차별하면서 인종차별주의를 자연스런 감수성으로 내면화하는 것이다. 소설의 주인공은 서양화된 일본인이지만, 마치 순수한 서양인이라도 된 듯한 착각에 빠져 있다. 『악감』은 저자가 서양과 일본 사이에서 '자신'이라는 주체가 처한 위치가 흔들리는 과정 및 그 모습이 다름 아닌 '나' 자신의 모습이라는 사실을 깨닫게 되는 과정을 그리고 있다.

고모리는 '가치매김'의 폭력적 차별주의를 극복하기 위해서는 언어의 상호간 결합관계 전체에 '왜?'라는 질문을 던지면서 그 언어적 그물망의 내구성을 검증해야 한다고 말한다. '나는 의심한다, 고로 존재한다'는 데카르트의 말을 벤치마킹하며, '의심하는 전략'을 써야 한다고 말한다. 사람과 사람의 사이가 '왜' 신비하고 기쁨인지에 대하여 인문학적으로 성찰하면서 '인종차별주의'를 넘어 평화 영성 담론의 가능성을 열어보고자 한다.

그물이라는 표현과 관련한 대표적인 담론은 화엄사상의 인드라망경계문(因陀羅網境界門)에서 잘 볼 수 있다. 이것은 제석천(帝釋天)에 있는 보배로 된 그물의 그물코마다 구슬이 달려 있고 구슬에 비친 우주를 다른 구슬이 서로 비치는 중중무진(重重無盡)의 모습에 대한 비유이다. 인간을 포함한 만물은 연기적 관계로 맺어져 있다는 것이다. 불교의 가르침에서는 인간을 포함한 모든 존재의 상호 의존적 관계에 대한 인식을 중요시한다.

수많은 다른 존재의 작용과 희생 덕분에 하나의 존재가 생존한다는 사실이 불교적 '가치매김'의 근거다. 인간은 이에 대한 깨달음을 통해 사람뿐 아니라 살아 있는 모든 존재와 자연 없이 내가 있을 수 없다는 것을 이해한다. 이런 관계성은 정적이지 않고 매우 역동적이며, 다른 존재를 존중하기 위하여 자신의 권리를 기꺼이 포기할 줄도 알게 된다. 모든 사람들이 그물처럼 연계성을 가지고 있으면서도 개개인에게는 불성이 존재함을 인정한다. 원불교의 '처처불상' 개념은 모든 존재는 깨우칠 수 있다는 내재적 가능성을 인정하는 데서 시작한다. 모든 사물과 모든 사건과 모든 인간이 거대한 관계망을 형성하고 있다는 것을 잊지 않아야 한다. 개인주의에서 관계주의로의 '가치매김'이 필요하다.

소태산의 사은(四恩)사상에서는 우주의 모든 생명체와 우주 자체가 총체적으로 연기적인 은혜의 관계를 맺고 있다고 말하고 있다. 사은 사상은 인간 사이에 맺어진 은(恩)의 관계뿐만 아니라, 모든 존재는 서로 '없어서는 살 수 없는 피은'의 관계라는 것을 중시한다. 보은 생활을 하자는 것이다. 근본적인 상생과 생명의 관계를 인식하고 감사 생활과 적극적인 보은 생활을 하자는 것이 사은 사상의 핵심이다.

『논어』의 화이부동(和而不同)에서 '화'는 화목하고 서로 잘 어울린다는 의미이며, '동'은 동일성의 의미를 갖고 있다. '화'는 다양성을 인정하는 관용과 공존과 평화의 논리이다. 반면에 '동'은 다양성을 인정하지 않고 획일적인 가치만을 용납한다. 지배와 합병의 논리이다.

고모리가 제시한 '의심하는 전략'을 종교적 언어로 표현하면, 사람과 사람 사이뿐만 아니라 사람과 사물 사이에도 그물처럼 연계성을 가지고 있다는 사실에 대한 인식이다. 하나의 가치로 획일적 통합을 지도하는 것이 아니라, 서로의 가치와 차이를 인정해 주는 '화'의 논리로 공동체를 형성해 가는 것이다. 우리는 자신도 의식하지 못한 채 새로운 '인종차별주의' 속에서 살아가고 있는 것은 아닌지 사색과 성찰이 필요하다.

정체성과 차별성

이찬수 오늘 토론거리 중의 하나가 '정체성'의 문제입니다. 영어로
는 '아이덴티티(Identity)'다. 독일에서 나치의 억압을 피해 미국으
로 온 심리학자 에릭슨이 자신의 뿌리를 고민하고 학문화하면서
학계에 알려진 낱말이라고 합니다. 영어 '아이덴티티'가 정체성과
동일성이라는 뜻을 모두 의미한다는 데에 함축되어 있듯이, 문제
는 자신의 정체성의 추구가 지속적 동일성의 추구로 나타나고, 그
동일성은 차이를 배제한다는 점입니다. 미국 백인의 정체성/동일
성은 흑인을 배제해 왔고, 남성의 정체성/동일성은 여성을 소외시
켜 왔습니다. 아메리카 대륙으로 건너간 이주민들이 한동안 영국
의 지배를 받다가 자신의 정체성/동일성을 찾는 과정에 영국과 차
별화하면서 영국과의 관계를 단절한 것이 이른바 미국의 독립입
니다. 정체성은 타자의 억압으로부터 독립하도록 추동하기도 하
고, 타자에 대한 억압을 정당화하기도 하는 두 가지 의미를 모두
담고 있습니다. 종교적 정체성도 마찬가지인데, 가령 기독교의 정

체성을 확립하려는 행위는 자연스럽게 비기독교를 배타하는 행위로 연결되기도 합니다. 마중글을 염두에 두고 이런 내용을 중심으로 토론해 보았으면 합니다.

정주진　정체성이 연관된 갈등은 무력 분쟁으로 가는 경우가 많습니다. 대부분의 내전이 정체성 갈등에서 시작됩니다. 정체성은 평화와 폭력의 문제에서 매우 중요한 주제입니다. 정체성의 위기를 겪는 쪽은 보통 상대적으로 약한 집단입니다. 대개는 폭력의 희생자 쪽이죠. 정체성과 관련된 차별의 문제를 보면 더 쉽게 이해할 수 있습니다. 강한 쪽에서는 차별 문제를 제기하지 않습니다. 우리가 누군가에 대한 차별을 인지하게 되는 경우는 차별을 당하는 쪽에서 문제를 제기하고 그것이 잘못되었다고 말할 때입니다. 그렇게 얘기하는 쪽은 상대적 약자입니다. 그래서 차별을 말할 때는 힘의 관계를 이야기해야만 합니다. 차별은 힘의 관계를 나타내 주고, 힘의 관계가 잘못 작동된 것입니다. 차별과 힘의 관계는 폭력이라는 맥락에서 심도 깊게 살펴보아야 할 주제입니다.

　얼마 전에 『지위경쟁사회』라는 책을 재미있게 읽었습니다. 경쟁의 내용보다는 순위에 집착하게 만드는 것이 '지위경쟁'입니다. 강남 사람들은 강북 사람들과 다릅니다. 가는 백화점도 다르고, 이용하는 문화 지역도 다릅니다. 이것을 차별화하고 이를 통해 우월주의를 내면화하곤 합니다. 문제는 사람들이 지위경쟁을 통해 지속적으로 차별을 재생산해 낸다는 점입니다. 이때 '차별'이라는 낱말은 전면에 등장하지 않지만 행위 안에 내재되고 지속됩니다. '지위경쟁'의 내면화를 통해 지역이나 집단 간 차별이 더욱 고착되는 사회로 가고 있는 것 같습니다.

이찬수 고모리 요이치의 『인종차별주의』에도 나오는 얘기지만, '롯폰기 힐스'는 동경의 부자 동네입니다. 일본에서 '롯폰진', 그러니까 '롯폰기 사람'이라는 말이 마치 새로운 인종을 가리키는 용어처럼 쓰이고 있다고 합니다. '롯폰진' 자신도 자기가 일본 내 다른 사람들(집단)보다 우월한 신분에 속해 있다는 자의식을 갖습니다. 이를 바탕으로 비(非)롯폰진에 대한 차별의식을 내면화하게 된다는 겁니다.

　개신교가 20세기 초 한국에 뿌리내리게 된 배경에도 일종의 지역적 차별의식이 작용했다고 할 수 있습니다. 미국으로 대변되는 어떤 선진적 문명에 편입되고 싶은 열망이 한국 개신교 부흥의 씨앗이 되었습니다. 처음부터 누군가를 차별하려는 마음으로 개신교인이 되었다기보다는 차별을 피하기 위한 선택으로 개신교인이 되었다고 보는 것이 옳겠지만, 개신교적 정체성이 분명해지고 나서 다시 타자에 대한 차별의식을 내면화했다는 점이 문제입니다.

정주진 개신교는 한국전쟁 후 노골적으로 미국의 영향력에 기대 구호사업도 독점하다시피 했습니다. 한국 내 제국주의라고 할 수 있는데, 거기에 대한 반성은 기독교 내 소수집단에서만 언급되고 있고, 주류가 그에 대한 생각을 별로 하지 않는다는 것이 큰 문제입니다.

차이가 차별이 되다

이관표 앞서 논의된 사항들과 다른 관점일 수도 있지만 조금 더 심층으로 들어갈 필요가 있습니다. 바로 영어 '아이덴티티'라는 용어의 번역과 관련된 문제입니다. 자기 정체성에 대한 이야기가 오히려 차별적 정체성을 강화하고 정당화하는 계기가 될 수 있기 때문입니다. 앞에서 나온 대로 '아이덴티티'는 철학에서 '동일성'을 의미하는데, 그것은 자기규정을 위한 차별을 전제로 하는 것입니다. 트럼프 대통령의 경우가 대표적 사례입니다. 누가 봐도 백인이 주류인 사회에서 백인들의 정체성을 확보하면서, 동시에 이주민들에 대한 차별을 정당화합니다. 즉, 정체성을 확립한다는 것은 이와 동시에 차별을 긍정하는 원리로 사용될 수 있으며, 이러한 의미에서 정체성과 차별은 분리될 수 없습니다. 형이상학적으로 보면 인간 삶의 기본적인 출발점은 다름 혹은 차이입니다. 다름 혹은 차이를 견디지 못하는 인간의 본능이 결국 차이를 차별과 혼동하게 만들며, 그럼으로써 더욱더 정체성 확립이라 변명하면서 동일성의 논리를 강대하게 확대하는 것입니다.

이찬수 자기의 정체성은 자기가 주장한다고 확립되는 게 아니라, 남들에게 동의를 받을 때 확립될 수 있습니다. 남들로부터 동의를 받기 위해서는 자신을 설명할 뿐만 아니라 남들과 타협하고 수용하는 과정을 거쳐야 하고요. 자기 정체성에 대한 동의를 얻어 내기 위해 자기의 정체성을 가능하게 해 주는 토대가 얼마나 배타적인지 비판적으로 돌아보아야 합니다.

정주진 정체성을 남으로부터 확인받기 위해 자신의 특징을 버리고 동화되려는 시도가 그렇다고 볼 수 있습니다. 다른 사람들에게 정체성을 확인받아야 한다는 생각을 한다는 건 관계가 형성됐다는 것인데, 그 관계에는 끊임없이 힘이 작용하게 됩니다. 힘이 작용하는 사회에서는 힘이 배제된 관계를 잘 받아들이지 않습니다. 다양한 정체성을 자연스럽게 받아들이고 용납하는 사회에서는 힘의 작용으로 정체성이 정의되는 경우가 당연히 덜하지요.

이명권 우리의 사회 현상을 보면 묘하게 돌아가는 부분이 있습니다. 소수자가 자신의 정체성을 강화하려 하고, 가해자는 정체성을 가치중립적으로 두려는 경향이 그것입니다. 박근혜 대통령 탄핵 정국에서 촛불집회에 대한 안티로 '박사모'들이 태극기 물결을 이루면서 자신의 정체성을 더 확인하는 과정으로 삼기도 했던 것이 대표적인 경우입니다.

이관표 한번 이렇게 생각해본 적이 있습니다. 그것은 바로 우리가 살아가는 세상이 그 어느 때보다 정체성 확립을 따돌림, 차별, 그리고 미움 등으로부터 취하고 있다는 것입니다. 예를 들어 누군가를 집단적으로 왕따를 시키는 이유는 자신들의 삶의 확인, 즉 살아 있음을 느끼기 위해서죠. 예를 들어 '예수천당 불신지옥'을 이야기하는 사람들은 그들의 신앙이 흔들림이 없으며, 오히려 그들은 자기 자신만이 분명한 진리를 알고 있는 착한 사람이며, 자신과 다른 생각을 하는 사람들은 모두 절대악이라고 규정해 버립니다. 신앙이 다른 것은 우선 단순한 신념의 차이일 수도 있습니다. 그런데 이러한 단순한 차이로부터 사람들은 절대적인 선과 악을 구분하기 시작합니다. 확고한 정체성을 가진 집단에서는 그 차이를 차별을 정당화하는 계기로 활용하는 큰 문제를 지닙니다.

오현석 무엇을 기준으로 차이를 분별해 내느냐의 문제도 중요합니다. 차이를 하나의 기준에만 근거해 만들어 내려는 시도 역시 폭력적입니다. 예를 들어 요즘 대학에서 '글로벌 인재'를 만든다고 하는데, 거기서 '글로벌'하다는 것이 도대체 무엇인지 잘 모르겠습니다. 일정 수준의 외국어 능력을 갖추면 '글로벌'해지는 건가요? 물론 외국어 능력은 중요합니다. 차이를 이해하게 되는 매우 중요한 통로이기 때문입니다. 외국어를 배우는 행위 그 자체가 바로 나와 다른 것과의 만남이니까요. 하지만 그것만으로는 부족합니다. 사실 내가 발견하고 체험하는 '차이'가 아니라면 그것은 실생활에 별 도움이 되지 않습니다. 차이에 대한 감수성이 저마다 다르기 때문입니다.

그런데 우리 사회나 대학이 '글로벌 교육'이라고 외칠 때, 내가 느끼는 '차이'가 아니라 이미 정해져 있는 '차이'를 잘 습득하는 것이라는 느낌을 받습니다. 상식을 넓히기 위해서 상식 책을 사서 보는 것처럼 말입니다. 물론 그렇게라도 하는 것이 안 하는 것보다는 나을지도 모릅니다. 차이에 대한 감수성을 확대하는 데 조금이라도 도움이 된다면 말입니다. 그런 의미에서 '글로벌'의 기준이란 없다는 사실을 아는 것이 바로 '글로벌'의 기준이 아닐까 싶습니다.

이찬수 차이에 정체성이 개입되면 차별이 된다는 말에 동의합니다. 여기에 첨언하자면 차이에 동의하는 이들 사이에 공범이라 할

만한 그룹이 형성되고, 그 그룹 밖에 있는 이를 차별하는 형태로
나타난다는 것입니다.

차별과 구별의 차이

이명권 사회적 맥락에서 보면 차별은 경멸을 의미합니다. 선의의
차별이라는 것도 광의의 의미에서 있을 수 있겠지만, 여기에서는
경멸적 차별을 말합니다. 구별과 차별을 구분해서 말해야 합니다.
유교 전통에서 부부유별도 마찬가지입니다. "공자가 죽어야 나라
가 산다"고 말할 정도로 반유교적 입장에서 보면 부부유별은 사실
상 부부차별로 읽힙니다. 남자가 여자를 차별한다는 것이지요. 반
면에 원시 유교적인 공자의 이상적 측면에서 보면 차별이 아니라
구별입니다. 역할의 구별로 보는 것입니다.

이찬수 정말로 차별 아닌 구별이라는 것이 가능할까 하는 근원적
인 물음이 들기도 합니다. 구별이 정말 구별로 기능하려면 정도의
차이가 있겠지만 차별이 내재해 있다는 뜻이 아닐까 싶습니다. 차
별을 속에 간직하고 있지만, 내색하지 않는 정도를 구별이라고 하
는 것 아닐까요. 차별과 구별을 구분해야 한다고 말하지만, 특히
종교에서는 차별하지 말아야 한다고 가르치지만, 가령 악에 대한

차별의식이 있어야 악을 극복하기 위한 저항이 가능해지는 것 아닐까요. 차별이 폭력이 아니라 평화로 작동하려면 좀 겸손한 차별이라는 것을 동력으로 해야 하는 것 아닐까 싶습니다. 차별을 적극적으로 재해석할 필요가 있을 것 같습니다.

이명권 그 부분에서 영성이 중요한 역할을 한다고 봅니다. 구별인가 차별인가, 차별 없는 구별이 가능한가 질문했을 때, 가령 예수도 구별은 했지만 차별은 하지 않았을 것이라고 생각할 수 있습니다. 예수는 폭력적 의미의 차별은 하지 않았다고 봅니다. 예를 들어 '가이사의 것은 가이사에게 하느님의 것은 하느님에게'라며 구분을 했습니다. 그 시대의 정치와 로마 체제의 상황 속에서 세금 납부 등은 그대로 하고 '신적 질서'는 또 다르게 구별하여 주장했던 것으로 보입니다. 신적 질서는 절대적인 평화에 입각한 절대적 기준이었다고 본 것 같습니다. 그것이 영성이지 않나 싶습니다.

로마서 14장 17절에서는 '하느님의 나라는 먹고 마시는 데 있지 아니하고 정의와 평화와 희락(기쁨)이다.'라고 말합니다. 바울은 정의와 평화와 희락이라는 세 가지 말로 하느님의 나라를 요약합니다. 하느님의 나라라는 새로운 신적 질서를 만들기 위한 예수의 몸짓은 가이사의 것과는 구별되는 무언가를 표현해 준 듯합니다. 거룩이라는 것이 형식화되다 보니까 율법주의가 되고 배타주의가 되는데, 거룩 그 자체가 처음 발생한 원시적 종교체험은 실질적으로 하나의 신비적 체험이라 볼 수 있습니다. 성속의 분리가 아니라 '속' 속에서 '성'이 드러나는 구조로서 이해해야 합니다.

주변인을 만드는 폭력

이관표 얼마 전 미국 드류대학교의 한국인 교수였던 이정용의 『마지널리티』를 보았고, 또 아는 학자들과 더불어 토론을 했습니다. 여기서 언급되는 '마지널리티'란 바로 메이저에 속하지 못하는 주변인 혹은 경계인을 의미합니다. 그리고 이 주변인과 경계인은 늘 메이저로부터의 폭력에 노출됩니다. 주변인과 경계인은 분명 메이저와 '다른', '차이나는', '낯선' 요소를 지니고 있기 때문입니다. '마지널리티'라는 개념이 존재할 수밖에 없는 우리의 현실이 이미 폭력의 출발점입니다. 다름이 폭력의 근거가 되며, 이 다름 때문에 중심과 주변이 나누어지는 현상은 이미 차이가 차별을 부르고, 그 차별이 다시금 폭력으로 연결되는 아주 전형적인 모습입니다.

그러나 사실 중심부란 없음을 기억해야 합니다. 예를 들어 폭력은 법 정초적이든지 혹은 법 수호적이든지 동일한 폭력의 범주에 속합니다. 우리는 폭력에 대해서 경찰들의 폭력은 옳고 반대되는 혁명적인 입장은 나쁜 것으로 이야기하지만, 사실은 경찰들도 법을 보존하고 유지하기 위해서 폭력을 쓰는 셈입니다. 모든 이들이 주변인으로 존재할 뿐이며, 모든 이들이 주변인이라는 것은 바로 모든 이들이 서로 다를 수밖에 없음을 의미합니다. 그러나 이 다름을 견디지 못하는 인간은 여기에서 절대적 동일성이라는 망상을 꿈꾸면서 단순한 이름을 구실 삼아 다름을 폭력으로 제어하기 시작합니다.

하지만 우리는 그저 다름으로 점철된 주변인들일 뿐입니다. 우리는 차별하고 있으면서도 동시에 차별받을 수밖에 없는 그런 상황 안에 놓여 있습니다. 오히려 이러한 모순적 행위를 극복하기 위해서는 기독교적 정신, 특별히 예수의 십자가 정신이 필요합니다. 그것은 바로 나는 차별하지 않지만, 내가 받는 차별을 받아들이고 감내하면서 그것을 다른 곳으로 전염시키지 않는 자기희생입니다.

조금 생물학적인 방법론으로 추론해 보자면, 나는 종교가 전체 생명을 유지하기 위해 '죽으라'는 신의 명령이 아닌가 생각합니다. 세상은 살라고 말합니다. 내 마음대로, 내 모든 것을 유지하면서 아무것도 양보하지 말고 힘의 의지를 따라 다른 것들을 죽이고 자신은 살아남으라고 말합니다. 그러나 그것은 모든 생물이 멸망할 수밖에 없는 욕정과 욕망의 원리일 뿐입니다. 오히려 신은 전체 생명의 유지를 위해 희생하고 죽으라고 제안합니다. 의미 없거나 무가치한 그런 죽음이 아니라, 다른 이들을 위해 자기를 버리는 그런 자기 비움을 명령합니다. 다른 이들과의 차이를 견뎌냄과 동시에 다른 이들이 나에게 가해 오는 차별을 내가 감내하면서 나를 죽이는 것이 바로 기독교인의 삶이며, 참된 종교인의 모습이라 생각합니다. 기독교의 예수 그리스도는 바로 이것을 보여주었습니다.

그들만의 영성

정주진 앞에서 영성을 이야기 했는데 영성이나 성서의 가르침을 강조하는 분들이 과연 차별과는 거리가 먼지 의구심이 듭니다. 영성은 그들 나름대로의 영성이지 보편적인 영성까지는 포괄하지 않는 것 같습니다. 예를 들어 종교 안에도 계급주의가 있고, 교회 안에도 계급주의가 있는데, 그런 계급을 지속시키고 유지하는 사람들에게 영성이 없을까 생각해 보면 그렇지는 않습니다. 영성이 있고 영성에 대해서 가르치고 메시지를 전하고 있습니다. 그들의 영성을 딱히 거부할 수는 없지만 그들의 행동을 보면 무작정 수용할 수도 없습니다.

성서의 가르침은 거부할 수 없는 영성인데 현실은 제도화된 조직 속에서 끊임없이 구별 같은 차별이 이루어지고 있습니다. 구별과 차별에 대해 차별하는 쪽은 구별이라고 하지만 차별 받는 쪽에서는 그것은 구별이 아니고 차별이라고 했다면 그것은 차별일 수밖에 없습니다. 교회 안에서 목회자와 평신도가 있고 남자와 여자 사이에서도 계급적인 것들이 있는데, 사람들은 보통 한국문화에서는 전통적으로 여자는 여자의 역할이 있고 남자는 남자의 역할이 있다고 이야기합니다. 하지만 실질적으로 돌아가는 상황이나 환경을 보면 확실히 그것은 차별적입니다.

그런 방식으로 종교적이거나 문화적인 것들이 관습이나 전통과 섞여서 차별로 작동하는데, 과연 그것이 영성으로 극복되느냐면 그렇지 않습니다. 때문에 영성만이 아니라 사회적인 차별에 저항하는 태도와 행동이 동반돼야 근본적으로 차별이 극복될 수 있다고 생각합니다. 종교적 영성만이 아니라 사회적인 안목과 비판을 같이 수용해서 담아야 합니다. 그래야만 교회 안에서나 공동체 안에서 작동하는 차별이 없어질 수 있습니다.

이명권 여기서 말하는 영성은 사회적, 해방적 비움의 영성입니다.

정주진 하지만 그 영성을 말하는 목회자들조차 차별의 구조를 깨기 위해서 적극적으로 무엇을 하느냐 하면 그렇게 치열하게 하는 것 같지 않습니다. 치열하게 하지 않고 그들만의 사회 안에서 약간의 불편함을 느끼지만 그 속에 계속 안주하고 있는 것입니다. 현실적으로 그것을 깨기 위해서 치열하게 투쟁을 하지 않습니다.

예수도 시대의 아들

정주진 저는 예수가 12제자를 남자만 뽑은 것이 의도적이었는지 아니면 의도치 않게 우연이었는지 의문이 듭니다. 가톨릭은 지금까지 그것을 근거로 들어서 여자 사제는 허용할 수 없다고 하는데, 예수도 그 시대의 사람이고 그 수준밖에 안 됐기 때문에 그런 것이었을까 하는 생각이 들기도 합니다. 그 부분이 항상 궁금합니다. 또 예수가 부엌에서 일하는 마르다와 마리아에게 말씀을 듣는 것이 더 중요하다고 이야기 하는데, 대부분의 여자들은 그 부분에 문제제기를 합니다. 손님을 대접하기 위해 부엌에서 일하는 부분이 얼마나 중요하고 그 일을 담당하는 사람한테는 눈앞에 닥친 큰일인데, 예수는 그것을 너무 소홀하게 생각했던 것이 아닌가 하는 생각이 듭니다.

이찬수 일단 예수도 분명히 시대의 아들입니다. 예수의 언행에서 무조건적인 보편성을 끄집어낼 수는 없다고 생각합니다. 당시 맥락을 잘 살펴야 하는데, 당시 맥락에서는 혁명적일 정도로 앞섰든지 심층적이든지 했던 것은 분명합니다.

그렇더라도 말씀하신 마르다와 마리아 이야기는 교회 안에서 많이 오해 또는 오독되는 측면이 있는 것 같습니다. 그 이야기의 핵심은 단순히 부엌일 보다 성서 공부가 중요하다는 의미라기보다는, 예수를 만나면 예수를 대면하는 일이 중요하다는 뜻으로 해석해야 할 것 같습니다. 예수는 자신의 일행을 맞이하느라 부엌일에 분주했던 마르다를 비판한 것은 아닙니다. 그것은 그것대로 의미 있는 일이라고 예수도 생각했다고 봅니다. 이 이야기는 여성도 율법을 공부하는 자리에 함께할 수 있다는 사실을 통해 지독한 남성중심 사회를 비판한 것이기도 하고, 무엇보다 예수를 만났으면 예수 속에서 꿈틀대고 있는 하느님의 나라를 대면하는 일이 제일 중요하다는 메시지를 던진 것으로 보아야 할 것 같습니다. 물론 예수도 시대의 아들이라, 오늘의 페미니즘적 안목에서 보면 한계가 분명히 있겠지만요….

정주진 그런 해석을 달아도 여전히 만족스런 설명이 되지 않습니다. 그 상황에서 여자들은 대체로 마르다의 상황을 중요하게 생각하고 거기에 동의합니다.

이찬수 말씀하신 취지에 동의하면서도 마르다와 마리아 이야기를 오늘날 맥락에 어울리게 적극적으로 해석할 필요가 있다는 뜻에서 한 말씀입니다.

정주진 미화시키려는 해석이라 생각됩니다.

이찬수 미화시키려는 의도는 없었습니다만….

이관표 남자 역시 마찬가지입니다. 예를 들어 남자로서 가끔 불편한 성서의 구절과 해석이 있습니다. 그것은 바로 열 처녀 비유인데, 시집간다는 것이나, 신랑을 기다린다는 것 등이 조금 어색합니다. 남자로서의 자기 정체성이 아마도 그렇게 만드는 것 같습니다.

정주진 여자들의 입장에서도 그 부분이 불편하게 느껴질 수 있습니다.

이명권 하느님을 아버지라고 표현하는 것 자체에 이미 거부감이 있을 수 있습니다. 가부장적 체제에 대해 익숙한 제자들이 그런 표현을 썼고, 성서 자체도 시대적 산물인 것을 우리는 부인할 수 없습니다. 예수 자신의 말이 어디까지인지 아직 증명된 것도 없고요.

정주진 그런 예수의 태도와 행동을 지금 시대에서 재해석하지 않고 교회에서는 아직도 절대적인 것으로 교육한다는 것이 문제라는 생각이 듭니다.

이찬수 그렇습니다. 가령 '하느님 나라는 정의와 평화'라는 구호는 얼핏 멋있는 말로 들립니다. 하지만 정의와 평화도 누리는 자와 누리지 못하는 자가 있는 게 현실입니다. 그런 현실을 외면하고 만일 자기중심적으로만 해석하면, 그 정의와 평화가 자기 집단에만 적용되는 것처럼 착각될 수 있습니다. 구약성서도 자기 집단 중심적인 해석을 벗어나지 못할 때가 많습니다. 지금 내가 말하는 평화가 정말 평화인지 다시 판단하고 적용해야 합니다.

의심하는 전략

이관표 언어의 문제는 복잡하기 때문에 섣불리 없애자고만 말하는 것은 문제입니다. 당시 사람들의 말을 우리가 쓰고 있는 언어와 사고로 지속적으로 해체하고 재해석할 필요가 있습니다. 그것은 곧 반가부장적, 반인간중심적, 반인종주의적 해체와 해석이라고 말할 수 있습니다. 이러한 해체와 해석을 통해 분명히 앞서 언급한 종교언어의 비판들은 극복될 수 있습니다.

물론 우리는 해체와 해석 이전에 늘 우리의 삶과 현장에 차별이 들어와 있음을 정직하게 인정해야만 합니다. 성서도 차별적 용어를 담고 있습니다. 그러나 그것은 시대적 한계로서, 인간의 이해를 위한 차별의 용인일 뿐이지 결코 절대적이고 항구적인 어떤 것은 아닙니다. 해체와 해석은 우리가 마음대로 수행하는 방법론이 아니라 하나님께서 우리에게 늘 명령하시는 것이라고 생각합니다.

이찬수 답이라고까지 할 수는 없겠지만, 고모리 요이치가 제시하는 대안은 '의심하는 전략'이라는 표현입니다. '이거다'라고 단정하지 말고, 한 번 더 의심해 보는 것이 폭력이 되지 않도록 하는 철학적 대안이라는 것입니다.

정주진 저는 '의심하는 전략'이 참 괜찮다고 생각합니다. 의심을 보통 부정적인 태도로 보지만, '왜?'라는 의문을 제기하는 것은 바람직하게 여겨집니다. 한 원로 목사님이 저희 교회에 와서 은퇴 이후의 이런 저런 일에 대해 얘기하시면서 농담처럼 '교회에서 의심하면 안 된다'고 말씀하시더라고요. 그래서 제가 '의심을 해야지요. 의심을 안 해서 이 나라가 지금 이 상황이 된 것이 아닙니까?'라고 했지요. 그분이 그렇게 완고한 분은 아닌데, 그분의 얘기 속에서 교회에서 은밀하거나 직접적 방식으로 생각을 억압하는 일이 이루어질 수 있겠다 싶었습니다. 그런데 종교 안에서는 의심을 불손한 것으로 치부하는 경향이 있고 의심하지 말아야 한다고 주입식으로 가르치면서 의심을 자꾸 부정적으로 보는데, 의심의 전략은 기본적으로 바람직한 것입니다. 자꾸 의심하는 훈련이 필요합니다.

이관표 자기 성찰이나 결단의 문제 등은 결국 해석학적 순환 안에 놓여 있습니다. 제대로 살아가는 건강한 사회에서는 의심이 의미 없지만, 건강하지 못하고 통제되는 사회에서는 오히려 진실을 담고 있습니다. 예를 들어 예전에 민중신학에서 군사정권 시대에는 오히려 사람들과 사람들 사이에 전해졌던 것들이 오히려 더 진실을 담고 있었습니다. 광주항쟁에 대한 소문도, 여러 가지 저항들의 이야기들도 모두 신문에는 나오지 못했거나 왜곡되어 전달되었지만, 도리어 소문이 정확한 내용들을 담고 있었습니다. 예수 시대의 성경도 그랬을 것입니다. 핍박을 받고 있을 때 로마가 이야기하는 구체적이고 정중한 문서들에는 기독교인들이 도리어 이단이고 잘못된 사당이라고 표현되었지만, 초기 기독교 공동체 내에 돌았던 이야기들은 예수의 사랑을 분명하게 전하고 표현하는 진실된 매개체였습니다. 이런 의미에서 볼 때, 의심은 진실로 다가갈 수 있는 중요한 장치이며, 이 의심을 통해 끊임없는 담론들을 만들어 가는 것들이 중요하다고 봅니다. 이런 것들이 인종차별주의를 극복해 내는 과정이 될 수 있습니다.

정주진 그렇지만 의심의 전략이 종교 안에서 정말 독려되고 확대될 수 있을지는 여전히 의심스럽습니다.

이찬수 종교라는 것이 '내적인 경험 세계'와 '조직과 제도 등 외적인 표현'으로 구성되어 있다고 할 때, 의심은 조직과 제도를 흔드는 행위일 수 있습니다. 종교 지도자들은 그다지 좋아하지 않는 자세이죠. 그럼에도 불구하고 의심하지 않으면 조직과 제도가 인간을 대체하고 인간은 그 종속물이 되고 맙니다.

차별인가 문화 차이인가

오현석 우리가 다른 문화를 대하는 시선이나 기준이 항상 궁금합니다. 우리가 일상에서 타인을 대하는 태도와 근본적으로 닿아 있기 때문입니다. 저는 중국에서 생활하기 때문에 중국문화를 보는 내 시선을 돌이켜볼 때가 많습니다. 생활에서 부딪치는 이야기를 하면, 중국의 문화가 충격적인 것이 한두 가지가 아닙니다. 전에 이런 경험을 한 적이 있습니다. 북경 시내에서 버스를 기다리고 있었습니다. 중심가는 아니었지만 4차선 도로였으니 사람들이 많이 지나다니는 길이었습니다. 버스정류장에도 십여 명이 넘는 사람들이 있었습니다. 그런데 아이 엄마가 아이에게 버스 정류장 표지판에 대고 오줌을 뉘더라고요. 더 당황스러웠던 것은 주위의 사람들이 태연하게 그것을 지켜보고 있는 것이었습니다. 이것을 어떻게 이해해야 할지, 나는 문명이고 저들은 비문명인가?

제가 중국에 대해 다루는 자료들은 대개 불어로 된 것들입니다. 그것을 읽고 있으면 나도 모르게 서양인의 시선으로 중국을 보고 있음을 느낄 때가 있습니다. 물론 그에 대한 여러 가지 이론적 접근이 많다는 것은 잘 알고 있습니다. 그래서 이성적으로는 이해하지만 현실적으로 부딪치면 그렇지가 않은 경우도 있더라는 것입니다.

정주진 저에겐 별로 충격적이지 않습니다. 좀 오래전에는 우리 시골에서 그런 일들을 쉽게 볼 수 있었으니까요. 우리도 오줌 싸면 아랫도리 벗겨서 키 씌워서 내보냈던 문화가 있었습니다. 평소에 보지 못했던 것을 보니 문화적 충격으로 다가왔던 것이 아닐까 합니다.

오현석 공공장소에서 버젓이 오줌을 누게 하는 것은 사회 공동체의 질서에 어긋나는 행위입니다. 그것을 존중해야 할 문화라고 생각하는 사람은 없을 것입니다. 하지만 그와 비슷한 일을 몇 차례 겪으면서 내가 가지고 있는 '문화적 다양성의 감성'을 다시 생각하는 일이 많아졌습니다. 내가 생각하고 있는 문명/비문명의 구분으로 나도 나와 그들을 구분하고 있이 것이 아닐까 하는….

불이익을 주어야 차별이다

정주진 차별은 아닌 것 같습니다. 왜냐면 그 생각이 그 사람들에게 직접 영향을 미치거나 불이익을 주지 않았기 때문입니다. 제가 들은 차별 이야기를 해 보죠. 몇 년 전에 한 후배가 병원에 입원한 적이 있는데, 병원 간병인들 중에 조선족이 많았다고 합니다. 지금도 그렇지만 환자와 가족들이 그 사람들을 그렇게 차별한다는 것입니다. 청결하지 못하고 더럽다는 이유에서입니다. 딱히 불결하지도 않은데 그 사람들은 우리보다 불결한 곳에서 살다 왔다고 환자들이 생각을 하더라는 것입니다. 그래서 그 사람들이 무엇을 해도 괜히 의심을 하고 깨끗하지 않을 것이라고 단정하더랍니다. 그런데 막상 그 사람들은 그런 선입견 때문에 더 깨끗이 한다고 얘기하더라는 것입니다. 이런 게 분명한 차별입니다.

이명권 이러한 차별도 있습니다. 요즈음은 다르지만 얼마 전만 해도 연변에 사는 조선족들의 이야기를 들어 보면, 조선족은 쌀을 씻어서 걸러 내고 밥을 하지만 한족들은 쌀뜨물이 아까우니까 그냥 밥을 합니다. 덜 깨끗한 족속이라는 것입니다. 이런 식으로 조선족들은 한족들을 중국 내에서 차별합니다. 근래까지도 도시 말고 시골을 가면 조선족이 한족보다 훨씬 깨끗하게 생활합니다. 그 문화 속에서는 상당히 깨끗하게 살고 있습니다.

스스로 차별 안에 갇히려는 사람들

이관표 자신들의 잘못된 신념 때문에 자신 안에 갇혀 버린 사람들도 있습니다. 일본의 사토리 세대가 그렇다고 합니다. 사토리 세대는 더 이상 무언가 하고 싶지 않고 사회도 자신들을 그냥 내버려 두었으면 좋겠다고 생각한답니다. 사회에서는 그 사람들이 문제라고 이야기하지만, 그럴수록 그들은 자신들의 허무적인 태도를 더 견고하게 견지합니다. '예수천국 불신지옥'을 외치는 사람이 도리어 그 반대의 흐름 속에 있는 곳에 적극적으로 들어가서 더 당당하게 편파적 선교를 하곤 합니다. 그들은 차별을 받는다고 여겨질수록 더 당당해하는 사람들이죠. 차별을 통해 도리어 정체성을 강하시키면서 더욱더 반사회적이고 폭력적으로 가는 것 같습니다.

정주진 그 사람들이 어떤 교육이나 가르침에 영향을 받아서 그렇게 됐을까 생각해 보면, 거기에는 자발적인 것도 있지만, 대부분 그렇게 사람들을 교육시키고 밖으로 내보내서 이득을 취하는 사람들이 있습니다. 누군가의 이익을 위해 이용되는 것이지요. 이론적으로 보면 그 사람들도 폭력적인 구조나 문화의 피해자인데, 그러면 그 사람들을 어떻게 대할 것이냐에 대해서는 측은함만 가지고는 안 됩니다. 분명히 종교적 기준이 아니라 사회적 기준에서 정당하게 판단하고 처벌해야 합니다. 그들의 행동으로 인해 구체적 피해를 입는 사람이 생기기 때문입니다.

'태극기 집회'는 상대적으로 소수이기는 하지만, 민주사회의 질서와 법치가 적용이 돼서 그 사람들의 의견도 정당하게 표현되고 있습니다. 민주사회의 법질서가 작동하고 있는 것이지요. 다만 누군가에게 물리적 폭력을 행사하는 것은 법적으로 다뤄야 합니다.

견딜 만한 차별과 견딜 수 없는 차별

홍정호 앞서 정체성 얘기를 하셨는데, 차별을 정체성의 문제와 관련해 생각해 볼 필요도 있을 것 같습니다. 고프먼(Erving Goffman)에 따르면, 정체성이란 일상이라는 무대에서 타인과 어울려 수행하는 일종의 배역과 같은 것입니다. 배우가 상황에 따라 배역을 적절히 소화해 내듯이, 정체성은 그렇게 연기될 수 있을 뿐 어떤 본질에 속한 것일 수 없다는 말입니다. 그렇다면 차별에 대한 인식도 정체성의 수행에 따라 달라질 수밖에 없는 게 아닐까요. 내가 반대해야겠다고 여기는, 아니 내가 반대할 것을 기대하는 관객/타인의 기대에 부응하는 한에서만 나는 차별에 대한 반대를 연기할 수 있을 뿐입니다. 그걸 '진심'이라고 믿는 건 본인의 자유이겠지만. 모든 차별에 반대한다는 건 불가능한 일입니다. 반대할 만한 차별에만 반대할 수 있습니다.

정주진 다양한 정체성이 있기 때문에 내가 차별할 수도 있고 차별받을 수도 있는 상황이라는 이야기를 하시는 것인지요?

홍정호 그보다는 정체성 인식의 조건에 따라 상황이 달라진다는 말입니다. 견딜 만한 차별과 견딜 수 없는 차별을 구분할 필요가 있을 것 같습니다. 예를 들어 정주진 선생님에게 견딜 만한 차별이 저에게는 견디기 힘든 차별로 인식될 수 있고, 그 반대의 경우도 생각해 볼 수 있습니다. 견딜 수 있는 차별과 없는 차별의 기준은 시대마다, 문화마다, 개인마다 다르고, 한 개인에 있어서도 삶의 시기마다, 처해 있는 실존적 상황마다, 나아가 실존적 상황을 인식하고 해석하는 도덕적 감수성의 정도에 따라 다 다릅니다. 이렇게 달라질 수 있는 조건을 열거하자면 끝이 없습니다. 그러니까 모두가 반대해야 한다거나 모두가 견뎌내야 할 그런 차별은 없다고 봅니다. 나/너는 견딜 만하니까 견디는 거고, 너/나는 못 견디겠으니까 못 견디겠다는 것입니다. 나는 견딜 만한데, 너는 왜 그것도 못 견디느냐는 식으로 말하면 안 됩니다. 못 견디겠다는 사람들의 목소리를 기준으로 삼아야 합니다. 못 견디겠다는 사람들이 있는데 나/우리는 왜 이게 견딜 만한지, 어떤 조건들이 나/우리로 하여금 남들은 견디기 힘든 이 상황을 그럭저럭 견디도록 만들어 주는지, 그러한 조건들은 과연 차별을 배제한 것인지를 성찰하는 것에서 부터 차별을 없애려는 노력에 나서야 한다고 봅니다.

정주진 내 안에는 여러 가지 정체성이 공존하는데 어떤 정체성이 공격을 받느냐에 따라, 다시 말해 직면한 상황에서 위계의 위에 있는 가장 중요한 정체성에 대한 차별이 이뤄지면, 그것에 대해 최선을 다해 저항할 수 있고, 어떤 것은 그냥 대충 감내할 수도 있을 것입니다. 감내할 수 있다는 것은 그만큼 중요하지 않다고 여기기 때문이 아닐까 합니다.

정치는 연기다

이찬수 자아를 연기한다는 말이 많이 와 닿았습니다. 한나 아렌트도 민주 정치를 위해서는 액션, 즉 연기를 해야 한다고 말합니다. 자신의 감정대로 직선적으로 표현하고 행동하는 것이 아니라, 상황에 따라 자신의 내면은 자제하고 상대방은 배려하는 식의, 그러니까 그때그때 상황에 적절한 연기를 해야 한다는 것입니다. 연기하되, 고통으로 인한 상처를 줄여 가는 방향으로 연기를 할 수 있다면, 그것이 민주주의를 이루어 가는 과정일 것 같습니다. 차별 없는 구별은 없을 것 같지만, 그래도 구별이 누군가에게 견디기 힘든 차별이 되지는 않도록 연기하는 태도가 필요해 보입니다. 그것이 민주정치의 기초고, 평화의 동력이 아닐까 합니다.

09

종교가 폭력을 조장하는 것은 아닐까

순수한 현상은 없다. 개인도 집단도 누군가의 어떤 이념과 행동도 순수하지 않다. 종교도 정치, 경제, 사회, 문화 등 한 국가와 세계의 모든 부분과 연결되어 있다. 이런 사실을 무시하고 자신의 이념과 행동이 하늘에서 뚝 떨어진 순수한 것으로 여기면서 폭력은 시작된다. 종교의 이름으로 평화를 가능하게 하는 근본적인 가능성에 대해 생각해본다.

종교에 본질이 있다면

이찬수

종교인이 전 국민의 절반 이상이지만 사회가 평화롭기는커녕 폭력이 교묘하게 구조화되고 도리어 내면화되는 이유는 무엇일까요. 오늘은 종교가 자기모순에 빠지고, 종교와 국가가 교묘하게 결합되는 지점에 대해 냉철하게 비판하면서, 그 극복 가능성 및 대안에 대해 모색해 보고자 합니다.

아시는 대로 한국인의 절반 정도는 종교인입니다. 종교라는 이름으로 개인과 사회 평화를 추구하지만, 종교인이 그렇게 많아도 사회는 평화롭지 않습니다. 도리어 종교인들 간 입장이 달라서 갈등이 생겨나기도 합니다. 그래서 종교가 평화는커녕 폭력을 조장하는 것은 아닌가 하는 비난도 듣고 있지요. 오늘 정말 우리 사회에서 종교라는 것은 무엇인지, 특히 대한민국이라는 나라에서 종교인으로 산다는 것은 무엇인지, 종교가 평화에 기여하는지 아니면 더 폭력적인지 이런 얘기들을 여러 선생님들과 나누어 보려고 합니다. 말씀은 국가, 종교, 평화, 폭력라는 키워드를 염두에 두시고 얘기해 주시면 감사하겠습니다. 대화를 위해 먼저 두 가지 말씀을 드리고자 합니다.

첫째, 인간은 일상에서 살지만, 일상 너머 혹은 그 근원에 대해 고민을 하기도 해요. 그러다가 사는 게 이게 다가 아니지, 뭔가 있겠지 느끼기도 하고, 그 이후로 세계가 달라지기도 하고요. 종교에는 내적 체험의 세계가 있는데, 이것을 언어로 표현하기도 하고, 누군가의 언어적 표현을 들으며 거기에 동의하기도 합니다. 동의하는 사람들이 모이면 그게 일종의 공동체가 되잖아요. 공동체가되면 조직의 유지를 위해 서로간의 약속이 필요해집니다. 우리 이렇게 의례를 하자, 스승의 가르침을 이런 식으로 따라 보자, 그러면서 조직이 생기고 또 견고해집니다. 조직에는 저마다 역할이 있는데 역할이 큰 사람에게 권위가 부여되기도 하고, 권위가 권력이되기도 합니다. 그러면 권력은 자기정당화를 위해 조직의 유지를 강조하곤 하죠. 그런 일이 통할수록 조직 자체가 중시되면서, 관례 밖의 행동을 하면 '이단'처럼 여기기도 하죠. 조직이나 제도가 강해지면 질수록 인간의 내면을 조직이나 제도에 맞추게 되는 일이 벌어집니다. 조직이나 제도 자체가 종교라고 생각하는 사람도 생기고… 그런 이들은 선교도 배타적으로 하게 됩니다. 그럴 때

다시 묻게 돼요. 남을 무시하는 배타적인 선교 행위가 종교인가라는….

둘째, 종교라는 순수한 현상이 있는 것은 아니라는 겁니다. 종교인도 국가라는 틀 안에서 비종교인과 더불어 살게 되어 있고, 누구나 따라야 하는 헌법이 있고, 시민의식이나 정신이 있고, 특정 지역 혹은 국가에 두루 통하는 문화라는 것도 있고요. 순수한 종교 현상이라는 것은 없다는 말이죠. 여러 사람, 여러 일들이 뒤섞여 있다 보니, 국가 차원에서도 특정 종교 편을 들 수도 없고, 남을 함부로 무시할 수도 없습니다. 이런 마당에 특정 종교인으로 산다는 것이 무엇인지, 종교라는 것이 무엇인지 고민을 해 볼 필요가 있을 것 같아요. 아무리 보편적인 진리를 따르는 종교인이라 하더라도 국경을 마음대로 넘어갈 수도 없지 않습니까. 교황이든, 달라이 라마든, 근대 국민국가 체제에 종속적일 수밖에 없고, 그 통제를 받을 수밖에 없는 것이 현실입니다. 이런 마당에 종교인으로 산다는 것은 무엇인지부터 의견을 조율해 가면 좋겠습니다.

국가와 종교의 관계

원영상 국제정치학자 베네딕트 앤더슨은 『상상의 공동체』에서 '국가는 근대의 상상의 산물'이라고 이야기합니다. 말하자면 영토랄까 민중이랄까, 하나의 문화라는 형식 안에 공통 이념으로 묶어서 근대 국민국가라는 것을 만들었는데, 일본의 유명한 평론가인 가라타니 고진도 이 점을 인정하고 있거든요. 우리 개개인은 전 국토를 일일이 둘러보지 않고도 국가를 승인합니다. 일종의 이념 공동체라고 할 수 있는데, 종교도 마찬가지라고 생각합니다. 종교도 상상의 공동체이죠.

특히 유발 하라리의 『사피엔스』를 보면 전 세계에 걸쳐 유통되는 화폐로부터 시작해서 공통의 관념인 자본주의에 대해서, 그리고 사피엔스가 다른 종을 물리치고 인류를 정복하게 된 유일한 전략으로서의 종교에 대해 이야기합니다. 아시다시피 근년에 일본에서는 대지진이 일어나서 해일이 밀려오고 후쿠시마 원전이 파괴되어 수만 명의 사상자는 물론 수십 만 명의 이재민을 만들었습니다. 일본 정부가 원전을 만들 때는 어떤 지진에도 안전하다고 해놓고, 후쿠시마 원전이 터지니까 진도 7.5 이상은 생각해 보지 않았다고 합니다. 이런 것이 국가 기능의 한계를 보여주는 것입니다. 일본의 종교인들은 이제까지 우리는 국가를 믿었는데, 이처럼 국민을 속이는 국가는 과연 영속적으로 믿을 만한 대상인가 고민하고 있습니다. 일본 내에서도 국가를 넘어서 새로운 대안을 고민하는 움직임과 함께 종교인들이 모여서 국가의 한계를 스스로 메우면서도 나름대로 국가 내에서 종교의 새로운 역할을 모색한다고 들었습니다. 이렇게 놓고 보면 결국 국가와 종교는 넓은 의미에서는 상보적인 관계 내지는 서로 의지해 가면서도 뭔가 각자의 역할분담이 있을 것으로 생각됩니다. 특히 촛불혁명 이후 한국 사회에서 종교적 역할은 무엇일지 진지하게 고민해야 하지 않을까 생각합니다.

이찬수 흔히 국가라고 하면 세 요소, 즉 영토가 있어야 하고, 거기 사는 사람이 있어야 하고, 그 사람들이 자신의 말과 행동을 스스로 판단할 수 있는 권리, 즉 주권이 있어야 한다고 말합니다. 그런데 현대 국가는 종교인이든 비종교인이든 모두가 정치적 주권을 똑같이 행사할 수는 없으니까 특정인에게 위임해서 대신 정치하도록 하는 대의민주주의 체제가 운영되고 있습니다. 종교인이든 비종교인이든 주권을 외적으로 행사하는 과정상에 무슨 차이가 있을 것도 없습니다. 그런데 어떤 종교인은 마치 자신에게는 특별한 신적 주권이 더 있는 것처럼 내세우면서 시민사회의 일반적인 원리를 무너뜨리는 일도 벌어집니다. 이번 토론의 주요 논쟁거리 중 하나로 종교인과 비종교인의 경계가 어디까지인지에 관한 이야기도 나눠 봤으면 좋겠습니다.

이병두 좀 전에 원 교무님께서 후쿠시마 원전 사태를 둘러싼 국가 기능의 한계에 대해 말씀하셨습니다. 저는 국가 기능의 한계라기보다 인간 지능의 한계가 아닐까 합니다. 지성일 수도 있을 것이고요. 모든 것이 한계를 드러낸 것이고, 그 한계에 종교도 포함된다고 느끼고 있습니다. 이찬수 선생님께서 말씀하시는 종교와 국가 간의 관계, 종교와 비종교인 관계가 어떻게 보면 폭력일 수 있다는 생각입니다.

　가령 새로운 총리가 취임하면 주요 종교 몇 곳의 수장들을 찾아가는 것부터 시작합니다. 대부분의 사람들이 당연하게 여기지만 비종교인이 보기엔 폭력일 수 있다는 것이죠. '뭐 특별하게 다른 것이 있어서 저기를 찾아가는가? 한다는 것이죠. 과거 신정정치 시절의 사제를 찾아가는 것도 아닌데, 앞으로 그동안 당연하게 여기고 있었지만 옳다고 할 수 없는 이런 문제에 대해서도 논의가 되었으면 좋겠고 시정이 되었으면 하는 것이 저의 바람입니다.

구조적 폭력과 종교

정주진 이 문제에 대해서는 다른 자리에서도 말을 했었는데 국가 권력과 종교 권력의 담합이라고 이야기할 수 있는 부분이 있습니다. 국가 폭력과 종교를 풀어서 이야기를 해보면 폭력과 힘은 권력과는 뗄 수 없는 관계가 있습니다. 폭력은 힘을 가진 사람이 가하는 것이고, 폭력의 피해를 입는 사람은 상대적으로 힘이 약한 사람입니다. 사회에서 가장 많은 사람에게 영향을 미치는 것이 구조적인 폭력인데, 그중에서도 정부의 체계와 그것의 적용이 구조적 폭력이 될 가능성이 가장 큽니다.

구조적 폭력의 가장 큰 문제점은 힘을 누군가 독점한다는 것입니다. 힘을 독점한다는 것은 곧 자원을 독점한다는 것이 되거든요. 한정된 자원을 힘을 가진 사람이 독점하면 상대적으로 힘이 약한 사람은 자원을 조금밖에 가질 수 없게 되겠지요. 국가를 운영하는 것은 정부인데 그런 정부를 운영하는 사람들이 힘을 독점할 때 구조적 폭력이 생긴다고 볼 수 있지요.

문제는 종교가 구조적 폭력이 될 수 있는 국가 시스템에 대해서 문제제기를 열심히 하지도, 저항하지도, 잘못 돌아가는 것에 대해서 끊임없이 문제를 제기하지 않고, 오히려 거기에 같이 결합하면서, 아니면 어떤 식으로는 지지하고 참여하면서 자기의 이권을 챙기려고 할 때 종교와 국가의 담합이 이루어진다고 봅니다.

촛불집회에서도 봤잖아요. 일부 교회와 목사들이 기독교인들을 촛불집회에 대항하는 태극기집회에 조직적으로 동원시키기도 했습니다. 그런 일들이 일어난 이유는 교회와 목사들이 기존의 국가권력을 유지하거나 새로운 권력에 동참하면 자기한테 이익이 돌아올 것이라고 생각했기 때문입니다. 그것이 결국 구조적 폭력에 동참하는 것이지요. 선거가 끝나거나 선거 전에도 마찬가지에요. 후보들이 반드시 종교를 찾아가서 지지해 달라고 협조해 달라고 인사를 하지요. 선거가 끝난 다음에도 인사를 합니다.

종교를 대표하는 기관들이 이제는 이것을 너무 당연하게 받아들이는 상황이 되었습니다. 그런 인사를 받지 못하면 힘이 없거나 권력으로부터 인정받지 못한다고 생각해서 군소 종단은 소외감을 느끼기도 합니다. 이런 것들을 보면 종교가 맑고 순수하며 영적인 것을 추구해야 한다고 기대하는 사람들은 실망감을 느끼게 됩니다.

현실에서는 정치와 종교가 너무 밀착되어 있고 친한 것으로까지 보이고, 속으로 들어가면 국가 구조 내에 있는 사람들과 종교 지도자들이 권력을 나누어 가지는 불편한 상황이 보이니까요. 그런 것들이 우리 사회에 알게 모르게 많이 퍼져 있다고 생각합니다. 그것이 종교와 국가 폭력의 연결을 가능하게 만드는 기본적인 매개가 아닌가 생각을 합니다.

종교의 긍정적 역할도

서보혁 저는 종교학을 하지는 않지만, 일반 시민의 상식으로 보았을 때 종교는 한 개인의 입장에서는 자기의 존재론적 본질이나 인생의 참다운 의미, 절대자의 원리, 우주의 형성 및 운동 원리를 발견함으로써 자기 삶의 어떤 참된 의미를 발견하고 현재 자기 삶을 성찰하는 노력이라 생각합니다. 적극적 차원에서는 어떤 절대자, 신의 창조 질서를 이해하고 또 그 섭리에 자기가 동참하는 것입니다. 이것이 현실에서는 인권 신장이 될 수도 있고, 문화의 다양성을 존중하는 것일 수도 있겠죠. 종교에는 규범적인 것이 있는데, 이것은 현대 사회에서 나타나는 종교 집단의 행태를 성찰하는 하나의 기준이나 거울이 될 수도 있다고 생각합니다.

우선 종교를 규범적으로 바라볼 때 한 개인의 선한 마음, 사회 발전에 기여하는 생활의 지침으로 생각해 볼 수 있습니다. 나아가 국가의 폭력성과 비민주성을 종교 교리를 기준으로 비판하고, 종교 집단의 사회적 역할을 생각해볼 수도 있을 겁니다. 이때 종교인, 종교 집단은 사회 집단의 성원으로서 자기 역할을 찾을 수 있고 비종교인과 연대할 수도 있을 겁니다.

물론 종교의 사회적 위상은 시대에 따라 차이가 있는 것 같습니다. 과거의 신정국가, 봉건시대 기독교 국가에서 태어나면 자신의 선택과 관계없이 기독교인이 됩니다. 그런데 종교가 세속화되거나 다원화된 사회에서는 나는 특정 종교인이 자동적으로 되지 않습니다. 오히려 한 국가의 성원, 국민이 자동적으로 됩니다. 여기에서 우리가 종교의 규범적인 이해와 현실적인 이해에서 차이를 발견하게 됩니다.

현대 사회에서 종교는 종교인 또는 종교 집단의 사회적 행동을 성찰하는 준거이기도 하고, 종교인과 비종교인의 소통, 가령 공동선의 실현 과정에서 서로 연대하고 협력할 수 있는 토대가 된다는 점에서 종교의 역할이 작지 않다고 하겠습니다.

원영상 서보혁 교수님의 말씀에 대해 다른 각도에서 말씀을 드리면 이야기를 종합적으로 볼 수 있지 않을까 생각합니다. 종교사를 공부하면서 종교가 어떻게 발생했는지, 예를 들어 토테미즘과 애니미즘으로부터 시작되었다든가 하는 종교학적인 설이 있습니다. 학적인 논의를 일단 놓고, 종교의 발생은 불안과 폭력과도 관계가 있다고 봅니다.

이 사회는 수백만 년 전부터 인류가 발생해 오늘날에 이르기까지 폭력을 내면화시킨 구조 속에 놓여 있다고 생각합니다. 종교는 이러한 폭력을 어떻게 막을 것인가 하는 노력 속에 성장해 왔다고 할 수 있습니다. 불안이라는 심리적인 감정으로부터 종교가 발생했지만 점점 국가라는 조직이 폭력을 정당화하는 가운데 종교도 나름대로 그러한 폭력성을 누그러뜨리기 위해 노력을 해 왔다고 봅니다. 주지하다시피 종조(宗祖)나 교조들은 사회적인 아노미 상태에서 사회의 불의하고 부조리한 현실로부터 이를 혁파하기를 주장합니다. 예수, 부처, 소태산 대종사나 이런 분들은 그런 경향성이 뚜렷하거든요. 국가가 장악한 폭력을 어떻게 누그러뜨려 온건하게 하고, 국가가 갈 길을 도와주면 좋을까, 라는 종교의 역할이 종교 역사상에 분명히 드러납니다.

그러나 한편 종교가 조직으로서의 역할을 하고자 하니까 국가의 조직과 일치되는 종교의 권력 시스템이 형성되고 유사 국가 시스템이 됩니다. 오늘날 과거에 종교가 지배했던 시대의 권력에 대한 향수나 습관이 남아 있어 종교가 사회에 영향을 미친다고 보는 사람들도 있습니다. 그러나 이러한 종교는 이제 현대 사회에 들어와서는 누구나 선택할 수 있는 백화점의 상품처럼 되었습니다.

현대 사회에서 종교는 사실 개인 차원으로 돌아섰습니다. 자유 민주주의 사회에서 백화점과 마찬가지로 이 종교로 저 종교로 갈 수 있는 상황이 되었다는 겁니다. 결국 종교는 교의의 보편성을 가지고 있으면서도 어떻게 보면 교단 조직을 위해 폐쇄적인 면도 갖고 있는 것이죠. 선교나 포교나 교화를 위해서는 보편적인 이야기를 해야 합니다. 그러나 막상 한 지역이나 국가 내에서는 폐쇄적인 구조를 통해서 스스로 조직적인 부분을 확보하기 위해 노력하는 것이죠.

이처럼 종교는 양면성이 있습니다. 종교 자체의 종교성으로 돌아간다고 하면 해결 못 할 것도 없는데 여전히 유한한 조직에 매달려 있다 보니까 결국 국가와 종교는 그 궤가 대등하게 보이는 상황이 되었습니다. 종교 자신이 이 문제를 자발적으로 해결하려는 노력을 확산시킬 때, 인류의 문제 해결 능력 또한 그것에 달려 있다고 생각합니다.

국가의 종교 활용법

이찬수 좀 전에 얘기 나왔듯이, 선거 전후에 정치인들이 종단 지도자들에게 찾아가서 인사를 하는 것은 표를 의식하는 것이겠지요. 찾아오는 목적은 다소 불순하지만, 맞이하는 입장에서는 나름 예의를 갖춰서 맞아들이곤 합니다. 권력자가 자기 종단에 찾아오는 것을 은근히 즐기기도 합니다. 심지어 독재자라 하더라도 말이지요.

종단 혹은 종단 대표 입장에서 자기 종단도 권력자가 예우하는 종단이라는 자부심도 가지면서요. 이런 모양새를 정치학자 입장에서 보면 어떤가요? 독재자니까 접대 자체를 거부하면서 종교의 내적 양심이나 순수성을 지켜야 하는 건가요? 맘에 들지 않더라도 손님 차원에서 환대해야 하는 건가요? 일반 시민 입장에서는 어떻게 판단해야 할지도 궁금합니다.

서보혁 선거를 비롯해서 현대 정치는 대중정치입니다. 어떤 정치든 간에 대중의 지지와 동원을 이끌어 내지 않으면 정치 자체가 성립되지 않거든요. 정치권력이 자기의 정치적 필요가 무엇이든지 간에 대중의 지지를 얻어내는 것이 자연스러운 것이죠. 현대 정치인은 광범위한 대중들이 모인 집단으로서 그 집단의 지도자도 만나야죠. 정치권력과 종교권력의 만남인데 권력의 유지 재생산을 위해 상호 공존할 필요가 있는 것이죠.

정말이지 종교적 심성은 자기 개인, 자기 마음속으로 환원해 생각할 수는 없습니다. 중세만이 아니라 현대 사회에서도 종교와 정치는 끝없이 만납니다. 종교와 정치의 만남은 현실적으로 공동선을 위해서 협력하고 소통해야 할 부분이 있지만, 종교가 국가와 너무 가까이 있으면 종교 본연의 위상과 종교 나름대로의 역할을 위해서도 적절해 보이지 않을 수도 있습니다.

여기서 바울이 구별한 '하나님의 것'과 '가이사의 것'의 비유를 상기합니다. 종교 집단 내에서도 사회 선을 풀어나갈 수 있는 자기의 양식과 메커니즘이 있을 수 있습니다. 그에 관한 종교 내부의 잠재력과 자원을 모아내는 과정을 선행하지 않고, 또는 그에 기반을 두지 않으면 종교는 정치적 동원의 대상으로 전락하기 십상입니다. 박정희, 전두환 정권 때 종교 지도자들이 독재자를 위해 축복한 기억이 잊혀지지 않습니다.

이병두 얼마 전 우연히 이번 정권 탄생에 기여한 분을 만날 기회가 있었습니다. 제가 당부를 드린 것이 "종교계를 쫓아다니는 일은 없었으면 좋겠고, 국민들의 혈세를 모아서 각 종교계에 전달해 주는 일은 없었으면 좋겠다"고 이야기했더니, 그분이 하는 말이 "직선제 내에서는 불가능하다"고 이야기를 하더라고요. 중앙정부도 그렇고 지방정부도 그렇다고 합니다.

저도 이 부분은 동의를 하고 공감을 합니다. 어떤 종교사회학자는 이것을 '종교정치'라고 해서 소위 민주화 이후에 이루어졌던 종교와 정치관계 또는 정부의 예산이 어떻게 쓰이는지 분석하는 사람이 있었어요. 이 문제와 관련해서 특히 적나라하게 드러났던 게 김영삼씨가 1987년도 선거에서 졌는데, 결정적인 타격이 PK 지역에 불교도들이 많이 돌아선 데에 있었다고 하지요. 노태우 쪽에서 김영삼은 개신교 장로라고 강조한 점도 있었지만, 김영삼씨 스스로 "나는 주일에 유세를 안 한다"라고 한 적도 있었죠. 그러니까 1987년 대선에서 종교가 누구를 당선시키지는 못해도 낙선을 시킬 수 있다는 것은 입증을 했죠. 그 이후에 겁을 먹고 찾아다니는 것인데, 이것은 종교가 폭력을 행사하고 있다는 사실을 분명하게 보여준 것이죠.

정주진 1987년 그 상황에서는 이해가 됩니다. 그런데 과연 국민이 그때의 수준에 머물러 있는지를 생각해 보고 문제제기를 해 봐야 합니다. 일부 목회자들을 보면 선거법에 위반됨에도 불구하고 설교 시간에 특정인을 찍으라고 공공연하게 얘기하잖아요. 과연 그 이야기를 듣는다고 해서 신도들이 다 그 사람을 찍을 것인가. 물론 특정 교회 안에서 목회자의 권력이 어느 정도인지에 따라 달라지기는 하겠지만 그렇게 되었다면 지금의 정권이 탄생할 수 없었겠죠.

　이런 결과가 나온 것을 보면 목회자의 생각과 신자들의 생각에 간극이 있다는 것입니다. 소위 종교 지도자들이 생각하는 국가 권력과 종교권력의 밀착 내지 공생 관계는 신자가 생각하는 그것과는 거리감이 있는 것이 사실입니다. 그럼에도 불구하고, 종교인들도 정치인들도 예전의 밀착 내지 공생 관계를 생각하면서 그것을 강화시켜 나가려고 합니다. 그리고 그것을 분리시키면 자기의 이익에 해가 미칠까 두려움을 갖고 있습니다.

권력에 종속되지 않아야 하는데

정주진 시민의식의 성장과 함께 민주주의의 성장을 보고 종교인과 정치인이 교훈을 얻어야 한다고 생각합니다. 서보혁 교수님이 말씀하신 것 중에서 종교가 진정성을 가지고 영향력을 행사해야 한다는 언급과 관련해 저는 어떻게 보면 종교가 국가 권력과 너무 친하게 지내면서 오히려 영향력을 행사 할 수 있는 가능성을 빼앗기고 있다고 생각합니다. 모든 종교가 보편적인 가치를 가지고 있잖아요. 그래서 모든 종교가 사람을 중심에 두어야 한다든지, 영적인 부분을 강조한다든지, 실제 생활에서는 약자를 위해서 사회를 변화시켜야 한다든지 하는 것들을 얘기합니다.

그런데 그런 것과 관련해 진짜 영향력을 행사할 수 있으려면, 종교도 제 역할을 하고 정치도 제 역할을 하려면 종교인들이 자신의 양심에 의존해, 그리고 종교적 가르침인 경전에 의존해 정치인이 무섭게 들을 수 있을 정도로 굉장히 도덕적인 수준이 되어야 합니다. 그것이 결국 사회에서 종교의 영향력이 될 텐데 정치와 밀착되면서 그런 영향력을 행사하지 못하게 되는 거죠.

종교가 오히려 다른 것에 눈이 팔려 있으니까요. 선거나 또는 정치인들과 밀착해서 종교 관련 시설 예산을 따내는 일도 있고요. 그래서 종교인 과세도 여태까지 못하고 있는 거잖아요. 결국 종교가 사회 변화를 위해서 정말 할 수 있는 역할은, 그리고 영향력을 행사할 수 있는 일은 못하고 있는 것이지요. 우리 사회의 아픈 점이고 종교가 국민들의 생각과는 굉장히 동떨어져 있는 상황이라고 할 수 있죠.

이찬수 문제는 '종교'가 아니라 '종교인'입니다. 국가가 있으면 국가 구성원으로서 국민이 있는 것처럼, 종교는 외부에서 이름 붙여 놓은 조직일 뿐, 실상은 그 안에 종교인들이 있는 거잖아요. 국민이 주권을 제대로 행사해야 국가가 돌아가듯이, 정치가 제대로 굴러가도록 종교인이 선한 영향력을 끼쳐야 하는데, 오히려 권력과 결탁하고 종교적 권력을 확장시키려는 저의를 가지고 움직일 때가 많습니다. 그런 종교인을 과연 종교인이라고 할 수 있을까 의심스러워요. 종교의 본질과 관련한 이야기입니다만…. 그런 경우는 종교인이라기보다는 종교적 조직을 빙자해서 자신의 권력욕을 충족시키려는 그저 그런 사람 정도로 봐야하지 않을까요. 이것은 종교란 무엇인가 하는 근본 질문과 연결됩니다.

서보혁 종교와 정치, 국가가 공동선을 위해 노력해야 하지만 긴장을 유지하며 비판적인 협력관계를 취해야 한다고 말씀 드렸는데, 규범적인 차원도 있지만 현실적으로도 종교와 국가의 존재 이유가 다른 부분이 분명 있기 때문입니다. 역사관이 크게 다르지만 칼 마르크스와 막스 베버는 국가가 인류가 만들어낸 합법적인 폭력 집단이라는 정의에 한목소리를 냅니다.

그런데 종교는 폭력 집단이 아니거든요. 왜냐하면 초월적인 세계를 추구하거나 개인 내면의 깊은 상태를 찾아가는 종교는 폭력과 태생적으로 인연이 없습니다. 종교라고 하는 것은 비폭력성 또는 평화를 추구하고, 인류와 우주를 품기 때문입니다.

그렇기 때문에 존재론적으로 국가와 종교는 서로 거리가 있는 관계죠. 그런데 현실에 있어서 국가가 폭력을 독점적으로 행사하고, 그것을 수단으로 지배하는 세력이 정치권력이죠. 이것을 장기화하고 지속하는 것에 있어서 눈에 보이는 물리적 폭력만이 아니라, 보이지 않는 구조적·문화적 폭력, 대중의 자발적인 동원과 복종을 이끌어 내는데 종교적 메커니즘을 이용하려는 유혹을 정치권력이 늘 갖고 있습니다.

거기에 대해서 종교가 자기의 존재론에 서서 규범적인 역할을 하지 못하면 비종교인들이 종교를 멀리하고 일부 종교인은 자기 종교를 버릴 겁니다. 그럴 경우 종교는 종교성을 잃어버린 종교로 남아 세속적인 사익을 취하는 사람들과 구분이 없게 되는 것이죠. 그런 점에서 종교인 중에서도 종교 지도자들의 역할이 상당히 중요합니다. 종교와 국가가 보여주는 결탁, 공모 관계들을 사회가 어

떻게 선을 긋고 이 사회에서 역할을 하도록 할 것인가. 이 부분이
오늘 또 다른 테마가 아닐까 싶습니다.

일본 군국주의의 경우

원영상 제가 최근에 연구하고 있는 일본 군국주의가 그런 현상입
니다. 일본은 1868년 메이지 유신을 통해 새로운 국가를 세우고,
힘이 없던 천황을 정치의 전면에 내세웠습니다. 또한 국가의 권위
를 확보하기 위해서 자연신앙으로부터 종교화된 신도를 국가신도
로 만들었습니다. 거기에 불교를 비롯한 여타 종교를 예속시킵니
다. 국가종교의 하위구조에 모든 종교의 질서를 구축한 것입니다.

이를 기반으로 근대 국가의 기틀을 다진 일본은 청일전쟁, 러일
전쟁, 1차 세계대전, 중일전쟁, 2차 세계대전, 태평양 전쟁 등에 일
본은 수백 만 명의 국민을 사지로 내몰아서 죽음에 이르게 했습니
다. 거기에 결정적인 역할을 한 것이 종교입니다. 종교 지도자들
은 자신의 교의를 왜곡시켜 전쟁 참여를 부채질했습니다. 소위 전
시교학이 그것입니다. 국가가 지배하는 시대를 추종하고, 국가의
요구에 응해 교학을 바꾼 것입니다. 쉽게 이야기 하자면, 불살생의
계율을 살생의 계율로 바꾼 것입니다. 내가 전쟁터에서 죽으면 그
자리가 천당이자 정토라고 믿고, 죽어서 가는 야스쿠니 신사는 죽

은 모든 사람들이 만나는 정토이므로 죽어서 야스쿠니 정토로 간다며 불교의 교의를 철저히 왜곡하였습니다.

이것과는 반대되는 적나라한 사례가 역사 속에 있습니다. 일본 근대 초기에는 많은 승려들이 불교가 국가의 폭력 조직으로 들어가는 것에 반대하거나 목숨을 걸고 국가 체제에 항거하여 실제 사형장의 이슬로 사라진 사례가 있습니다. 세월이 흘러 진실이 드러났고, 지금은 관련된 교단들이 참회 반성을 하고 있습니다.

결국 종교 조직이 국가 조직의 하부구조가 되었을 때 어떤 일이 일어날 것인가 하는 점은 자명하게 그야말로 종교 스스로를 파괴한다는 것이 역사에서 증명되었다고 봅니다. 그렇다면 종교는 어떤 역할을 해야 하는가. 작은 결론입니다만 국가는 국가 나름의 역할을 하고 종교 또한 자신의 역할을 충실히 함으로써 서로를 어떻게 잘 길들일 것인가 하는 점이 중요하다고 봅니다. 이를 위해 민중이 주인이 되어 운영하는 국가의 정체성이 끊임없이 되살려져야만 합니다. 실재 한국 사회도 이러한 민중 주도형 국가로 진행되고 있다고 봅니다. 또한 종교는 종교 조직과 종교인을 바르게 이끌기 위해 종교의 근본 목표가 잘 드러날 수 있는 방향으로 나름대로 자기개혁이랄까, 종교정신의 근본적인 환원이랄까, 이것을 끊임없이 요구해야 합니다. 그러는 한편 종교의 바른 역할을 통해서 국가를 견제하고, 국가는 국가 나름대로 종교가 반종교적인 방향으로 가지 않도록 견제하는 보편타당한 시스템을 구축한다면 국가가 못하는 것을 종교가 하고, 종교가 못하는 것을 국가가 하는 상보적인 구조로 갈 수 있지 않을까 생각합니다.

이병두 교무님께서 일본의 군국주의 시절 불교가 아주 철저하게 정부에 예속되어서 즐긴 측면도 있고, 이미 청일전쟁시기부터 군종장교가 파견이 되고 죽음을 격려하는 법문도 많이 했다고 말씀하셨습니다. 아시아에서 그렇다고 하면 특히, 무솔리니 정권이나 스페인의 프랑코 군사정권, 또 히틀러 체제에서는 아마 가톨릭이, 정권에 예속되었다기보다는 서로 이용하는 관계가 컸던 것 같아요. 그렇지만 이 부분에 대해 반성이 이루어졌는지에 대해서는 아직 못 들었어요.

어쨌든 일본의 경우에는 제2차 세계대전이 끝나고 "세계 어느 나라보다도 정교 분리가 잘 되었다"는 평가를 받고 있습니다. 종무관 재직할 때에 국제 불교행사에 참석해 보면 중국이나 한국과 달리 일본에서는 정부 관리가 행사장에 단 한 명도 안 나타나고 예산 지원도 안 한다는 사실을 확인할 수 있었습니다. 그러나 이번에 안 좋은 일이 있었습니다.

아시는 분도 있을지 모르지만, 한국과 일본 관계에서 일본의 불교계가 사죄의 글을 내기도 했고, 실제로 한국에 와서 사죄 비석을 세우기도 했지요. 1965년에 한일 조약이 체결되고 76년인가 78년부터 '한일불교교류대회'를 개최했죠. 일본에서 한 번, 다음 해에는 한국에서 한 번 돌아가면서 교류행사를 가져 왔습니다. 그동안이 '한일불교교류대회'를 단 한 번도 거른 적이 없었는데 올해 이것이 멈추었습니다. 일본 측에서 한반도 정세 불안을 이유로 내세운 것입니다. 이것은 아베 정권이 여론 조작을 통해서 "국제 전략적으로 한국이 불안하다"는 것을 강조한 것에 일본 불교계가 부화뇌동한 것입니다.

제가 이해할 수 없는 일은, "한국 불교계가 일본 측의 논리와 주장을 왜 받아들이느냐"는 것입니다. 이럴 때에는 "우리도 일본 불교계와 이런 식의 교류는 안 하겠다"고 마주 치고 나가야 맞지 않느냐는 것이죠.

폭력의 구조화에 기여하는 종교

이찬수 큰 틀에서 보면 인류가 물리적 폭력을 줄이는 데 불교의 평등사상 같은 것도 일반인들에게 영향을 미쳐 왔습니다. 그런 점에서 종교에 희망이 아주 없지는 않은데, 그럼에도 불구하고 좀 전에 말씀드린 대로, 개인의 주체성이 내적 욕망과 교묘히 결합되면서 요사이는 욕망도 존중받아야 한다는 방향으로 가고 있지요. 이런 기반위에서 이른바 신자유주의적 자본주의는 자유 경쟁에 기반해서 무한한 사물 내지 자본의 축적을 찬양하고 성과를 많이 낸 사람이 더 유능한 사람이라며 박수 쳐 줍니다.

하지만 성과를 많이 내려면 힘들고 피곤하죠. 지치면 위로 받고 싶으니까 대형 종교시설에 찾아갑니다. 그러면 스님이든 목사든 많은 성과를 낸 것을 하늘의 은혜로 여기면서 축복해 줍니다. 그런 식의 발상과 구조 자체가 사회의 구조적 폭력의 강화에 기여하는 거죠. 경쟁을 통한 승리를 신적 은혜로 여기게 만들고, 사회를 더욱 비인간적으로 만들어갑니다.

인류의 역사에 물리적 폭력은 줄었지만 폭력이 구조화되고 내면화되는 바람에 폭력의 피해자는 있지만 가해자가 사라진 세상이 되었어요. 세상살이가 힘든데, 종교가 그 힘듦을 하늘의 복으로 여기게 만드니, 인간이 더욱 비인간화하는 거죠. 종교가 폭력을 구조화시키는 데 공헌한다는 뜻입니다.

종교가 사실상 자본주의를 선도하고, 자본 중심 사회를 만들도록 추동하는 셈이고, 이런 배경에서 소형교회는 대형교회가 되고 싶어 합니다. 교당이든 포교원이든 비슷한 상황 아니겠어요. 그럼에도 불구하고 거시적으로 보면 세상에 폭력이 줄어들어가는 데 종교의 공헌이 없다 할 수도 없습니다만…. 종교와 자본의 문제랄까, 이 부분에 생각나시는 게 있으면 말씀해 주시면 감사하겠습니다.

자기 성찰력이 유지될 정도의 규모여야

서보혁 역사적으로 볼 때 종교와 민족이 겹쳐져서 이들 사이에 갈등이 일어나면 물리적 폭력이 일어날 뿐만 아니라 폭력이 진행되는 시간과 폭력의 강도가 아주 높아집니다. 십자군 전쟁이 그렇잖아요. 20세기가 끝날 때쯤, 그러니까 냉전의 해체에 즈음해 다민족 공산국가였던 유고슬라비아가 해체될 때 종교와 민족이 결합되어서 '인종청소'라는 말이 나올 정도로 민간인 학살이 심했죠.

코소보 사태나 르완다 사태를 떠올려 보면 이념으로 나머지 갈등요소를 억제했던 냉전 시기가 그리울 정도입니다. 현실주의 국제정치학자들은 평화를 이상으로 파악하기보다는, 전쟁과 전쟁 사이에 전쟁이 일어나지 않는 기간으로 정의합니다. 생경한 정의죠. 전쟁이 어떻게 일어나느냐? 3차 세계대전 위기까지 갔던 1962년에 쿠바 미사일 위기를 국제정치학은 크게 세 가지 시각에서 설명합니다.

첫 번째는 미국과 소련 사이에 합리적인 이익 계산과 상대방의 합리적인 이익에 대한 평가를 통해 전쟁까지 가서는 안 되겠다고 판단해서 전쟁 위기를 멈췄다는 겁니다. 두 번째 설명은, 그런 위기의 고조 및 그것을 해결해나가는 과정에서 주요 정책 결정 집단이 있다는 것입니다. 국가안전보장위원회와 같은 정책 결정 집단이 갖고 있는 조직 관행과 이익이 영향을 미쳤다는 겁니다. 세 번째는 주요 정책결정자들 가령, 대통령이나 국방부장관의 세계관과 상황 인식이 중요한 영향을 미쳤다고 설명합니다.

이 중에서 두 번째를 주목하고 싶습니다. 조직 결정 모델이라고 하는 두 번째 설명 방식은, 조직이 커지고 경직되면 조직 자체의 이익 메커니즘이 발생한다는 것이죠. 그 확대판으로 국가와 종교 간에도 국가 지도자와 종교 지도자들 간의 정치적인 필요에 의해 만남이 이루어지는 것이죠.

이런 것은 조직이 경직되어 있고 조직 내에서 자기의 이익을 추구하고 재생산하기 위한 이해관계가 팽배해질수록 원래 종교 집단이 만들어졌던 역사·종교적인 배경을 밀어냅니다. 그 과정에서 국가 권력이 더 큰 영향을 미칠까요, 종교단체의 이익(그 대행자로서 종교 지도자의 이익)이 더 크게 작용할까요? 이는 종교 집단이 원래 종교 집단의 이상과 목표를 추구하기 위해서는 일단은 종교 집단의 규모가 커서는 안 된다는 것이고, 종교 내에서 끊임없이 성찰하는 메커니즘이 있어야 한다는 것을 의미합니다.

또 하나는 종교 집단 내에서 그것을 주도해 나가는 지도자 그룹과 종교의 구성원들 사이의 커뮤니케이션이 활발해야 한다는 점입니다. 종교 민주화의 문제죠. 이러한 조치가 없는 가운데 종교가 사회정치 문제에 관여하면 자신의 정체성뿐만 아니라 적절할 역할은 커녕 사회적인 위상이 떨어집니다. 이런 폐해가 입소문을 통해 알려지면 종교적 심성이 있는 사람이 그 종교 집단을 통해서 영성을 찾으려 하지 않고 포기하거나 다른 방식으로 하려고 하기 때문에 종교 개혁을 추구하는 개인 심성과 괴리가 커지는 것이죠. 그 결과 사회의 문제를 치유하고 대안을 제시해야 하는 종교가 설 자리가 줄어듭니다. 종교의 발전과 사회 발전을 위해 종교 내의 자기 정화 메커니즘이 필요한 이유가 여기에 있습니다.

이찬수 평화가 가능하려면 종교도 자기 성찰력이 유지될 정도의 규모여야 하고, 민주화 훈련도 강화되어야 한다는 말씀은 지당합니다. 그런데 좀 전에 일종의 이념이 갈등을 억제하고 전쟁을 멈추게 하는 역할을 하기도 했다고 얘기하셨는데, 이념이 전쟁을 멈추게도 하지만 전쟁을 일으키기도 하지 않습니까. 세상의 폭력에 이른바 국가라는 시스템의 영향이 더 컸을까요, 아니면 종교 조직이나 문화 관련한 이념이 더 크게 작용했을까요.

문제와 희망이 동시에

원영상 그 문제를 말씀드리기 전에 원불교는 근대에 나온 종교잖아요. 동양의 사상인 유교, 불교, 도교에 기반한 점도 있고, 한편으로 한국의 정신과 철학에 바탕해서 나왔다고 볼 수도 있습니다. 아무튼 여러 가지 해석이 가능한데 종교의 사회적 역할을 놓고 보면, 원불교는 한국 사회의 모순을 해결하기 위해 민중 속에서 탄생했으며, 성장했다고 생각합니다. 역사적인 해석이죠.

개교표어인 '물질이 개벽되니 정신을 개벽하자'는 슬로건을 세운 소태산 대종사가 1891년도에 태어나 1943년도에 열반한 시기를 생각해 보면 그 의미가 더욱 확연해집니다. 그 시기는 청일전쟁, 러일전쟁으로부터 2차 세계대전과 태평양 전쟁에 이르기까지 인간을 대량 살상할 수 있는 무기가 나와서 사용된 시기입니다. 대량 살상 무기는 19세기 후반부터 나타나잖아요. 폭탄 하나로 수십만 명을 대량 학살을 하는 시기가 소태산 대종사와의 일생과 딱 겹칩니다. 지금도 여전히 그 연장선에서 국지적 전쟁이 일어나잖아요. 그러니까 제가 요즘 생각하는 것은 원불교야말로 인류의 가장 비참한 시기에 나온 종교다, 그 시기에 나온 근대종교들 또한 이러한 사회적 맥락을 가지고 나왔다고 보고 있습니다. 그런데 이 폭탄은 자본주의와 과학이 결합해서 만들었습니다.

그 결정은 미국 경제의 군산 복합체라는 기형 자본주의에서 잘 드러납니다. 이런 걸 놓고 보면 종교는 인류의 좀 더 현실적이고 근원적인 점에 문제의식을 가지고 있다고 할 수 있습니다. 인간의 모순과 고통을 해결해 줄 수 있는 근원적인 문제의식을 갖고 있으므로 사회적으로는 가장 비참한 그 시기에 종교가 나올 수밖에 없는 것이죠. 이러한 현상에 대해 기성종교가 해결해 줄 수 없는 것을 근현대 종교가 해결해 주고자 도전하고 있는 것입니다. 그리고 그 종교 형성의 동기가 되는 밑바탕에는 전쟁을 만들어 내는 자본주의와 과학이 있다는 것입니다. 이러한 종교적 인식은 지금은 물론 향후 우리가 자본주의와 과학, 그리고 이것에 의지하고 있는 정치경제 시스템을 어떻게 볼 것인가 하는 고민으로 더욱 깊어질 것으로 생각합니다.

이병두 저는 요즘 저 혼자만의 고민, 화두를 갖고 있습니다. 흔히 불교는 평화의 종교로 전쟁을 별로 안 치러 왔다고 이야기를 했었는데, 대표적인 불교국가인 스리랑카와 미얀마에서 불교가 문제를 일으키고 있습니다. 그것은 불교가 민족주의와 결합했기 때문입니다.

스리랑카는 영국의 지배를 받는 긴 세월 동안 불교 민족주의가 일어나 영향을 크게 받았습니다. 타밀족을 몰살시키자는 주장을 펴고 있는 승려의 사진을 보면 '승복을 입기는 했지만 중이 맞아?' 이런 생각을 하게 됩니다. 왜 이런 일이 일어나는지 그 연원을 계속 더듬어 가 보면, 영국 식민 지배를 받기 전에는 없던 일이었습니다.

미얀마의 경우에도 한국보다 먼저 천주교가 들어가 500년의 역사가 되어서, 추기경도 있고 주류 종교인 불교와 평화롭게 공존해 왔는데 영국 식민지 지배를 받는 과정에서 민족주의가 불교와 결합을 하면서 현재 미얀마 내 소수 종교인 무슬림들이 그 피해를 보고 있는 것입니다.

그래도 한편으로는 새로운 소식을 보면 다행인 것이, 이 문제를 불교계가 나서서 풀려고 애를 쓰고 있다는 점입니다. 무슬림들에게 저주의 말을 퍼붓는 승려에게 미얀마 승단에서 강하게 징계를 내렸다는 소식이 외신을 통해 전해졌는데, 이런 일들이 다른 곳에서도 이루어져야 한다는 것입니다. 종교가 할 역할은 증오와 분노의 확산이 아니라 그것을 누그러뜨리고 화합의 길을 찾아내는 것이니까요.

무엇이 폭력에 가까운가, 로힝야의 경우

서보혁 앞에서 종교와 민족이 겹쳐져서 그들 사이의 갈등이 생길 때 상당히 심각하고 대량 살상이 일어난다고 말씀을 드렸습니다. 그 집단이 민족이든지 종족이든지, 그 집단의 생활양식은 물과 강과 햇살, 말하자면 적절한 자연환경에 적응하고 정착해 왔습니다. 그런데 그 생활 터전을 강제로 쫓겨날 때 평화도 같이 증발해 버립니다. 그 후 만들어진 고요함, 물리적 폭력이 지나간 후의 평화는 거짓 평화입니다.

영국, 독일, 프랑스, 그리고 미국이 제국주의 세력으로서 아시아, 아프리카, 라틴아메리카를 정복하고 원주민을 몰아내고 자기 문화를 강요한 후 만들어진 질서는 거짓 평화였습니다. 르완다 사태도 그렇고 동티모르 사태도 마찬가지였습니다. 최근 미얀마(버마)의 소수민족 로힝야족 탄압도 사실은 영국이 버마족을 편하게 식민통치하려고 방글라데시에 살던 로힝야족을 이주시켜서 생긴 일이죠. 그에 앞서 스리랑카 싱할리족이 타밀족을 학살한 후 타밀족이 살던 자프나(실론섬 동북지역) 일대에 고급 리조트를 만들어 관광업을 하고 있는 걸 보고 웃을 수도 없었습니다.

종교가 결국 평화 · 생명 · 영성이라 한다면 일반 근로대중은 그렇게 살아왔습니다. 이념이나 특정 종교적 지향의 확장 욕구, 특정 민족의 이익 극대화 욕망이 평화 · 생명 · 영성을 앗아갔습니다. 권력과 이익의 결합이 그 이유입니다. 이때 권력과 이익의 범주를 정치로만 한정할 수 있을까요?

정체성 갈등의 문제

정주진 말씀하신 것은 정체성과 관련한 갈등, 정체성 갈등(identity conflict)과 관련지어 얘기할 수 있을 것 같습니다. 정체성은 종교적인 면뿐만 아니라 흔히 정치적인 면도 포함됩니다. 한 사람의 삶의 환경에서 무엇이 정체성 위계질서의 가장 위쪽에 위치하느냐가 정체성 갈등의 형성과 전개를 좌우하고, 정체성의 충돌로 야기된 갈등은 잘 해결되지 않고 무장 갈등으로까지 발전하는 경우가 많습니다.

그런 면에서 정체성은 아주 중요한데, 한국 사회에서 종교를 가졌다고 해서 반드시 종교가 정체성 위계질서의 위쪽에 위치하는 것 같지는 같습니다. 그렇다면 종교를 가진 사람에게 가장 중요한 정체성이 종교인지, 민족인지, 아니면 돈인지 의문이 생깁니다. 대부분의 사람들은 사변적으로는 종교를 최고의 가치로 여기는 것 같습니다. 영적인 것이고 인간이 지향해야 할 궁극적인 가치로 여기기도 하는데, 일상에서 과연 그럴까 하는 의문이 생길 때가 많습니다. 그렇지 않은 경우가 많기 때문입니다.

우리나라의 경우 19세기 말부터 불안정한 시대를 겪었고 무력 충돌과 전쟁을 겪었지요. 지금도 무력 충돌의 위기 속에서 살고 있습니다. 그런데도 모든 종교가 한목소리로 나서서 문제제기를 하지는 않습니다. 종교가 전쟁에 원칙적으로 반대한다는 입장을 정한 것도 아니고, 무기 경쟁이나 사회를 지배하는 안보 담론에 대해 한목소리로 저항하지도 않습니다.

불교도 그렇고 기독교도 그렇고, 사실 거의 모든 종교가 자신은 평화의 종교라고 주장하지만 평화의 원칙이 없는 겁니다. 각자 이야기하는 평화가 무엇인지 의문이 생깁니다. 예를 들어 사드 배치나 해군 기지 건설 같은 특정 사안들에 반대하는 것이지 전쟁 준비와 개시를 가능하게 만드는 국가 시스템 자체에는 반대하지 않습니다. 이는 종교가 국가와 결탁했기 때문입니다.

과연 지금의 종교 지도자를 포함해 종교 내에 있는 사람들의 정체성에서 종교, 또는 종교적 가치가 정체성 위계질서의 가장 위쪽에 자리하고 있는 것일까요? 그렇다면 이렇게 가식적으로 평화를 얘기할 수 있을까, 이런 생각이 듭니다. 어떤 평화를 추구해야 하는지 심각하게 생각해 보아야 하고, 그런 점에서 우리는 종교적 가르침, 특히 종교 지도자들의 입을 통해 전해지는 종교적 가르침에 끊임없이 의문을 제기해야 합니다. 구조적 개념과 문화적 폭력의 개념을 고안한 갈퉁은 문화적 폭력의 범주에 종교적 가르침을 넣었습니다. 종교적 가르침이 진짜 폭력의 도구가 될 수 있고 사람에게 특정 가치와 생각을 강요하면서 우매하게 만들 수 있기 때문입니다. 그런데 우리는 대부분 종교 안에서 종교의 가르침에 대해 의문을 제기하는 것을 성스럽지 못한 것으로, 그리고 이단으로까지 취급하는 경향이 있습니다.

스스로 신자들이 자신의 생각을 말할 수 있게 해야 하는데 종교는 그런 구조와 환경을 만들지 않습니다. 그래서 종교를 믿는 사람이 우매해지고, 사회에서는 멀쩡한 사람이 종교 집단에 가면 꺼벙한 사람이 되기도 하죠. 분석력과 판단력이 떨어져서 다른 사람만, 다시 말해 종교 지도자만 쫓아갑니다. 종교 집단이 정말 종교적인지 항상 의문을 제기하게 됩니다. 사실 종교 집단은 많은 경우 폭력적입니다. 폭력 집단에 문제제기를 할 수 있는 구성원이 있어야 하지만 종교는 내부에 그런 사람들을 거의 키우지도 허용하지도 않습니다.

만일 북한에도 군종이 있다면

원영상   저도 이 문제에 대해 참 많은 고민을 하고 있습니다. 앞에서도 언급했듯이 지구적인 분쟁의 실제로 많은 부분이 종교와 관련된 문제라고 합니다. 그런데 국가의 헌법을 보면 인간 생명의 존엄한 가치를 지키도록 되어있습니다. 예를 들어, 국가가 자의적이든 타의적이든 자신의 백성이 전쟁에 참여하거나 끌려갈 때는 결국 이러한 헌법을 지키지 못한 것입니다. 자신이 뽑은 지도자들에게 자신의 생명을 지켜달라고 했지만 능력이 없는 것입니다. 전쟁은 결국은 다음과 같이 비유할 수 있습니다. 죽은 동물들 특히 뱀 같은 경우는 죽고 나서도 건드리면 독을 쏩니다. 죽기 전에 자기 방어를 하면서 죽은 것입니다. 건드리기만 하면 육체는 독을 발사하도록 장치가 되어 있는 것이죠. 국가가 전쟁에 참여해서 자식을 내놓으라고 하는 때에 이미 국가의 역할은 사라진 것이며, 지도자는 자신의 책임을 지지 못한 것입니다. 전쟁은 이러한 무능한 국가가 마지막으로 프로그래밍해놓은 것이 자동적으로 실천되는 것이라고 할 수 있습니다.

또 하나의 문제는 군대에는 군종이 있습니다. 이에 대해 저는 이런 상상을 해 봅니다. 만약 북한에서도 기독교, 천주교, 불교, 원불교의 포교가 잘 돼서 북한 정부에서 인민군에게도 군종을 넣어달라고 했다고 칩시다. 그런데 전쟁이 일어났다면 목사, 신부, 스님, 교무들끼리 서로 자신의 종교 동료는 물론 이웃종교인들끼리 총부리를 맞대게 됩니다. 전쟁이 일어나면 우리끼리 전쟁을 치르는 것인데 이는 굉장한 모순입니다. 이러한 일이 일어나지 않도록 하기 위해서는 전쟁을 막는 것 이외에는 방법이 없습니다.

결국 군종은 전쟁을 막는 역할도 있다고 생각합니다. 종교든 국가든 인간의 생명을 궁극적으로 포기할 수 없다는 사실을 놓고 본다면 모든 종교는 전쟁에 반대해야 하고 그 전쟁에 대해서 종교가 연합이나 단합해서라도 결단코 막아내야 합니다. 그래야 국가의 모순은 물론 종교의 모순도 서로 해결할 수 있을 것입니다. 따라서 인간의 목숨을 안전하게 지킬 수 있는 한 종교든 국가든 현실적으로 그 존재 이유는 있는 것입니다.

평화라는 이름의 군대

서보혁 지금까지는 이론적이고 규범적인 이야기를 했는데 이제는 현실적인 이야기, 한국의 현실을 가지고 이야기를 해 보고자 합니다. 한국은 지금 해외에 군대를 파견하고 있습니다. 평화유지활동 (PKO)을 한다는 명목 하에 UN 안전보장이사회 결의를 하고 우리의 헌법에 국회의 동의를 얻어서 파병하는 경우도 있습니다.

박정희 정부 때의 베트남 파병과 노무현 정부의 이라크 파병은 국회의 동의는 받았지만, 그러나 헌법이 추구하고 있는 세계평화에 기여한다는 헌법 정신에 반해서 이루어진 파병입니다. 미국의 침략 전쟁에 가담한 것이잖습니까. 유엔 안보리의 결의도 없이 이루어졌습니다.

베트남 파병 때는 국회에서 약간의 반대 토론 말고는 비판여론이 일어나지 않았습니다. 노무현 정부 때는 민주주의 시대에 파병이 되다 보니 상당히 많은 논란과 반대 속에서 추진했는데, 당시 일부 종교단체에서 파병 반대 운동에 동참을 했습니다. 이것을 볼 때 한 종교(집단)가 단일한 입장이나 색체로 이루어져 있지 않다는 사실을 알 수 있습니다. 그러면 파병 지지, 반대, 침묵 중 어느 입장이 종교의 본성에 알맞은 겁니까?

우리가 계속 사회와 세계를 나와 적, 선과 악으로 나누는 습관이 곧 폭력이 일어나는 구조와 문화를 만들어 내는 것입니다. 사회적인 행동 방식에 대해서 생각하지 않으면 개인적 차원에서 종교 심성이나 평화를 추구하는 사람도 딜레마에서 벗어나지 못합니다.

그럼에도 희망을 갖는 이들

이찬수 저는 평화는 폭력을 줄이는 과정으로 규정하고 있습니다만, 폭력을 줄이는 과정도 그것이 나에게 더 유리하냐 아니냐를 기준으로 이루어집니다. 평화도 대부분 자기중심적이죠. 제가 '자기중심적 평화'라는 말을 쓰기도 했는데요, 평화가 나와 너의 상통성, 조화, 상생의 형태로 나타나기보다는 평화라는 말로 나의 안정과 나의 이익이 더 크게 작동하고 있기 때문입니다. 평화라는 말이 많아도 평화롭지 않고, 평화라는 말을 많이 하는 종교가 그렇게 많아도 평화롭지 않은 것은 자기중심적 평화관을 갖고 있기 때문입니다.

그럼에도 불구하고 우리가 여전히 평화를 말한다는 것은 평화를 꿈꾼다는 뜻이기도 하죠. 어떤 종단에 속해 있기 때문에 종교인인 것이 아니라, 평화를 꿈꾸며 폭력을 줄여서 폭력의 상처를 얼마나 어루만지느냐가 종교를 규정하는 근본적인 자세가 아닐까 싶어요. 이런 눈으로 보면 종교인이 평화를 위해 노력하는 것이 아니라 평화를 위해 노력하는 사람이 종교인이라는 뜻도 되고요.

종교가 정치적 갈등을 전환시키려면

이찬수 이제는 평화 문제를 아시아적 혹은 한국적 상황에 초점을 맞추어 토론을 했으면 좋겠습니다. 가령 한국과 일본 사이에는 과거사 문제도 있고, 독도 영유권 분쟁도 있고, 중국을 의식하는 미국과의 관계성 속에서 일본의 군비경쟁도 있습니다. 아시아 가운데 한중일은 특히 한자문화를 공유하는 등 다른 나라에 비해서 문화적 동질감이 있습니다. 경제 교류 규모도 크게 확장되고 있고요.

하지만 외교나 안보 차원에서는 갈등이 더 심각해지고 있습니다. 일본인이 보는 위안부 문제와 한국인이 보는 위안부 문제가 달라도 너무 다릅니다. 이런 문제를 가령 한국불교와 일본불교가 합의해 낼 수 있을까요. 과거사 문제를 가지고 한국의 기독교와 일본의 기독교가 합의해서 양쪽 정부와 국민이 동의할 만한 결론을 도출해 낼 수 있을까요. 그런 것을 할 수 있어야 아시아의 평화와 한국의 평화를 이야기할 수 있는 것일 테니까요. 문제는 전부 다 자국 중심적 사유를 한다는 겁니다. 우리나라에 유리하게 해야 기독교인도 그게 잘하는 일이라며 칭찬을 합니다. 대통령이 자국의 이익을 기반으로 해야 정치 잘한다며 불교인도 박수를 칩니다. 하지만 이렇게 저마다 국익 중심적 판단을 하니까 국가 간 갈등도 지속되고 있는 거잖아요. 이 마당에 종교는 어떻게 해야 하는지 평화를 키워드로 마무리 발언을 겸하여 말씀해 주시기 바랍니다.

원영상 일본에서 살 때 느낀 점입니다만, 일본 국민들도 평화를 주장하고 과거 국가에 예속된 불교인들로부터 반성의 목소리도 나오고 있습니다. 한편에서는 일본의 우경화도 견제하고 있습니다. 제 생각을 간략하게 말씀드리면, 칸트의 영구평화론 같이 세계의 연방을 통해서 연방끼리의 역학 관계, 즉 힘을 나누고 견제하는 상태에서 전체적인 세계질서를 찾아가는 평화론이 적용될 필요가 있지 않을까 생각합니다. EU 내에서도 다소 불협화음이 있지만 그체제를 지속적으로 끌고가겠다는 의지가 있는 것처럼, 동아시아도 그럴 필요가 있다고 봅니다.

또한 종교의 입장에서는 국가 권력을 견제해야 한다고 봅니다. 우리는 종교가 지역적으로 국한되어 있고 국가에 예속된 것으로 보고 있기도 합니다. 그렇지만 원래 종교는 국제적인 연대성, 예를 들어, 실크로드를 통해 중국, 한국, 일본이 유럽으로 이어지듯이 불교도 그 경로를 통해 교류가 이루어지면서 국제성을 지니고 있습니다. 국제성을 배경으로 오히려 국가의 초법성, 국가가 종교의 권위를 넘어서려고 하는 것을 견제할 필요가 있습니다. 국가는 국민의 생명을 담보로 하기 때문에 국민의 의지에 반하는 국가의 방향에 대해서는 종교와 종교인들이 견제해야 한다고 생각합니다.

하나의 시민단체의 입장에서 보면, 종교는 그 지역이 가지고 있는 폭력성, 위험성, 불안요소들을 낮춰 가면서 종교적 연대를 통해 우리 전체의 공동의 이익이 나올 수 있는 방향으로 이끌어 가야 합니다. 또한 동아시아의 국지적인 문제들에 있어서는 종교가 직접적으로 참여하는 것을 떠나서, 예를 들어, 종교인이 정치인이 되기보다는 정치인을 종교인이 어떻게 움직일 것인가, 라는 차원에서 고민해야 합니다. 주도면밀하게 종교 안에서 사회를 향해 적극적으로 가담하는 동시에 사회적 고통의 문제가 발생하지 않도록 미리 예상해서 방어하는 자세도 필요하다고 봅니다.만약에 작은 구멍이 무너져 큰 댐마저 무너진다면 그때는 어떻게 손을 쓸 수도 없을 것입니다. 동아시아야말로 칸트의 영구평화론처럼 지역공동체 내부에서 힘의 균형이 이루어지고, 이 관계가 평화롭게 진행되도록 종교의 역할 또한 활발해지기를 기대합니다.

이병두 2012년도 세계불교도우회가 여수 해양박람회를 기념해 여수에서 열렸습니다. 문제는, 티벳 대표단도 초청받아 왔었는데 중국 대표단이 그 자리를 박차고 나갔다는 것입니다. 외교관도 아니고 승복을 입은 중국 대표단이 자리를 박차고 나갔다는 것, 이것이 현실입니다.

그 비슷한 일들은 늘 있습니다. 그리고 한국 대표도 비슷한 상황을 맞이했다면 그럴 수 있을 것이라 생각합니다. 이제 상황이 많이 바뀌었지만, 1960~80년대에 국제 행사에 북한 대표가 참석하면 자리에서 일어났을 것이라고 생각합니다. 그런 부분들이 앞으로 풀어나가야 할 과제일 것입니다.

중국은 종교 행사도 당에서 통제를 하기 때문에 행사를 참관해 보면 대단합니다. 불교 행사를 하는데 겉으로는 매우 화려하지만 소수민족에 대한 불안감으로 외국에서 온 대회 참석자들도 검열대를 통과하게 합니다. 왜 이 이야기를 하느냐 하면, 한국 스님들은 중국과 일본을 매우 부러워합니다. 일본은 정부 간섭이 없는 것을 부러워하고, 중국은 정부에서 돈을 많이 지원하는 것을 부러워하지만 정부가 간섭을 하는 것은 싫어한다는 것이죠. 아마 다른 종교 지도자들도 이런 딜레마를 갖지 않을까 생각합니다.

사례가 정확하지는 않지만, 미국 역사가 200년 조금 넘는 가운데 다른 나라하고 전쟁에서 유일하게 진 것이 월남전이라고 합니다. 월남전에서 처음 프랑스가 패하고 빠져나가고 미국이 월남전에 개입하려 할 때에 군부와 정치학자들이 동원된 쪽에서는 "월남에 개입해야 한다"고 했고, 동아시아를 전공하는 역사학자들은 "우리가 실패한다"면서 "절대 월남 내전에 끼어 들면 안 된다"는 주장을 폈다고 합니다. 지금 상황에 적절한 비유가 아닌 것 같지만, 앞으로 종교인은 그런 역할을 해야 한다고 생각합니다.

사안이 생겼을 때 모든 전략가들이 전쟁 불가피론을 이야기해도 종교인들은 "전쟁은 안 된다"고 해야 하고, 명분 없는 해외 파병의 경우에도 종교인이 앞장서서 그것을 막아야 합니다. 그러기 위해서는 무엇보다도 종교 내부가 평화로워야 하고, 종교끼리 평화로워야 하며, 종교와 종교 외부가 평화로워야 합니다. 개인적으로는 앞으로 그런 방향으로 갈 수 있다는 희망도 갖고 있습니다.

이찬수 이런 것은 결국 종교의 사회적 역할에는 한계가 있다는 뜻 아닐까요.

한계는 있지만 희망도 있다

정주진 제도종교 안에서는 여러 한계들이 있습니다. 예전에 미얀마 사람을 만났는데 군부독재 시절이라 아주 조심하는 것을 봤습니다. 어디서든 감시 당할 수 있고 어떤 경로를 통해서든 자신이 무엇을 했는지가 다 알려진다고 생각하는 것 같았어요.

얼마 전에도 비슷한 경험을 했는데요, 비공식적 자리임에도 불구하고 민감한 질문에는 대답하지 않으려 하더군요. 그들에게는 안전하지 않은 상황이기 때문에 피했을 수도 있을 겁니다. 이런 것은 종교적인 문제가 아니라 정의의 문제로 봐야 하지만, 그런 상황들은 외부인이 판단하기 힘든 것이기도 합니다. 기독교의 경우도 공산주의 체제 안에서 생존하기 위해 국가 권력과 어느 정도 타협한 사례들이 있지요. 제 삼자가 쉽게 판단할 수 있는 상황은 아닌 것 같습니다.

종교의 여러 가지 문제점에 대해 이야기를 하고 개인적으로 기독교의 폭력적 구조나 문화를 지적하면서도 여전히 교회를 떠나지 않는 이유는 그럼에도 불구하고 종교 안에 희망이 있다고 생각하기 때문입니다. 종교 안에서는 당위적으로 평화를 추구해야 한다고 말할 수 있기 때문입니다. 그것이 바로 종교의 정체성에 맞는 것이라고 정당하게 주장할 수 있기 때문입니다. 현재의 종교 제도가 평화의 방향으로 작동하지 않는다고 할지라도 종교는 원칙적으로 사람을 죽이는 것을 목표로 삼는 무기를 수입하는 것에 반대할 수 있는 토대를 가지고 있잖아요.

또 다른 이유는, 주류는 아니지만, 종교 안에서 제대로 된 평화에 대해서, 평화의 실천에 대해서 논의를 하는 환경이 조금씩 만들어지고 있다고 보기 때문입니다. 갈수록 더 많은 사람들이 평화에 대해 공감을 하고 있어요. 종교적인 영성과 결합을 해서 종교인으로서 성찰할 부분과, 폭력을 없애기 위해 노력해야 할 부분을 성찰할 수 있는 최소한의 조건이 만들어지고 있는 중입니다.

지금까지는 제도권 종교가 게으르고 무지해서 제대로 사람을 교육하지 않았지만, 이제부터라도 노력하면 사람들의 평화 역량을 키울 수 있다고 봅니다. 그러기 위해 이런 이야기를 하는 자리도 많아져야 하고, 각 종교 안에서 보편적 평화를 자기 종교의 평화와 어떻게 접목시키고 실천할지를 구체적으로 이야기하는 자리를 만들어 가야 하는 겁니다.

서보혁 북한 교회를 어떻게 볼 것인가? 중국도 마찬가지입니다만 중국과 한국은 체제가 다릅니다. 중국하고 한국뿐 아니라 남·북한 사이에도 마찬가지입니다. 한 가지 더 추가하자면 우리는 적대 관계입니다. 이랬을 때 북한 교회가, 북한의 불교가 당의 통제를 받는 것은 사실입니다. 바로 그렇기 때문에 한중, 남북 종교 교류가 더 필요합니다. 공산당 통제 국가에서 종교의 자유를 신장시키기 위해서는 비판과 함께 그 국가 내의 종교단체의 위상을 높여주어야 합니다. 지원 교류 활동의 선교 전략적 의미가 여기에 있습니다.

한일 사이에서는 정치 체제는 같지만 역사인식은 다릅니다. 미국과의 동맹 관계 위상도 다른 면이 있습니다. 이 질문은 사실 사회자가 토론에 던졌던 이야기와 같습니다. 국가 간의 장벽이 있는데 종교의 보편성이 이를 어떻게 넘어 평화를 가져올 수 있는가. 저는 최소주의적 접근에서 전쟁을 정당화하는 입장에서는 NO라고 이야기하고, 이 점에서 국가와 체제를 넘어서 지역·세계적 차원에서 종교와 연대할 수 있다고 봅니다. 그러기 위해서는 어떤 조건이 필요하냐 하면 종교를 기준으로 했을 때 바깥으로부터의 자유가 있어야 합니다. 국가주의와 민족주의로부터 자유로워야 합니다. 그렇지 않으면 권력과 통제에서 빠져 나오지 못합니다. 특히 현대 사회에서 종교가 이익집단화되는 경향을 종교 스스로 경계하는 노력을 해야 합니다. 종교가 평화와 민주주의를 영접할 이유입니다.

소유에서 존재의 근거로

원영상 다 공감하고요, 결국은 이번 토론의 주제가 종교와 국가 및 폭력인데 국가는 지역성을 갖고 형성되었지만 그 지역의 선량한 백성이 만든 것입니다. 그리고 국가가 지향하는 것도 종교가 지향하는 보편적 가치인 평화, 우애, 정의, 생명, 인권 등의 핵심 가치와 동일합니다.

　이처럼 보편적 가치를 당연히 국가가 지향해야 하지만 현실은 그렇지 않습니다. 국가는 권력의 교체로 인해 항상 단절이 있습니다. 그로 인해 정권의 성격에 의해 그 가치가 훼손되는 경우도 있습니다. 그러나 종교는 단절이 없습니다. 내가 종교를 믿는 동안 정권이 바뀔 수는 있습니다. 따라서 국가가 어떻게 되든 그 보편적 가치는 종교가 반드시 담보해야만 합니다. 결국 이런 종교적 가치를 영속적으로 가지고 있는 종교야말로 국가의 스승이 되어야 합니다. 대신 종교는 현실 권력으로부터 멀어져야 합니다. 이는 종교 내적인 민주화와도 관련이 있습니다.

국가는 현실적인 권력을 가지되 종교는 정신적인 세계의 지도자로서 자신의 역량을 펼칠 수 있도록 자기 절제와 자기 성찰이 있어야 합니다. 저는 늘 종교는 결국 종교 정신으로 돌아가야 한다고 생각합니다. 그 정신을 어떻게 제대로 계승하고 구현할 것인지에 대해서는 이탈되는 즉시 자신의 원점, 자기 종교의 근본, 예를 들어 종조나 교조의 근본 가르침으로 돌아가야 합니다. 그리고 그 근본 가르침을 지속적으로 재해석해서 자신의 고유한 가르침이 오늘날 이 현실에서는 어떻게 적용될 것인지에 대한 고민과 더불어 각 종교의 진리적 앞마당을 대중에게 늘 개방해야 한다고 봅니다.

결국 종교는 우리 삶이 어떤 현실적 권력이나 물질적 소유로 만족하는 것이 아니라 존재 자체가 행복이 될 수 있도록 노력해야 합니다. 그리고 이처럼 소유가 아니라 존재 자체가 행복해질 수 있는 세계를 구현하는 데에도 국가가 일조할 수 있도록 하는 종교적 전략을 가져야 한다고 봅니다. 그런 측면에서 종교적인 연대를 통해 종교의 보편적 가치가 확산될 수 있도록 노력하는 일에 국가 또한 수긍하고 함께 행복한 사회를 만들어 가는 동반자로서 진정으로 종교의 존재를 이해해야 하지 않을까 생각합니다.

이찬수 토론을 마무리해야 하는데, 그래도 대부분 희망을 놓지 않고 계셔서 다행이다 싶습니다. 다양한 이야기가 나왔고, 하나하나가 소중한 말씀들이었습니다.

이런 종교 대화 모임 있으니 좋다

원영상 오늘 대화 모임에 참여하게 되어 행복하고 흐뭇합니다. 레페스포럼이 한국의 종교인들이 많이 고민하고 있다는 것을 보여주는 데 앞으로도 기여했으면 좋겠습니다. 자유로운 한국, 평화로운 종교가 되기를 바랍니다.

서보혁 한반도가 지금 위기에 처해 있습니다. 이럴 때 생명을 최고의 가치로 생각하는 종교인들이 오늘 같은 평화 관련 토론을 하게 되어 기쁩니다. 촛불시민혁명을 통해서 민주화를 이룬 것처럼 인권, 평화를 사랑하는 마음을 갖고 한반도의 위기가 슬기롭게 해결되었으면 하는 바람 간절합니다.

정주진 무거운 주제이기는 하지만 새로운 성찰의 기회도 되었습니다. 어떤 식으로든 자신이 속해 있는 종교와 각종 종교 단체에 무조건 복종하기보다 깊이 성찰하고 때로 의문까지 제기하면서 진짜 종교적이고 평화로운 사회와 공동체를 만드는 데 힘을 보태었으면 합니다.

이병두 개인도 그렇지만 국가, 인류 사회가 바르게 진보하려면 '자비와 정의'의 두 바퀴가 조화롭게 가야 한다고 생각합니다. 자비가 없이 정의감만 넘칠 때에는 스탈린과 히틀러와 같은 독재 체제가 이루어지고, 정의감은 없이 자유 요구만 넘쳐날 때에는 사회가 무질서하게 될 수 있는데, 이를 바르게 이끌 수 있는 것은 종교인들이 갖추고 있는 지혜라고 생각합니다. 이런 말씀을 같이 나눌 수 있어서 좋았습니다.

이찬수 수고하셨습니다. 감사합니다.

10

코로나19 시대의
종교와 문명

종교가 급격히 쇠퇴하고 있다. 사람들은 신앙보다 과학을 더 선호한

다. 코로나19 바이러스를 겪으면서 기도와 신앙이 아니라 사회적 거

리두기 같은 실천과 백신 같은 예방약이 바이러스를 극복하는 수단이

라고 생각한다. 바이러스의 도전 앞에 예배나 미사 같은 종교 의례도

멈추는 초유의 경험을 하고 있다. 코로나19의 수퍼전파자 역할을 한 '

신천지'의 행태를 통해 사람들은 종교에 대한 부정적인 태도를 더 강

하게 갖게 되었다. 종교보다는 과학과 합리적 태도가 더 중요하다는

사실을 적나라하게 경험하고 있는 이러한 때에 종교란 과연 무엇인지,

종교가 과연 평화에 기여할 수는 있는 것인지 다각도로 토론했다.

코로나19 시대의 종교

이찬수

종교는 일상의 심층 혹은 일상의 너머에 대한 신앙을 기반으로 세계를 해석합니다. 세계가 상대적이라면 그 상대성을 뒷받침하는 근간은 절대적이라고 간주하는 경향이 있습니다. 예배나 미사와 같은 종교의례가 그 절대성을 인식하고 표현하는 방식이라 여기며 중시해왔지요. 그러나 이러한 종교적 관례나 사회적 위상이 코로나19라는 바이러스의 도전 앞에 급격히 흔들리고 있습니다. 절대적인 실천인 냥 여겨졌던 종교의례도 포기하거나 변경해야 할 정도로 기존 종교의례의 의미가 축소되고 있습니다. 종교인조차도 전통적인 종교의 원리보다 바이러스에 대응하는 과학적이고 합리적 방식을 따라야 바이러스를 극복할 수 있다고 생각하는 경향이 있습니다. 이제까지도 초월 지향의 종교적 흐름은 쇠퇴해오는 중이기는 하지만, 이러한 초월성이 생물학적이고 의학적 판단

앞에서 더 무력해지고 있다는 사실을 종교인 자신도 알아가고 있다는 뜻입니다.

실제로 과거 종교의 사제들이 담당했던 의료 혹은 치유의 측면을 이제는 의사들이 담당하고 있고, 종교가 제시했던 진리를 이제는 학자나 법률가가 판단하고 있으며, 마음의 상처는 심리상담사들이 치유하고 있습니다. 정교일치 시대의 종교의 역할을 세속화한 사회에서는 국가가 담당하고 있는 셈입니다.

이러한 현상을 그저 종교의 양상이 변해가고 있다는 식으로 객관화시켜 말할 수도 있지만, 냉철하게 말하면 기존의 종교라는 것이 급격히 무력해져 가고 있다는 뜻입니다. 양적으로는 축소되어가고 제도종교는 더 약해질 것으로 보입니다.

특히 기독교계에서 이단이라고 부르는 신천지(신천지예수교증거장막성전)가 코로나19 바이러스의 '수퍼전파자'가 되어 무수한 사람들을 감염시킨 데다가, 이런 시국에서도 집회를 열어 감염의 가능성을 높이고 있는 종교(특히 개신교)에 대해 많은 이들이 비난의 눈길을 보내고 있습니다. 종교라는 것 그 자체가 민폐라는 식의 생각도 확대되고 있습니다. 이런 현실에서 여전히 종교는 의미가 있는지, 아니 종교라는 것은 과연 무엇인지, 또 무엇이어야 하는지 등에 대해 토론해 보면 좋겠습니다. 앞으로도 제도종교가 건재할 수 있을까요.

나아가 코로나19 사태를 계기로 인류의 문명 자체가 바뀔 것이라는 예상들이 많습니다. 지구의 지질이 이른바 '현세(現世, Holocene)'에서 '인류세(人類世, Anthropocene)'로 들어섰다는 주장이 이제는 당연한 이론이 되어가고 있습니다. 인류가 지구의 환경에 직접 영향을 미치면서 오랜 진화의 산물인 지구의 생태계가 급격히 파괴되어버린 시대라는 뜻입니다. 이른바 '코로나19 사태'도 인간이 기존 자연의 질서를 무시하면서 박쥐나 천산갑 같은 동물 내부의 바이러스가 인간의 몸으로 들어오면서 벌어지는 일이라는 것이 현재까지의 정설입니다. 인류가 지구와 더불어 갈 수 있으려면 삶의 방식 자체가 바뀌어야 하지만, 지구온난화의 정도로 보면 이제는 거의 불가능 직전에 와 있다는 주장도 거의 정설이 되어가고 있습니다.

이런 상황에서 이른바 인류세에도 종교는 가능할 것인지, 인류세의 종교라는 것은 과연 어떤 것일지, 종교가 지구를 무너뜨리는 적폐 수준에 머물고 말지, 아니면 새로운 문명 전환의 근간이 될 수 있을지 하나하나가 중요한 논의거리가 아닐 수 없습니다.

종교의 순기능과 역기능

이명권 종교를 순기능과 역기능의 두 가지 측면으로 접근해서, 종교가 사회에 어떤 역할을 하는가를 고려하지 않을 수 없습니다. 이 시대 종교는 정말 무력해져 버렸습니다. 이렇게 무력하게 된 것은 종교 본연의 기능을 제대로 못하고 있기 때문입니다. 역기능의 측면이 큽니다. 종교에는 원래 순기능이 있는데 그 순기능을 어떻게 살릴 수 있을 것인가의 문제이죠. 여기에 관건이 있습니다.

종교의 순기능과 관련하여 큰 틀에서 기독교계와 불교계를 살펴보면, 예수정신과 붓다정신의 순수성과 그들의 고유의 메시지가 순기능을 했다는 사실을 알 수 있습니다. 그렇기에 제도종교와 경전이 탄생하고 고전으로서 기능을 하고 있는 것입니다. 수천 년이 지난 오늘까지도, 그리고 향후에도 그런 역할은 지속할 것으로 보입니다. 순기능이 지속적으로 발휘만 된다면 아무리 과학의 시대가 발전해도 종교만의 독특한 영성은 따라가지 않을 것입니다. 그런 의미에서 종교에 아직은 희망은 있다고 봅니다. 순기능의 차원에서 그들이 가지는 정신은 살아있을 것입니다.

문제는 종교의 역기능입니다, 오늘날 왜 역기능이 심화되었을까요? 예수 당시부터 중세시대를 거치면서 사회적, 국가적, 세계적으로 인류는 엄청난 역기능을 경험해 왔습니다. 중세시대의 마녀사냥은 말할 것도 없고, 오늘날 이슬람권과 기독교 문명권의 충돌, 그리고 작금에 한국에서 벌어지고 있는 '전광훈목사 사태'와, '신천지 사태' 등의 역기능을 자세히 분석해 볼 필요가 있습니다. 병이 있으면 원인이 있듯이 역기능에 대한 원인을 분석하면 그것을 치료하는 백신이 있다고 봅니다. 그런 원인과 치유법이 무엇인지 토론해 보면 좋겠습니다.

이찬수 역기능의 원인은 분명합니다. 그것은 욕망입니다. 과거에는 욕망을 죄악시하고 숨기려는 경향이 있었지만, 인간을 있는 그대로 긍정하고 내면도 그 자체로 드러내려는 경향이 급격히 커지면서, 욕망도 정당화되고 있습니다. 물론 원칙적으로는 남에게 피해를 주는 이기적 욕망과 인류의 발전을 견인하는 건설적 욕망은 구분해야 하지만, 엄밀하게는 구분하기 힘듭니다. 자유 경쟁에 입각한 신자유주의적 자본주의 체제로 인류의 먹거리가 더 풍족해지고, 생활 수단도 다양해졌지만, 이러한 외적 성장은 양적 팽창과 소비를 부추기고 칭찬하면서 이루어지는 경향이 있습니다. 현 사회의 핵심을 개인의 내면과 연결지어 보면, 남들보다 앞서려는 개인들의 욕망과 이에 대한 사회와 권력의 부추김이 신자유주의적 자본주의를 견인하는 동력이라는 사실이 분명합니다.

문제는 제도화된 종교가 이른바 신의 이름으로 이러한 욕망을 정당화시켜 주고 있다는 데 있습니다. 종교에는 순기능이 있고, 그만큼 희망도 있다고 하지만, 순기능을 가능하게 해주는 인간적 실천은 너무 어렵고 그런 실천을 하는 사람은 소수입니다. 예수나 붓다의 메시지가 의미 있게 작용하려면 그렇게 사는 제자나 후학의 삶이 동반되어야 하는데, 이를 위한 심층적 인식의 전환도 어렵고, 실제로 그런 삶을 살기는 더 어렵습니다. 시대의 흐름에 따라 욕망을 정당화시켜 주는 편이 더 대중적이고 한결 더 쉽습니다. 대중이 그것을 원하기도 하다 보니, 신앙과 진리의 이름으로 이러한 욕망을 정당화해 줍니다. 물질적 성장 자체를 신의 축복으로 긍정하기도 하지 않습니까?

물질 자체를 무조건 긍정하지는 않는다 해도, 신자들은 현실의 자기를 긍정하게 해주는 종교들의 메시지에서 위로를 받습니다. 대형교회나 사찰이 생기는 중요한 이유이자, 종교가 순기능보다 역기능을 하게 되는 근본 이유입니다. 순기능은 심층적으로 좁게 은폐되어 있고 역기능은 표층적으로 확산되어 있어서, 종교에는 순기능도 있고 역기능도 있다는 식으로 단순히 대비시켜 설명할 수는 없을 것 같습니다.

게다가 이론적 차원에서는 분명히 종교적 순기능도 있지만, 현실의 종교들이 역기능을 더 많이 하다 보니, 일반 시민은 그러한 역기능이 종교의 본질인 것처럼 생각하는 경우가 많습니다. 종교라는 것은 없어져야 한다고 생각하는 이들도 많습니다. 이러한 저간의 반종교적 흐름이 코로나19 사태로 인해 더 확대되고 있는 중입니다. 기존의 종교들이 과연 이런 상황을 전환시킬 수 있을지 의심스러운 상황입니다.

전철후 제도로서의 종교는 흐릿해지고 종교와 종교 아닌 것의 경계, 종교적인 삶과 일상적인 삶의 경계가 모호해지고 있습니다. 한국에서도 제도종교에 소속되어 있는 종교 신자 수가 갈수록 줄어들고 있으며, 오히려 종교가 해야 하는 사회적 역할을 국가나 시민사회단체가 하고 있는 상황입니다. 종교는 특별한 성스러움에 대한 강조나 특권의식이 아니라 보편성을 확보하면서 새롭게 나아가야 합니다. 함석헌 선생님의 표현처럼 '모든 사람의, 모든 사람에 의한, 모든 사람을 위한' 종교가 되어야 합니다. 코로나19의 상황은 제도 안의 종교가 제도 밖의 민주화를 위한 종교로, 그리고 인간 내면의 행복, 인권, 생명 등을 위한 종교로 탈바꿈해가는 계기가 될 수 있을 것 같습니다.

종교의 독성

원영상 종교의 발생 자체가 사회의 부조리, 사회의 고난이나 고통을 목격한 영적 능력이 뛰어난 사람들에 의해 이루어집니다. 이분들은 사회의 구조적인 모순까지도 꿰뚫어 보고, 근본적인 차원으로 들어가서 움직이는 힘을 지니고 있습니다. 그것을 진리적, 영적인 차원이라고 해도 좋다. 어쩌면 진리적인 혁명가라고 표현할 수 있습니다. 종교가 그러한 분들의 가르침을 순수하게 계승해오다가 나중에는 욕망을 포장한 도구로 쓰이고 있는 것입니다. 이것은 종교 또한 생물학적 세계라는 것을 보여주고 있습니다. 그 이유는 종교의 교의를 체험하여 재생산하는 능력을 갖추지 않는 종교 전문가들 때문입니다.

그들에 의해 종교는 결국 하나의 기업과 같은 조직을 유지하기 위한 도구로 변질되고 있습니다. 교조들이 강조하고 추구했던, 공동체와 함께 해야 한다는 원래의 정신이 사라지면서 집단 이기주의로 변질되는 것입니다. 교조의 말씀은 사라지고 결국은 조직을 위한 논리로 변하게 됩니다. 중세에 로마 교황이 성서를 읽은 사람을 잡아서 단죄했듯이, 역설적으로 종교가 자기 자신의 세계도 배반하는 결과로 나타납니다.

코로나19로 인해 드러난 신천지 교단의 문제도 종교 원래의 본질과 위배되는 현상을 적나라하게 보여줍니다. 종교의 세계를 추구하던 사람들이 자발적 희생으로 이 사회와 함께 자신을 불태워 사회를 밝혀주고 행복한 세계를 만들어 주어야 함에도 불구하고, 역으로 이제는 종교가 오히려 사회에 고통을 주고 있습니다.

신천지 자체도 문제가 있지만, 어떤 측면에서는 그들이 지향해야 할 '신천지', 즉 '천국'이라는 목표가 희생되었다고 볼 수 있습니다. 그것을 운용하는 사람들의 욕망의 도구로 이용된 것입니다. 신천지 교단도 근원을 찾아가 보면, 그 행동에 있어 예수의 말씀과 부합이 되어야 하는데 결국 그렇게 되지 못했습니다. 결국 이익집단으로서의 기능밖에 하지 못했습니다. 종교가 가지고 있는 독성을 코로나19가 제대로 보여줬습니다. 종교는 궁극적으로는 무소유의 정신으로 권력에 아낌없이 비판하고, 부조리와 불의에 가득 찬 사회 내에 진리와 정의에 대한 메시지를 주어야 하지만, 현실은 원래 가고자 했던 종교의 세계로부터 이탈하고, 나아가 개인과 집단의 이익을 위해 일탈해버린 비참한 모습을 보여줄 뿐입니다.

이찬수 독성이라는 것을 객관적으로 이해하려면 다소 종교학적 정리가 필요합니다. 종교에는 내적인 측면과 외적인 측면이 있습니다. 내적인 측면은 초월 혹은 심층과 교감할 줄 아는 인간의 원천적 세계입니다. 이른바 내면의 신앙적 영역입니다. 이 내적 신앙이 언어로 드러나면 교리, 경전, 혹은 기도문과 같은 것이 되고, 건축양식으로 드러나면 건물이 되며, 여러 사람들의 합의 체계로 드러나면 조직이 됩니다. 공동체도 그런 맥락에서 형성됩니다. 사람들이 모이면 이 모임을 관리하기 위한 조직이 만들어집니다. 그 조직에 충실한 사람들은 외적으로 보이는 세계, 즉 조직을 기준으로 각종 판단을 합니다. 처음에는 자신의 내적 변화를 동력으로 공동체에 참여하지만, 점차 공동체에 참여하고 있다는 사실 자체가 내적 신앙의 증거로 변해갑니다.

물론 내적 신앙과 외적 조직이 적절히 균형을 이룰수록 좋습니다. 조직은 그 자체가 목적이 되는 것이 아니라 인간의 내면을 성숙시켜주는 수단에 머물러야 하는데, 현실에서는 외적 조직이 전면에 서고 내적 신앙은 그에 종속되곤 합니다. 내적 신앙이 더 근본적 경험이자 새로운 삶의 동력인데도 외적 조직이 자기 종교의 전부이자 목적처럼 여겨집니다. 그러면서 종교는 조직의 확대, 즉 외적 성장에 골몰하게 됩니다. 이것이 아까 얘기한 종교적 독성의 근간인 것입니다.

내적 신앙의 성숙과 관계없이 조직을 유지하고 확장하는 것 자체가 선교의 목표가 되고, 조직의 구성원이 된 것이 마치 절대적 선민의 표식이라도 되는 냥 분위기를 띄우면서, 사람들은 의식적이든 무의식적이든 조직에 따르게 됩니다. 신천지와 같은 이례적 현상도 이런 배경 속에서 등장하게 되는 것입니다.

물론 이것은 신천지만의 문제가 아닙니다. 큰 틀에서 보면 많은 종교들의 형편과 지향도 과히 다르지 않습니다. 질적인 차이라기보다는 정도의 차이입니다.

신천지의 경우

이명권 코로나19로 인해 신천지에 대해 거의 전 국민이 알게 되었습니다. 특히 신천지를 통해서 종교의 역기능을 다시 보게 되었습니다. 원영상 교수가 앞서 "신천지 자체도 문제지만 신천지도 희생자이다."라고 하셨는데, 이를 보려면 신천지도 두 가지 차원에서 이해해야 합니다. 신천지 지도자와 신천지 신도를 구분하여 이해해야 합니다.

소수 신천지 지도자들의 문제는 다시 두 가지 측면으로 나누어집니다. 지도자의 의식구조를 보면, 이만희 씨를 정말로 신봉하고 '신격화' 하는 과정에서 형성된 교리 등을 확신하는 차원이 있습니다. 또 하나는 이만희 씨의 주장 등과 관련하여 심지어 그러한 주장들이 잘못되었다는 것을 알면서도 여러 가지 다른 이유로 동조하는 차원이 있습니다. 그와 반면에 이들을 제외한 상당수 신도들은 희생자들일 가능성이 큽니다.

원영상 고통의 세계로부터 피난 온 사람들의 나약한 마음을 이용함으로써 그들이 덫에 걸린 것이라고 봅니다.

신천지의 자의적 성경해석

이명권 20만여 명의 신도들 대부분은 순수한데, 교리 교육을 받으면서 세뇌되는 과정이 있습니다. 단순히 이단이라 비판할 것이 아니라, 그들이 현혹될 수밖에 없는 교육 과정을 들여다봐야 합니다. 나도 비교 종교학자로서 관심사가 많아 나름대로 깊숙이 들어가 보고, 내부적으로 그들의 교회를 다녀보기도 했습니다. 몇 개월 동안 둘러보았지요. 뿐만 아니라 신천지 내부의 종교간 대화 모임에 초대받아 힌두교 강의를 수차례 한 적도 있습니다. 내가 힌두교를 강의하면서 기독교 상식을 가지고 비교 종교학적으로 강의하면, 기독교에 대해서는 말하지 말라고 하기도 했습니다.

그렇지만, 비록 나는 단순히 힌두교 연구자로서 방문한 것이지만, 그러다 보니 알게 모르게 신천지에 대해 많이 알게 되었습니다. 또한 중국 학생이 신천지에 빠진 사례도 있는데, 그것이 중국 내부에도 심각한 문제가 되고 있습니다. 중국 우한에도 신천지가 있다가 폐쇄되었습니다. 신천지가 그렇게 확장된 배경에는 일차적으로 한국교회가 역할을 제대로 못했다는 점이 있습니다. 여기서 출발해 그것을 반성적으로 돌아봐야 합니다. 신천지 이만희는 박태선, 유재열 등의 계보를 이으면서(거기서 벗어나기는 했지만), 자기가 '약속의 목자'라고 주장합니다. 이른바 구약성서가 예수를 예언하고 성취한 것처럼, 신약성서의 약속이 자신에게서 성취되었다는 것입니다. 더 나아가서 요한계시록의 14만 4천명 안에 들어와야 대제사장의 직분을 받고, 그 외의 사람들은 '흰무리'라고 구분합니다. 흰무리는 다른 낮은 차원의 구원을 받는 부대들이라고 주장합니다. 14만 4천명 그룹에 들어가면 온 세계 사람들이 금은 보화를 가지고 와서 추종하는 등 왕 노릇을 하게 된다는 교리를 펼칩니다.

이들은 성경을 비유와 짝을 통해서 풀이를 합니다. 이들이 내세우는 최고의 설득 무기는 '예언과 성취'입니다. 구약성서의 짝인 신약성서를 이용해서 '짝 풀이 식' 방법으로 교육을 합니다. 여기에 일반 사람들이 빠져듭니다. 약속과 성취의 문제에 대해서, 예를 들어, 이사야 34장 16절에 "너희들이 성경을 자세히 읽어봐라, 이것들 중에 짝이 없는 것이 없다."는 구절이 있습니다. 이때 "이것들"이라는 단어는 '짐승들'의 암수 짝을 말하는 것인데 그것을 '성경말씀'으로 엉뚱하게 해석하는 것입니다. 그리하여 성경말씀에는 모두 짝이 있다고 보는 것입니다. 맥락을 고려하지 않고 짝을 만들어 냅니다. 성경을 공부하는 일반 기독교인들 중 상당수가 이러한 짝 풀이에 빠져 들 수 있습니다.

실제로 문자적으로 풀어야 할 것을 비유로 풀고, 비유로 풀어야 할 것을 문자적으로 해석하곤 합니다. 대표적으로 요한계시록 해석을 그렇게 합니다. '이긴 자', '뿔', '14만 4천'이 상징적인 숫자인데, 그것을 실질적으로 보고 있습니다. 이 땅의 신천지 신도 14만 4천이 하늘의 14만 4천의 영혼들과 합쳐져서 늙지도 않고 병들지도 않고 죽지도 않는다는 것입니다. 그러한 주장이 극단화된 것이 '이만희도 죽지 않는다'는 믿음입니다. 이만희가 죽지 않는다고 믿는 신도들이 많습니다. 이만희는 자신을 '보혜사'로 자칭하고 있습니다. 문제는 여기서 더 나아가 기득권층의 현실 정치와 밀착되어 있습니다. 국회의원 9명(한나라 8명, 더불어 민주당 1명)이 신천지 대형 행사에 축전을 보내고 후원을 했습니다. 심지어 대구시장까지도 신천지 단체의 행사에 참여한 바 있습니다. 이러한 신천지의 발전을 위한 롤 모델이 통일교의 문선명으로 지적되고 있습니다. 통일교에서 그러는 것처럼, 신천지 발전을 위해 문화 예술적으로 접근하고 통일과 세계 평화를 외치고 있습니다.

신천지에도 대안적인 측면이?

원영상 신천지 문제의 하나는 기성종교에 대한 비판입니다. 처음에는 한계에 직면한 기성종교의 역할을 대신하고자 했을 것입니다. 신종교는 기성종교의 질서에 대한 저항이자 대항이며, 새로운 대안입니다. 특히 전통적인 기독교적 질서의 대항마 의식을 가지고 태어났습니다. 그래서 그들 신천지 교인들은 교회를 추수작업, 즉 포교의 텃밭으로 보고 있습니다. 전략적으로 봤을 때, 교주 이만희는 효율적으로 교회에 접근했다고 할 수 있습니다.

저는 신천지 사람들이 제게 오면 그곳에서 무엇을 가르치느냐고 묻습니다. 그 신도들로부터 느낀 것은 기성 종교, 특히 기독교가 가지고 있는 한계를 정확히 뚫어 보고 있다는 점입니다. 성경에 대한 이해도 사실 기존의 교회에서는 그렇게 체계적이고 깊이 있게 가르치지 않습니다. 신천지는 입문자들에게 아주 친절하게 6개월간 성경을 가르칩니다. 한국인들의 지적 탐구심과 교육적 정서를 잘 활용하고, 기존 기독교의 문제를 정확히 파악하고 있습니다. 그 점에서는 잘못된 부분만을 제한다면, 신천지와 같은 방식이 한국 교회에서는 오히려 하나의 대안이 될 수 있다는 생각이 들기도 합니다.

두 번째로 자본주의 측면에서 보면, 신천지 교단은 철저히 다단계식 전략을 쓰고 있습니다. 대상 계층도 주로 청년들이 많은데, 청년들은 사회적으로 약육강식의 자본주의에 희생당한 사람들입니다. 또한 청년 세대는 가장 방황하는 시기이면서도 하루하루가 다르게 변화해가는 자본의 현실에 적응하지 못한 사람들이 많습니다. 게다가 사회의 움직임이 급박하니까 많은 사람들이 이 흐름에 참여할 수가 없습니다. 그러다보니 자본주의의 희생자들이 안식처로서 찾아들어갈 수 있는 아주 좋은 구조를 하고 있습니다. 신천지 교단은 여러 차원에서 자본주의를 뒷받침해 주는 심적, 물적 공동체를 이루고, 젊은 청년들을 스펀지처럼 흡수하고 있습니다.

결국 오늘날 종교와 자본주의는 한편으로는 경쟁관계이지만, 같은 목표를 향해 동업자의식을 가진 구조를 하고 있습니다. 종교는 자본주의로부터 낙오된 사람들을 끌어안기도 하지만, 자본의 구조를 그대로 잘 활용하고 있기도 합니다. 자본주의는 권력을 독점하는 형태인데, 신천지 교단 또한 그런 방식을 통해서 스스로 괴물처럼 성장해온 것입니다. 이것이 코로나19를 통해 그 전모가 적나라하게 드러났다고 봅니다.

청년들이 종교에서 이탈하는 이유

김승진 대형교회와 중소형의 모든 교회에서 청년들이 떠나는 이유가 무엇일까요? 지도자들의 구시대적인 권위적 스타일과 말, 지도자들의 모순적인 설교와 행동 혹은 삶 등이 원인일 것입니다. 교회도 세습을 하지 말라고 교회 헌법에 정해 놓고 아들에게 세습하는 모습에 청년들이 교회에 희망이 없고 더 이상 지도자들에게서는 신선함이 없다고 실망합니다. 실망한 타이밍을 신천지의 추수꾼들이 포섭하는 것으로 봅니다. 교회 내부의 약점을 잘 잡아서 활용하는 것 같습니다. 작금의 현실에서 교회 세습 문제와 권위적 구시대적 운영에서 실망한 청년들이 교회를 많이 떠났습니다. 결국은 기성교회 지도자들의 문제입니다.

원영상 교회만 그런 것이 아니고 한국 사회의 종교들이 거의 비슷합니다. 그 범주가 교회에만 해당되지 않습니다.

김승진 교회가 헌법을 교묘하게 피해가면서 교회 세습을 하고 있습니다.

원영상 아무리 교묘하게 해도 대중들은 이미 파악하고 있습니다.

김승진 거기에 많은 상처를 받다보면 포섭이 되는 것 같습니다. 신천지 그 사람들이 인간적으로 교묘하게 맞춰준다고 합니다.

신천지의 모략전도

이명권   신천지에서 "모략전도"라는 말을 많이 씁니다. 선의의 거짓말이라는 표현입니다. 부정적으로 보면 잔꾀를 써서라도 전도를 하라는 해석으로 이어집니다. 아무리 거짓말이라고 해도 전도에 필요하면 '모략'이라며 긍정적으로 합리화합니다. 추수꾼들의 위장 전도가 그렇습니다. 그만큼 포교가 과감해졌습니다. 기성 교회 안에서 추수꾼들이 목사의 약점을 파악해서 갈등구조를 만들어서 담임 목사를 몰아내고 신천지 지도자를 모시게 합니다. 그만큼 치밀합니다. 시스템이 전략적으로 정교화되어 있습니다.

청년들이 그렇게 가는 것도 대학을 졸업하고서도 마땅히 취업을 못하는 차에, 기본적으로 알바 비용을 준다던지, 알려진 보도에 의하면, 신천지에서 하는 건축 관련일 등을 하게 하면서 가짜로 직원으로 채용하고, 실직을 하면 실업 수당을 받게 하는 등의 수법을 쓰기도 합니다. 어떤 형태로든 알바 비용을 주고 활동하게 합니다. 신천지 내부로 돈이 들어오면 포교용 전도비로 많이 사용하는 것으로 알고 있습니다.

이러한 신천지를 보면서 과연 대안이 없을까 하는 생각이 듭니다. 여전히 신천지나 전광훈 목사나 '태극기 부대'나 보수 극우 기독교를 보면, 그런 것들이 교리적 양태만 다르지 모습은 유사하다는 생각이 듭니다. 예컨대 공격성이나 폐쇄성, 독단성 등입니다. 이런 측면에서는 찰스 킴블이 쓴 『종교가 사악해질 때』의 다섯 가지 이유(절대적 진리의 주장, 맹목적인 복종, '이상적 시대'의 확립, 목적을 위한 모든 수단의 정당화, 성전聖戰의 선포)에서도 나왔듯이, 작금에 사회적 문제가 되는 그런 교회들이 이런 성질을 다 가지고 있습니다. 그 사악함을 벗어날 수 있는 종교의 순기능적 대안을 어떻게 가져야 할 지, 절망적이지만 가능성이 전혀 없는 것은 아닙니다.

가령 코로나19 사태가 전 세계를 공황 상태로 만들었지만 백신을 개발하면 살아남습니다. 세계적 종교의 역기능을 회복시킬 수 있는 백신이 무엇인가 봤을 때, '탁발승 예수의 정신'으로 한국교회가 돌아가는 것입니다. 청렴한 기독교 운동을 목사들이 전면에 내세우고 실시해야 합니다. 예수가 말하기를 제자들에게 복음을 전하되, 받아주면 먹고 자고, 받아주지 않으면 먼지도 털어버리고 나오라고 하였습니다. 그런 정신으로 순수하게 빈 마음으로 가난한 자들을 위한 운동으로 돌아가야 합니다. 쉽지 않지만 산상수훈 운동을 누군가가 해야 합니다. 절망 중에서도 순수한 종교운동을 해야 할 필요가 있습니다.

코로나19의 메시지, 자연의 자기정화

원영상 최근 나도 여러 신문에 칼럼을 쓰면서 코로나19가 주는 메시지가 무엇인가를 고민하고 있습니다. 하나님의 말씀이든, 그것을 기록했던 분들의 생각이든, 신천지 교단은 자신들 나름대로 〈성서〉를 읽어냈고, 그 읽은 메시지를 사회에 발신했습니다. 코로나19에 대해서도 마찬가지입니다. 이 현실, 이 사태의 의미를 읽어내야 합니다. 분명한 것은 코로나19는 자연으로부터 온 메시지라는 것입니다.

어떤 사람은 때로 자연이 모든 것을 휩쓸어 버리고, 이로 인해 사회를 정화시켜준다고 이야기하기도 합니다. 자연의 차원에서 보면 정화기능이 없는 것이 아닙니다. 현실의 큰 아픔에 대한 것을 일단 옆에 놓고 본다면, 코로나19도 사회적 정화 기능 차원에서 큰 의미, 큰 메시지가 있습니다, 코로나19는 인간이 저질렀지만, 스스로 어떻게 제어할 수 없는 일을 자연이 하고 있다고 봅니다. 그 메시지는 '인간 모두는 그 자리에서 멈추어라'고 하는 것이다. 멈추라고 하는 것은 생산과 유통과 소비라는 무한한 반복, 지구를 거덜 내는 행위를 멈추라는 것입니다. 인간이 못하니까 결국 자연이 이렇게 개입할 수밖에 없는 운명에 처한 것입니다.

우리가 어떤 마음을 갖느냐에 따라서 환경도 바뀝니다. 역으로 환경도 인간에게 대화를 걸며 인간들 스스로 깊이 양심이 원했던 바를 실천하고 있는 중입니다. 근본, 원천의 세계로 돌아가라는 것입니다. 기독교식으로 보면, 순진무구했던 에덴의 세계에서 현실을 보면서, 이 고통을 어떻게 느낄 것인가, 그리고 어떻게 대응할 것인가를 묻는 것입니다. 인간이 선택해야 될 문제인 것입니다.

신천지가 주는 사회적 영향도 매우 크지만, 오랜 역사적 차원에서 놓고 보면, 신천지 문제는 인간 사회 또는 종교계에 던져주는 또 하나의 경고로서, 근원을 돌아보게 하는 메시지인 셈입니다.

삶의 원천으로의 귀환

원영상 우리 삶의 원천으로 돌아가야 합니다. 어느 신문 칼럼에 '조고각하(照顧脚下)'라는 표현을 썼습니다. 이 말은 전국의 불교계 선방(禪房)마다 걸려있는 글자입니다. '자기 자신의 발밑을 보라'는 화두 문구입니다. 표면적 의미는 내가 살아가는 삶의 환경을 돌이켜 보라는 의미이고, 심층적인 것은 자기 자신의 내면에 간직한 불성(佛性)을 돌이켜 보라는 의미입니다. 이미 완벽함을 갖춘 부처로서 자기 본성을 통해 자기 삶을 비추어 보라는 심층적인 의미가 있습니다. 코로나19가 주는 의미는 결국 우리 자신의 발밑, 즉 우리가 가꾸어가는 문명의 근본과 그것이 최종적으로 나아갈 곳을 생각하고 또 생각해보라는 것입니다. 순수한 영성과 완전한 성품을 어떻게 회복해서 원래의 위치로 돌아갈 것인지, 그리고 진정한 행복은 무엇인지, 우리가 가고 있는 이 문명의 길이 참된 것인지에 대한 질문을 던질 것과 스스로 해답을 얻도록 코로나19는 급제동을 걸어준 것입니다.

온라인 예배도 대안이다

김승진 코로나19를 통해서 인간의 연약함에 대해 공감할 수 있을 것 같습니다. 빌 퀘인(Bill Quain: 교육가, 연사, 사업가) 교수는 경영대학에서 경영학(마케팅 분야)을 가르치면서 유명한 저서를 지어서 베스트셀러 작가가 되었습니다. 즉, 『B2B, 'Back to Basics' - 기본으로 돌아가라』이 말은 교육과 경영학적으로 보면 살다가 또는 위기 때에 어려움을 당하면 "기본에 충실하라"는 뜻입니다.

　'아드 폰테스(ad fontes)'라는 라틴어가 있다. 'ad'는 영어로 'to'를, fontes는 fountains 또는 sources를 뜻합니다. 기본으로 돌아가라 (Back to Basics)라는 말입니다. 르네상스 시대 인문주의 학자들이 과거에 찬란했던 로마나 그리스 문화로 돌아가자는 얘기였습니다. 당시 종교개혁자들도 타락한 기독교를 향해 '아드 폰테스'를 외쳤다. 기독교 신앙의 원천인 성경말씀으로 돌아가자는 것이었습니다. 요사이 '기본으로 돌아가라' 말은 유행처럼 사용되고 있습니다. 위기를 맞았을 때 흔히 하는 얘기가 '기본으로 돌아가자' 입니다.

코로나19를 통해서 모든 것이 멈추면서 종교의 기능 중에서 모임을 하기 힘들어졌지요. 그러나 종교의 기능이 모여야만 되는 것일까요? 모임의 기능이 취약해지니까 온라인을 통해서 새로운 대안이 나오고 있습니다. 모이지 못하는 무력함 속에서 새로운 대안이 나오고 있는 셈입니다. 기능상의 새로운 변화라고나 할까요. 이런 것을 보면서 세상이 바뀔 수 있고 바뀌어 가는 과정에 있구나 하는 생각이 듭니다. 종교의 무력함과 취약성을 보면서 새로운 활로를 찾아가는 과정인 것 같습니다. 그러다보니 종교에서 꼭 건물이 전부인가 하는 생각으로 이어집니다. 한편에서 온라인을 통해서 연대가 가능하다는 것을 보여주고 있기 때문입니다. 한쪽은 무력하지만 다른 한쪽에서는 대안이 나오고 있습니다. 종교의 지도자들이 위기의식을 가지고 있지만, 이럴 때에 오히려 종교의 순수성이 더 살아날 가능성이 있다고 봅니다.

사이버 예배가 대안인가

이찬수 이 지점에서 종교란 무엇인가 하는 질문을 다시 합니다. 사이버 상에서 온라인 예배를 하면 개인과 사이버만 남습니다. 그곳에 생생한 공동체는 없습니다. 공동체 없는 종교가 가능한가라는 질문도 던져야 합니다. 사이버 상의 느낌과 면대 면의 느낌은 같지 않습니다. 코로나19 정국에 사이버 예배가 등장하고 있습니다. 이 것은 정황상 불가피하기도 합니다. 하지만 사이버가 과연 종교의 이름으로 정당화될 수 있는 세계인가 하는 질문도 함께 던져야 한 다. '사이버'는 어디까지는 '라이브'의 수단에 머물러야 합니다. 게 다가 사이버 세계는 인간의 익명성을 가장한 각종 폭력적 욕망이 노골화되는 세계이기도 하지 않습니까. 세계가 실물이 아니라 가 상으로도 직진하게 되는 계기를 종교가 또 제공하게 되는 것 아닌 가 하는 염려도 듭니다. 물론 전염병 상황에서도 무조건 물리적 공 간에 모여야 한다는 뜻은 전혀 아닙니다만.

이명권 사이버의 역기능도 크지만, 사이버의 긍정적 기능도 고려 해 볼 수 있습니다. 예를 들면 촛불혁명에서 정권의 흐름을 바꿀 수 있었지 않습니까? 일반 지상파가 해 줄 수 없는 역할을 사이버 가 할 수 있었습니다.

이찬수 그래도 사이버는 수단입니다. 목적은 사람들의 온기가 담 긴 현장이어야 합니다.

이명권 사이버의 수단을 통한 연대성이 건전하고 생산적인 현장성 모임을 가능하게 합니다. 사이버 매체를 도구로 하지만 연대성은 살아있다고 봅니다. 지금도 사이버를 통해서 연대성은 지속되고 있습니다. 이것이 향후 역사를 가름하는 분기점으로 작용할 것입니다. 사이버가 건물을 대신하는 도구적 매체로서 기능을 합니다. 건물 중심이 아니라, "너희들이 모인 곳이 교회이다." 이런 새로운 회집이 사이버의 회집이 아닌가 합니다. 일시적으로 정치적 투표를 하거나, 집회를 하거나 할 때에도 사이버의 도구를 통한 '심리적 연대의 결집의 장소'로서 또 다른 기능을 합니다. 잠시 '보이지 않는 공동체'가 '보이는 공동체'로 지속되고 있을 것입니다.

영성적 엘리트의 선도적 삶

이찬수 무슨 말인지 이해되고 동의도 됩니다. 그렇다면 이 지점에서 종교와 종교 아닌 것의 차이는 무엇이고, 그 경계는 어디인가도 다시 물어야 합니다. 저도 이 시대의 종교는 영성적 삶을 근간으로 해야 한다고 생각합니다. 어느 조직에 속해 있느냐의 문제가 아니라, 영성에 기반한 삶의 표현을 종교로 볼 수 있어야 합니다. 제도는 일시적 수단과 표현에 불과합니다. 많은 사람들이 '예수는 좋지만 교회는 싫다'고 합니다. '영성적인 것은 좋지만 종교적인 것은 싫다'고 합니다. 가끔씩 참여하는 템플스테이는 좋지만, 사찰 조직에 정기적으로 참여하는 것은 부담스러워합니다. 사람들이 조직과 제도로서의 종교를 거부하고 있다는 뜻입니다.

그런데 내적 영성도 그저 개인의 차원에만 머물면 사회를 바꾸지 못합니다. 극단적으로 말해서 온 인류가 개인의 영성에만 몰두하면 사회도 국가도 세계도 사라질지 모릅니다. 그러다가 개인도 사라질 수 있습니다. 영성은 사회화해야 합니다. 그런데 영성의 사회적 확산은 대단히 어려운 작업입니다. 진정한 종교라는 것이 있다면 그것은 엘리트적 소수가 견인하는 형태로 갈 수밖에 없습니다. 대중이 그의 선한 영향력을 따르고 구체화시키며 사회를 개조하는 방식일 수밖에 없습니다. 종교 현상도 이런 식으로 지속될 것입니다. 인류의 나아갈 방향을 제시하는 이정표 역할을 하는 소수의 영성적 엘리트가 계속 출현하는 방식으로 종교도 지속될 것입니다. 불행한 일인지도 모르겠지만, 지금까지도 다수는 방향을 제시해주는 소수의 보이지 않는 흔적에 영향을 받으며 세상을 만들어왔습니다. 인류의 종교사도 그랬습니다. 앞으로는 더욱이나 개인과 사회적 삶의 심층을 간파한 소수 엘리트의 깊은 영성적 삶이 종교의 정수로 여겨질 것입니다. 그 정수가 선한 영향력을 행사하며 다수의 흐름을 이끌 것입니다.

이명권 저는 종교를 초월(超越)과 포월(抱越)의 긴장관계로 봤습니다. 초월을 배제하면 종교성이 사라집니다. 어느 종교든 죽음을 말하지 않은 데가 없고, 현실 속에서 죽음을 넘어 설수 있는 것이 초월적 관심사입니다. 거기서만 머무는 것은 종교가 아니고 현실로 돌아와서 현실적 문제를 껴안는 것을 포월이라고 합니다. 현실적 삶의 문제를 안고 넘어가야 합니다. 초월의 문제를 불교식으로 하면 "공(空)"으로 보고, 포월을 "색(色)"이라고 표현 할 수도 있습니다. 포월 속에 모든 자비나 보살의 행위가 포함됩니다. 포월 속에서 개인적 영성이 사회적 영성으로 발현될 수 있습니다.

종교를 한마디로 정의한다는 것은 어렵습니다. 개인적으로 끊임없이 초월에 대하여 생각을 하지만, 엘리트적 이정표의 작용이 중요합니다. 어떤 영성적 지침이 있어주고, 방향성을 제시해 주어야 합니다. 방향성이 지극히 옳아야 합니다. 과연 방향을 어떻게 잡아주느냐는 또 다른 차원입니다. AI 시대가 와도 종교의 순수한 본래적 가르침을 추종하는 사람들이 있을 수 있습니다. 다만 무지로 인해 대중들이 사악한 종교적 영향에 몰입하는 경향이 많습니다. 그런 부분이 아쉽습니다.

전철후 종교가 추구해야 하는 형태도 달라져야 합니다. 사회학자 막스 베버(Max Weber)는 사회적 명예와 권력을 확고하게 소유한

계층은 자신에게 내재하는 하나의 특별한 자질이나 혈통을 중심으로 신분적 신화를 지어내는 경향이 있는 반면에 사회적으로 억압받거나 신분상으로 아래 계층의 존재자들은 인간을 초월한 어떤 것, 즉 신이 그들에게 부여한 구원에 기반하게 된다고 합니다. 신천지를 보더라도 사회적 위계의 밑으로 내려갈수록 구세주에 대한 욕구가 한번 발생하면 극단적 형태를 띠는 경향이 있습니다. 때문에 종교는 내세적 구원 욕구를 충족시켜주는 "구원 종교"의 형태에서 국내외적인 다양한 문제들을 함께 대응하고 풀어나가는 "하는 종교"의 형태로 확장되어야 합니다.

어떤 예언자들

원영상 10년 전 쯤에, 김지하 선생님이 한국종교인평화회의(KCRP)에서 강의하는 것을 들은 적이 있습니다. 이분이 앞으로 7~8년 내에 병겁(病劫, 병으로 일어나는 재난)이 일어날 것이라고 했습니다. 그는 시인들은 예리한 후각을 가지고 있다, 시인이 이렇게 열정적으로 예언하는 것을 사회는 눈치채야 한다, 대비하지 않으면 엄청난 재난이 닥칠 것이다, 라며 침을 튀겨가며 이야기했습니다. 역사적으로 앞서 여러 선지자들 또한 코로나19와 같이 앞으로 이런 병겁이 지나가고 나면 새로운 문명, 새로운 세계가 돌아올 것이라고 예언하기도 합니다. 근대에는 강증산이 대표적인 분입니다. 신천지도 외형상으로는 이런 측면을 활용하고 있는 것으로 보입니다.

종교에서는 부처가 되는 성불(成佛), 부처가 되어 중생들에게 다가가 그들의 고통을 덜어주는 제중(濟衆)의 역할을 하는 것이 가장 기본적인 구조입니다. 그러한 구조가 가장 잘 반영되어 있는 세계가 불교의 정토신앙입니다. 정토사상은 불교 가운데 가장 민주적이면서도 보편적인 세계관을 가지고 있습니다. "나무아미타불" 여섯 글자만 외면, 인종, 민족, 성별, 계급, 나이는 물론 시간과 공간을 초월해서 누구든 평등하게 방금 이야기한 구조 속으로 몰입할 수 있습니다. 그것만 외우면, 낙원으로 갈 수 있습니다. 기독교처럼 천국에 갑니다. 서방정토에서 아미타불의 서원 덕분에 부처가 될 수 있습니다. 이것이 왕상(往相)입니다. 그리고 다시 남아 있는 중생들을 위해 사바세계(娑婆世界)로 돌아옵니다. 부처가 되어 고통받는 중생들을 구제하는 일을 하러 다시 돌아오는 것입니다. 이를 환상(還相)이라고 합니다. 이러한 시스템 속에서 정토신앙을 가진 사람들은 사회적 영성을 가꾸어 나가는 작업을 합니다. 진실한 개인적 영성이 사회적 영성으로 돌아오는 것입니다.

동아시아 불교에는 이러한 정토신앙이 저변 깊숙이 깔려 있습니다. 영성이라는 차원에서 보면, 코로나19는 우리가 갖고 있던 제약된 조건의 환경, 심지어 파괴되어 무너진 환경들을 회복시키고,

새롭게 도약할 수 있는 계기를 마련해주고 있다고 봅니다. 역사 속에서 실제로 예언자적 엘리트의 종교인들이 나오는 것은 이것을 먼저 알고 실천했기 때문입니다. 그들이 많아져야 이 사회는 온전해질 수 있습니다.

이명권 문제는 소수의 엘리트가 이만희처럼 되어서는 안 된다는 것입니다.

원영상 다행인 것은 이 코로나19의 계기를 통해 인간이 종교를 보는 눈이 더욱 성숙해 질 것이라는 점입니다. 이 사태는 이제까지 횡행하던 종교의 사기적인 수법들을 걸러낼 것입니다. 종교에는 궁극적으로 인간의 자유, 평등, 정의, 인권 등 인류 보편의 가치와 인간의 깊은 영성이 긴밀하게 연결되어 있습니다. 그 고리들을 되찾기 위한 인간의 인내와 끈기와 노력이 이 기회에 더욱 증폭될 것입니다. 결국 종교는 이 사회가 마침내 도달해야할 하나의 세계, 최후의 세계를 지시하리라고 생각합니다. 인간은 포기하지 않을 것입니다.

이명권 "종교가 궁극적으로 가야 하는 세계"라는 표현에 대해 일반인들이 얼마나 공감을 할까요?

원영상 우리가 종교라고 말하면서 자꾸 규정을 하기 때문인데, 종교는 규정할 수 없는 세계입니다. 규정하는 순간, 그 종교의 순수한 세계는 인간의 언어에 의해 갇히게 됩니다. 따라서 우리가 종교의 깊은 체험을 하지 않는다면, 현학적 차원의 엘리트 의식으로부터 벗어나지 못하게 됩니다.

다시 종교적 정화운동

이명권 "종교가 무엇인가?" 라고 묻는 것은 관점에 따라 참으로 다양합니다. 철학을 하는 사람마저도 종교의 개념을 달리 정의합니다. 심지어 종교를 부정적으로 보기도 합니다. 그래서 종교의 순기능과 역기능을 구별해서 볼 필요가 있는 것입니다. 서양철학에서 예수를 언급하지 않는 사람이 얼마나 있는가? 동양철학에서 석가를 빼고 학문이 성립될 수 있을까요? 동서 철학에서 종교가 차지하는 대표적인 두 핵심 인물이 예수와 석가입니다. 그런데도 종교라는 말이 현대인들에게는 너무나 오염되어 있습니다.

　종교인은 종교의 순수성과 좋은 기능을 회복하고자 하는 삶이어야 합니다. 때문에 마음의 정화로부터 시작해서, 기본으로 돌아가는 근본 운동으로 천국 혹은 극락을 누리는 것이 종교의 키워드입니다. 병든 종교를 치유하는 백신이 있다면 '마음을 다시 고치는 것' 밖에 없습니다. 예수가 "회개하라. 천국이 가까이 왔다."고 외쳤을 때, '회개'는 헬라어로 '메타노이아'입니다. 메타노이아는 '방향전환'을 의미합니다. 우리가 살아오던 잘못된 삶의 방향을 전환해야 한다는 뜻입니다. 새로운 질서로의 편입입니다. 이것을 어느 정도 가능하게 해 준 것이 코로나19와 신천지 사건이라고 봅니다. 이런 계기가 아니면 종교적 바이러스가 인간을 장악할 것입니다. 다시 종교의 정화 운동을 할 수 있는 계기가 된 것 같습니다.

원영상 이미 코로나19가 그런 정화작용을 하는 것 같습니다.

합리적 영성 또는 영성적 합리성의 길

이찬수 종교는 '합리적 영성' 내지는 '영성적 합리성'에 기반해야 한다는 말이 가능할 것 같습니다. 바이러스로 인한 감염증도 기도가 아니라 백신이 치료하는 것이고, 백신은 인간의 합리적 노력으로 만들어지는 과학적 치유의 수단입니다. 종교만의 고유하고 특별한 무엇이 있다고 생각하던 데서 건전한 합리성이 옳다는 쪽으로 무게 중심이 옮겨가고 있습니다.

　이때 건전한 합리성이라는 말만으로 끝내도 곤란합니다. 합리성이라는 이름으로 저마다 충돌하게 되고 갈등의 요인이 되기도 하는 것이 현실이기 때문입니다. 여기에 영성이라고 하는 심층적 세계가 병행되거나 선두에 서야 합니다. 이것을 '합리적 영성'이라 표현해볼 수 있을 것입니다. 합리적 영성의 언어로 이 시대를 설명해야 합니다. 개인의 변화가 사회적 변화와 연결이 되고, 사회적 변화가 다시 개인의 성숙으로 이어져야 합니다. 내가 정토에 가는 것이 아니라 내가 정토가 되는 것입니다. 여기가 정토가 되는 것입니다. 궁극적으로 세상을 정토로 바꾸는 노력을 하는 사람이 이 시대의 종교인인 것입니다. 일반적인 의미의 합리성만으로는 이러한 세계를 보지 못합니다. 영성적 합리성 혹은 합리적 영성이 이러한 세계를 만드는 동력입니다.

이명권 합리적 영성을 가진 소수 엘리트가 이정표 역할을 해야 합니다.

원영상 자신과 사회 모두를 고민하는 종교적 체험자, 종교적 지도자, 종교의 구성원들이 많이 나와야 합니다. 종교와 사회를 모두 고민해야 한다는 점에서, '사회적 거리두기'가 의미가 있다고 본다. 코로나19 사태는 종교적 차원에서 보면, 드러나지 않던 집단적 광기가 백일하에 공개됨으로써 다시 개개인 자신을 돌아보는 계기가 된 것 같습니다. 성경이나 불경이 교회나 절을 다니지 않는다고 해서 사라지는 것은 아니지요. 루터가 제시했던 '만인사제설'처럼 교조의 가르침을 직접적으로 대면하는 시간을 갖는 것이야말로 종교 그 자체의 모습을 회복하는 기회가 될 것입니다.

　물론 함께 불붙는 집단적 영성도 일정 부분 필요하다고 봅니다. 서로 영향을 주며 살아가는 것이 사회적 삶의 형태이기 때문입니다. 불교의 입장에서 보면 삼라만상은 서로 없어서는 살 수 없는 사회적 연기(緣起)의 관계에 있습니다. 코로나19 사태를 계기로 개인적 영성과 집단적 영성을 이중적으로 자각할 필요가 있다고 봅니다. 그런 맥락에서 개인과 개인, 집단과 집단이 적당한 거리를 두고, 피조물로서 있는 그대로의 존재를 서로 인정하며 살아가는 것이 합리적 영성이라고 할 수 있습니다. 때로는 자신의 모습을 반영하고 있는 상대를 차가운 머리가 아닌 뜨거운 가슴으로 끌어안을 수 있는 인간적 사회를 만드는 것이 종교가 새로운 차원으로 도약해가는 다른 모습일 것입니다.

이명권　영성에 '합리적'이라는 말을 붙였는데, 합리적 영성이라고 할 때 합리성을 어떻게 가려낼 것인지, 합리성의 범위에 대해서도 이야기해봐야 합니다.

이찬수　종종 집단지성이라는 말을 쓰지 않습니까? 서로가 심층의 세계에서 통할 수 있는 합리적인 무엇이 집단 구성원들에게 있다는 뜻일 것입니다. 이런 것이 없다면, 집단이라는 것이 유지될 수 없을 것입니다. 깊은 세계로 들어가면 통할 수 있는 것이 있으며, 이것이 인간이 인간을 수단으로 생각하지 않고 존중할 수 있는 보편적 근거일 것입니다. 합리성의 경계를 실선처럼 명확하게 규정할 수는 없지만, 그 경계 안에 있는 이들을 묶어주는 심층적 동력에 대한 느낌은 느낄 수 있습니다. 합리적이기에 많은 이들이 공감적으로 이해할 수 있고, 영성적이기에 이론적 틀에만 매이지 않고 실제 몸으로 움직일 수 있는 것입니다. 합리적 영성 혹은 영성적 합리성은 우리가 지속적으로 붙들어야 하는 종교적 삶의 근간입니다.

전철후 인간 내면의 종교성을 들여다보아야 할 것 같습니다. 시대에 따라서 종교가 변화하고 있지만 종교가 주고 있는 진리와 가치는 없어서는 안 될 인류의 도덕적 문화입니다. 인간 내면에서 발현된 인간의 성스러움과 존엄성이라고 하는 이념과 감정을 보편적 토대로 사용할 때 심층적으로 만나는 공동체가 성취될 수 있다고 봅니다.

이명권 그렇습니다. 그래야 사람들이 양심과 상식에 의존하게 될 것입니다.

사회적 거리두기

김승진 코로나19 사태로 '사회적 거리두기'라는 말이 유행했습니다. 그런데 이 용어에도 역사가 있습니다. 사실상 그동안 북한이탈주민들이 남한에 와서 지역주민들과 사회생활과 직장생활 가운데서 '사회적 거리두기'라는 차별과 편견을 경험했었지요. 사회적으로 거리두기를 당하면서 이들이 집단에 소속되지 못하고 배척당하기도 했습니다. 사회적 거리두기는 본래 가슴 아픈 용어입니다. 남한 국민들이 70년 이상 지속된 오랜 이념 교육과 고정 관념으로 보이지 않게 학습된 의식을 가지고서 북한이탈주민을 꺼려하는 현상이 나타났습니다. 한국인들이 부정적인 차원에서 이미 사회적 거리두기를 실천해온 것입니다. 이것이 이제는 전염병을 예방하기 위한 긍정적 작용으로 사용되고 있습니다. 그런데 이에 발맞추기라도 하듯이, 사회적 거리두기를 제대로 하지 못하는 종교의 취약성이 드러나고 있습니다. 사이비 종교도 어느 시대나 있었는데 그 사이비성이 코로나19 때문에 확실히 드러난 것입니다. 사이비적 열성이나 지나친 친절로 다가오면 이것이 신천지냐고 의심부터 하니 말입니다.

이찬수 하지만 이 때문에 신천지가 더 알려져서 도리어 국내외에서 신천지에 관심을 갖는 사람이 생겨날 수도 있고, 신천지 안에서도 이에 적극 대응하며 조직을 유지 내지 확장하려는 움직임도 벌어질 수 있을 것입니다.

이명권 실제로 신천지에도 변화가 일어나고 있습니다. 하나는 어느 정도 긴가민가하면서 다니던 신자들이 탈퇴하는 측면이 있고, 또 다른 하나는 내부적으로 더욱더 결속력이 강화되는 측면입니다. 신천지를 비판하는 일부의 언론이나 뉴스는 전부 가짜라는 의식이 강화되면서 내부적으로 더욱 단결하는 것입니다. 이것이 종교가 지닌 '마력(魔力)'이요, 매직과도 같은 역기능의 측면입니다. 속히 순기능의 회복을 위해 깨어있는 자들이 나서야 합니다.

이찬수 잘 들었습니다. 간단하지는 않지만, 이 시대를 함께 사는 종교인의 숙명적인 과제일 것입니다. 감사합니다. 지금까지 코로나19의 문명사적 의미, 신천지로 인해 부각된 기성 종교의 한계 등에 대해 두루 잘 짚어보았습니다. 시간이 다 되었네요. 원근각지에서 오셔서 함께 토론해주셔서 정말 감사드립니다.

레페스포럼에 대하여

레페스(REligion and PEace Studies)포럼은 평화를 지향하는 종교 연구자들의 대화 모임이다. 2015년 12월 출범한 이래 국민국가 및 신자유주의 체제에서 더 공고해지는 폭력적 구조를 극복하고 평화를 만들어 가기 위한 토론을 지속해 왔다. 모일 때마다 세부 주제는 바뀌었지만, 보이지 않는 폭력적 구조를 폭로하고 그 너머를 성찰하기 위한 대화는 계속되었다. 이 책은 그 가운데 열 번에 걸친 대화의 결과물이다. 세부 주제는 다양했지만, 참여자들은 대부분 종교가 사회적 평화의 구축에 기여할 때 종교 본연의 기능을 하는 것이라고 생각했다. 이 책에도 그런 입장이 일관되게 담겨 있다. 참여자들의 종교적 배경은 다양했지만, 평화가 종교이고 종교는 평화여야 한다는 생각에는 한결같이 동의했다.

그러다가 2016년 1월 김천 개운사에서 훼불 사건이 발생한 이후 (이 사건은 훼손된 법당의 복구에 마음을 보태려 모금 운동을 벌였던 손원영 교수가 재직하던 대학에서 파면되는 황당한 사건으로 이어졌다) 레페스포럼은 불교와 기독교 간의 공통점과 차이점을 알아보기 위한 심층적 대화 모임으로 큰 가지를 치며 발전되어 갔다. '레페스 심포지엄', 말하자면 '불교-기독교 끝장토론' 모임의 결성이었다.

『종교 안에서 종교를 넘어』

도대체 종교가 무엇이기에, 특히 기독교의 사상적 본질은 어디에 있기에 불교를 위시한 다른 종교에 대해 그렇게 배타적인지 좀 더 심층적으로 알아보자는 취지에서였다. 이에 따라 한국의 종교학자 12명이 1박 2일 동안 함께 하며 불교와 기독교의 심층과 표층, 공통성과 차이에 대해 허심탄회한 토론을 벌였다. 그 첫째 결실이 『종교 안에서 종교를 넘어-불자와 그리스도인의 대화』(레페스포럼 기획, 모시는사람들, 2017)라는 단행본 출판으로 나타났다. 국내는 물론 해외에서도 이 정도 수준의 불교-기독교 심층 대화록은 거의 없지 않을까 싶은, 깊이 있는 학술적 대화록이다.

(가톨릭)씨튼영성센터, (불교)금선사, (원불교)상주선원 등에서 1박 2일 모임을 세 차례 가졌고, 사드 철폐 운동이 지속되고 있는 성

주 소성리 (원불교)삼동연수원에서 종교와 평화를 주제로 1박 2일 토론도 이어 갔다. 또 서울 (불교)대성사에서 1박 2일에 버금가는 종일 토론을 이어갔다.

도쿄 레페스포럼

이러한 사실이 일본 명문 사립대학인 조치대학(上智大學)에 알려 졌다. 조치대학에서 연구년을 보내고 있던 서강대 김용해 교수(가 톨릭, 예수회 사제)를 통해서 레페스포럼을 조치대학에서 진행해 보 자는 제안이 들어왔다. 레페스심포지엄 참여자 가운데 6인이 조치 대학을 자비로 방문했고, 일본인 학자 8인이 합류해 2019년 1월 18 일~19일 이틀간 발표하고 토론했다.

　　주제는 "세속국가에서 평화를 만들기 위한 종교간 대화(Religion and its Dialogue for Peacemaking in the Secular State)"였다. 참가 자는 가톨릭, 개신교, 불교를 배경으로 하는 학자들이었고, 이슬람 을 포함해 평화와 연결 짓는 다양한 종교적 주제들의 발표와 토론 을 이어 갔다. 영어, 일본어, 한국어 등 자신이 편한 언어로 대화하 고 필요하면 '귓속말 통역'을 하는 편안한 방식으로 진행했다.

　　관심사 및 전문 주제에 따라 발표자들의 강조점은 달랐지만, 종 교인으로서 평화를 만들어 가기 위한 노력을 하는 것은 당연하다는 생각은 한결같았다. 영토 및 역사 문제를 둘러싼 한일 간의 첨예한 주제도 대화의 테이블에 올랐다.

'아시아종교평화학회' 창립의 길

한국 측 참가자들이 이러한 종교와 평화 토론을 아시아적 차원으로 확대해 가자고 제안했고, 일본 측 참석자들도 원칙적으로 공감했다. 2019년 여름과 2020년 1월에 한국과 일본에서 각각 '아시아종교평화학회' 창립 준비를 위한 레페스포럼을 한 번 더 여는 쪽으로 이야기가 되었다. 그에 따라 2019년 8월에는 서울 소재 (불교)대성사에 모여 '나는 왜 종교와 평화를 고민하는 길에 들어섰는지' 자신의 실존적 삶에 대한 고백적 언어를 중심으로 1박 2일에 버금가는 종일 토론을 진행했다. 고백적 대화가 확대되는 곳일수록 자신의 내면을 감춘 폭력적 행동은 줄어들 것이라는 생각 때문이었다. 아시아종교평화학회 창립을 위한 1차 준비 포럼이기도 했다.

2020년 1월에는 약속대로 아시아종교평화학회 창립 준비 최종 한일 토론모임을 일본에서 열었다. 한일 종교평화학자 20여 명이 '평화구축으로서의 종교'라는 주제로 허심탄회한 토론을 벌였다. 일본 최대 불교종단인 정토진종(다카다파)의 스님이자 욧카이치대학 명예교수인 기타지마 기신 선생님이 성심껏 준비해주신 뜻깊은 자리였다. 이 자리에서도 한일 양측 참가자들은 다양한 종교적 세계관들의 평화적 공존을 확산시키고 실제로 사회 및 국가 단위의 관계도 평화로 견인하는 길을 걸어야 한다는 공감대가 컸다. 종교 간 대화를 통한 평화의 구축이 한일양국으로 확장되고, 한국발 종교평화담론이 아시아 전체로 확대되어 가기를 기대해마지 않는다.

레페스포럼 참석자

김근수(해방신학연구소 소장, 해방신학)

김상덕(한국기독교사회문제연구원 연구실장, 실천신학/평화학)

김승진(서강대 강사, 경영학)

류제동(성균관대 강사, 종교학)

박광수(원광대 교수, 종교학)

박일준(감신대기독교통합학문연구소 책임연구원, 종교철학)

박현도(명지대 중동문제연구소 HK연구교수, 이슬람학)

서보혁(통일연구원 연구위원, 국제정치학)

신익상(성공회대 연구교수, 조직신학)

오현석(중국 화북전력대학 교수, 종교학)

원영상(원광대 교수, 불교학)

유영근(대화문화아카데미 협동원장, 법학)

이관표(협성대 초빙교수, 철학/신학)

이명권(코리안 아쉬람 대표, 종교학/중국문학)

이병두(종교평화연구원 원장, 불교학)

이찬수(보훈교육연구원 원장, 종교평화학)

전병술(건국대 연구교수, 동양철학)

전철후(원광대 종교문제연구소 연구원, 사회학)

정주진(평화갈등연구소 소장, 평화학)

조규훈(한국외국어대 HK연구교수, 종교사회학)

허석(원광대 교수, 원불교학)

홍정호(연세대 객원교수, 선교학)

레페스 심포지엄02

지속적 폭력과 간헐적 평화

등록 1994.7.1 제1-1071
1쇄 발행 2020년 8월 10일

기   획   레페스포럼
펴낸이   박길수
편집장   소경희
편   집   조영준
관   리   위현정
디자인   이주향
펴낸곳   도서출판 모시는사람들
　　　　03147 서울시 종로구 삼일대로 457(경운동 수운회관) 1207호
전   화   02-735-7173, 02-737-7173 / 팩스 02-730-7173
홈페이지   http://www.mosinsaram.com/

인   쇄   (주)성광인쇄(031-942-4814)
배   본   문화유통북스(031-937-6100)

값은 뒤표지에 있습니다.
ISBN 979-11-88765-90-4   94210
세   트 979-11-88765-02-7   94210

이 도서의 국립중앙도서관 출판예정도서목록(CIP)은 서지정보유통지원시스템
홈페이지(http://seoji.nl.go.kr)와 국가자료공동목록시스템(http://www.nl.go.
kr/kolisnet)에서 이용하실 수 있습니다. (CIP제어번호: CIP2020027990)